Eduardo França

"Existe algo maior ao nosso redor"

Nascido na capital paulista, em 1974, Eduardo França é formado em informática e trabalha em uma seguradora. Desde garoto, já demonstrava prazer em ler e escrever. Rascunhando uma história aqui e outra ali, surgiram alguns contos e romances. Seus escritos buscam proporcionar emoção, identificação e prazer a seus leitores. Assim como nos romances anteriores, o escritor deseja demonstrar que existe algo maior ao nosso redor, que pode guiar nossas vidas para o bem.

© 2015 por Eduardo França
© Casarsa/Kemter

Coordenadora editorial: Tânia Lins
Assistente editorial: Mayara Silvestre Richard
Coordenador de comunicação: Marcio Lipari
Coordenadora de arte: Priscila Noberto
Capa e projeto gráfico: Priscila Noberto
Diagramação: Letícia Nascimento e Rafael Rojas
Preparadora: Janaína Calaça
Revisora: Cristina Peres
Redatora: Roberta Clemente

1ª edição — 2ª impressão
3.000 exemplares — maio 2015
Tiragem total: 6.000 exemplares

CIP-Brasil — Catalogação na Publicação
(Sindicato Nacional dos Editores de Livros, RJ)

F881v
França, Eduardo
Vestindo a verdade / Eduardo França.
1. ed. — São Paulo: Centro de Estudos Vida & Consciência Editora, 2015. 356 p.; 23 cm.

ISBN 978-85-7722-363-3

1. Romance espírita. I. Título.

| 14-14834 | CDU-133.9 | CDD-133.9 |

Índices para catálogo sistemático:
1. Romance espírita : Espiritismo

Todos os direitos reservados. Nenhuma parte desta edição pode ser utilizada ou reproduzida, por qualquer forma ou meio, seja ele mecânico ou eletrônico, fotocópia, gravação etc., tampouco apropriada ou estocada em sistema de banco de dados, sem a expressa autorização da editora (Lei nº 5.988, de 14/12/1973).

Este livro adota as regras do novo acordo ortográfico (2009).

Editora Vida & Consciência
Rua Agostinho Gomes, 2.312 — São Paulo — SP — Brasil
CEP 04206-001
editora@vidaeconsciencia.com.br
www.vidaeconsciencia.com.br

EDUARDO FRANÇA

Vestindo a Verdade

Prólogo

Abrir a porta daquele quarto era como abrir o coração. Mexia com as emoções, lembranças e com todos os sentimentos adormecidos. As paredes do cômodo, agora em um tom azul-claro, já haviam sido pintadas de rosa, de verde, e o piso, que um dia havia sido de taco fosco, apresentava-se com um novo revestimento frio, brilhante e moderno. A mobília foi variando de acordo com a época. A janela de madeira dava lugar a uma maior de alumínio, e, mesmo com a grade, era ainda possível apreciar o crescimento de um pé de acerola, que enfeitava o jardim que preenchia parte do quintal da casa.

  Inês entrou no quarto lentamente, tomada por uma nostalgia que a acompanhava nos últimos anos, porém os seus movimentos estavam diferentes. Era como se tivesse retomado a agilidade de antes, adormecida pelas circunstâncias.

  Abriu a janela e deixou o sol morno da manhã daquele verão invadir o quarto. Um sorriso surgiu em seu rosto ao ver o espaço todo iluminado, e, como uma boa dona de casa, incomodou-se com a camada de poeira acumulada sobre o móvel, por isso tratou logo de apanhar um pano para removê-la. Sem deixar de sorrir, aproximou-se do guarda-roupa e, ao abrir o móvel, sentiu um aperto no peito. O armário estava quase vazio; apenas algumas peças restaram. Inês, então, apanhou a primeira roupa que viu, sem escolher, e, depois de limpar o móvel, tratou de guardá-la de volta.

Olhou mais uma vez para o quarto com um sorriso no rosto. Lá passou a sua juventude, os primeiros anos de casada, quando, ao lado do seu marido, aguardava ansiosa o término da reforma de sua nova casa, localizada em um bairro vizinho. Dois anos depois, passou uma temporada sob os cuidados de Mafalda, sua mãe, naquele cômodo, que serviu de abrigo durante o resguardo da gravidez de Abel, seu filho recém-nascido. Bons tempos... Como não rir e chorar ao lembrar-se daquela doce época?

Anos mais tarde, quando Abel passava dos quatro anos, Inês ficou viúva no momento em que se considerava no auge da felicidade. Sentiu-se perdida em sua casa com uma criança, por isso não rejeitou o convite de voltar a morar com a mãe. Mafalda, viúva e sozinha, recebeu a filha e o neto de braços e coração abertos.

Naquela viagem no tempo, Inês parou e apreciou um porta-retratos na parede, onde era nítida a felicidade do filho encostado a um carro. Ela mesma havia tirado aquela foto. Como estavam felizes naquele dia!

Inês estava recordando aqueles dias emocionada, quando ouviu Mafalda chamar seu nome. Respondeu, então, ao chamado da mãe, que estava em outro cômodo, com o tom de voz elevado, para que ela a escutasse:

— Mamãe, estou aqui no quarto.

— Inês, eles já chegaram!

Inês fechou os olhos, deixando uma lágrima rolar por seu rosto. Depois, respirou fundo e respondeu com voz amável:

— Diga que já estou indo, mamãe. Preciso apenas de alguns minutos...

Mafalda falou algo mais, no entanto Inês não deu mais ouvidos ao que a mãe falava. Voltou a mergulhar nas histórias guardadas, silenciosamente, naquele quarto, em suas paredes, no seu piso, na sua mobília. Notava o corpo estremecer ao imaginar as alegrias que viveu ali no passado.

Com a viuvez, tendo que se mudar com o filho para a casa da mãe, Inês não se acomodou com a pensão que conquistou com o seu novo estado civil e com o aluguel da casa onde viveu com o marido e o filho. Tratou de matricular--se em um curso de corte e costura, onde pôde aprimorar com as técnicas o seu talento no manuseio de tecidos, linhas e máquina de costura. Por conta do ofício aprimorado, realizado com amor, passou a receber várias encomendas e indicações.

O quarto era amplo o bastante para acomodar também a máquina de costura de Inês. Absorta em seus pensamentos, ela aproximava-se, muitas vezes, do seu instrumento de trabalho, fechava os olhos e recordava-se, com um sorriso nos lábios, das vezes que pedia para o filho, quando mais novo, não se sentar no móvel da máquina. Inúteis eram os seus pedidos, pois o menino brincava com a peça apenas para provocá-la, mas sempre de forma carinhosa.

Inês abraçou o próprio corpo e sentiu-se naquele momento protegida, aquecida, como se estivesse diante de seus amores. E estava... Em suas lembranças!

Ela recapitulou as palavras de força que Márcia, sua irmã, vinha, pacientemente, ditando nas longas conversas que tinham. Sentiu-se revigorada, por isso desfez o abraço e, já próxima à porta, com a mão na maçaneta, voltou-se para trás, como se tivesse sido chamada.

Sorridente, foi até a cômoda, por onde deslizou as mãos carinhosamente, enroscando a aliança, que ainda mantinha na mão esquerda, nos adesivos que revestiam o móvel, sendo um deles de um time de futebol. Abriu a primeira gaveta e de lá tirou um envelope. Emocionada, abraçou o papel e depois falou com a voz embargada:

— Sei que vai voltar, meu filho. Você disse isso na carta. Você vai voltar! E eu acredito nisso.

Ao sentar-se na beira da cama, ameaçou abrir o papel e ler, pela milésima vez, o seu conteúdo, mas manteve a carta sobre o colo, enquanto suas mãos lentamente percorriam a altura do coração, como se o gesto fosse capaz de remover a angústia que vivenciava. Por fim, ela acariciou a cama, ainda coberta pela colcha de retalhos confeccionada por Mafalda. Aquele gesto fez com que ela voltasse no tempo.

Capítulo 1

Anos antes, naquele mesmo quarto, Inês entrava apressada. Usava um vestido florido, feito por ela, na altura do joelho. Depositou o pano de prato no ombro depois de secar as mãos, e esse gesto fez o brinco miúdo balançar entre os cabelos.
Falava animada, como de costume:

— Abel, já está pronto? — perguntou enquanto recolhia as peças de roupa que o filho havia largado pelo cômodo. — Cresceu e desaprendeu, filho?! Você está tão desorganizado ultimamente!

Abel, um jovem bonito, de traços fortes, vinha caminhando do banheiro morosamente, vestido com calça e camisa social. Sem pressa, o rapaz entrou no quarto e, colocando-se diante do espelho, começou a arrumar os cabelos, ignorando completamente a aceleração da mãe.

— Você ainda não colocou os sapatos? — perguntou a mulher, em tom de reprovação. — Gasta uma hora para arrumar esse cabelo, menino! — comentava, enquanto se posicionava atrás do rapaz. — Sua avó está olhando o leite. Já fui à padaria. Trouxe pães quentinhos. Se for nessa pressa toda, vai tomar o café frio.

— Estou sem fome.

Zelosa, Inês tratou de lançar o seu discurso:

— Não quero saber de você sair de casa com o estômago vazio. O filho da vizinha desmaiou no metrô. Aquela lá dorme até o meio-dia. Pobre rapaz...

— Tudo bem, dona Inês, vou provar o pãozinho. Agora sem pressa, mãe. Me dê um tempo.

— Tempo? Você vai chegar atrasado! E só tem um mês na empresa! Depois não se esqueça de que é um funcionário temporário. Como vão te efetivar assim? Trate de se apressar, menino! — fez uma pausa depois de estudar o filho e concluiu: — E esses olhos vermelhos? Isso é sono! Está com o rosto abatido, tenho notado. É essa história de ficar jogando video game até de madrugada ou ficou conversando com aquela sua namoradinha?

Abel riu ao perceber o tom de voz da mãe mudar ao falar de Rose, sua namorada. E, para provocá-la, disse:

— Acertou. Fiz as duas coisas. Joguei videogame e conversei até tarde com a Rose.

Respondeu ao comentário da mãe e saiu do quarto, seguido por ela.

— Aquela desocupada!

— Mãe, ela trabalha, você sabe disso.

Abel saiu do quarto que ocupava, na parte da frente da residência, e passou pelo corredor, onde era possível ver o banheiro pequeno, mas adequado aos três únicos moradores da casa. Na sequência, podia avistar o quarto de Inês e de Mafalda. Era simples e tinha duas camas de solteiro. Ao lado da cama de Mafalda, via-se uma Bíblia aberta sobre o móvel, onde a velha senhora, religiosa, pedia pela família. Logo depois, com dois passos largos, era possível ultrapassar a sala com mobília antiga e bem conservada, e, por fim, ter acesso à cozinha, que, espaçosa, ocupava o último cômodo da residência, voltado para o fundo do terreno.

O jovem, logo que chegou à cozinha, beijou, num cumprimento rápido, a avó, que estava lavando uma xícara.

— Deus te abençoe, meu neto — desejou a velha senhora com toda simpatia. — O leite ainda está quente. Acabei de desligar o fogo.

Ele retribuiu com um sorriso, aproximou-se da mesa e serviu-se rapidamente do que via pela frente. Não quis nem se sentar, ainda que as duas mulheres insistissem para que fizesse a refeição sem pressa.

— Como isso? — questionou o jovem. — Há pouco, no quarto, recomendou que eu me apressasse, mãe!

— Quando vai trazer a Rose aqui de novo, Abel? — cortou Mafalda, animada com o namoro do neto, nitidamente diferente de Inês. — Adorei a moça. Educada, atenciosa.

— Folgada, sonsa e sossegada demais — resmungou Inês. Observou os olhos de Mafalda repreendendo os seus comentários e ainda assim continuou: — Da última vez em que esteve aqui, saiu onze da noite, depois de se apossar do meu sofá. E o Abel ainda teve que levá-la em casa. Parece até que não sabe que ele trabalha...

— Eu a levei ao ponto, mãe! Até o ponto.

— Demorou tanto que pensei que você tivesse levado a garota em casa! Não voltava mais...

Abel não disse nada e foi saindo. Inês correu para alcançá-lo. Interceptou-o no quintal. Fez várias recomendações, beijou-o, e percebeu que o filho estava sem a gravata. Correu para apanhá-la no quarto, sem perder tempo. Voltou e fez o laço no pescoço do rapaz.

Mafalda assistia à cena orgulhosa do neto. Enxergava nele a imagem do marido no passado, pois além do mesmo nome, o jovem também tinha a beleza do avô. Inicialmente, Mafalda havia sido contra colocar o nome do esposo no neto. Inês insistiu em homenagear o pai e entendeu o ciúme da mãe, que foi vencida pela promessa de que a filha se chamaria Mafalda. O que não aconteceu.

Foi nesse ínterim, enquanto Inês fazia o laço da gravata, que o telefone tocou. Mafalda despediu-se do neto e correu para atender a ligação. Inês, então, concluiu o laço da gravata com recomendações:

— Pegou a marmita?

— Peguei, está na mochila.

— Mesmo? — duvidou Inês, pegando a mochila do rapaz. — Ontem você esqueceu. Nossa, como está pesada! O que é isso? — perguntou, ao ver uma blusa que logo percebeu não ser do filho.

— Da Rose!

Abel puxou a mochila das mãos da mãe de forma ríspida, ignorando a careta divertida que Inês exibia ao ouvir o nome da nora. A mulher, diante da atitude do filho, interpretou serem coisas de jovem daquela idade, por isso desconsiderou a grosseria do rapaz. Apenas acrescentou, sorrindo:

— Já estava esquecendo! Sua avó fez um suco de acerola maravilhoso. Todas, inclusive, foram colhidas do nosso quintal! — orgulhou-se. — Vou pegar para você levar.

Não adiantou o rapaz recusar o suco. Sabia que, mesmo que recusasse a bebida, Inês seria capaz de levá-la até o ponto de ônibus ou ainda na empresa, por isso aguardou. Estava visivelmente entediado. Notava-se isso pela forma como encostou o corpo na parede à espera da mãe, que vinha correndo com um frasco na mão. Assim que entregou o recipiente, Abel apenas o acomodou na mochila, sem dizer nada. Já estava se distanciando, com um cumprimento frio, quando Inês o alcançou e o beijou no rosto suavemente, dizendo:

— Tenha um bom-dia. Vá com Deus, meu filho.

Permaneceu debruçada na mureta, enquanto observava o filho tomar distância. Depois voltou para o interior da casa, para a sua rotina, para as suas costuras.

***

Rose saltou da cama antes do despertador soar com seu toque irritante. A moça, ainda sonolenta, desativou o aparelho, fez uma breve oração e, munida das roupas que vestiria no dia, seguiu para o banheiro. Após o banho, de cabelos ainda molhados, vestiu-se e consultou rapidamente o relógio. Depois, acendeu a luz do quarto.

O quarto era estreito e úmido, ainda assim era organizado. Era composto de um guarda-roupa moderno, simples e frágil, que ainda aguardava a quitação da última parcela para que Rose pudesse, finalmente, considerá-lo seu, e de um beliche, que a moça dividia, assim como o guarda-roupas, com sua tia Cleide. E, do lado do beliche, havia ainda uma cômoda e uma cama infantil, ocupada por Silas.

— Vamos acordar, meu querido! — falou Rose com voz suave. Esperou o garoto mexer-se de um lado para o outro por alguns segundos, como se relutasse ao pedido que parecia vir de longe. A moça, naquele momento, passou os olhos pelo cômodo manchado pela umidade e pensou que, se sobrasse algum dinheiro do pagamento, poderia passar uma tinta no quarto para alegrar o ambiente e torná-lo um pouco mais apresentável para quando Abel viesse visitá-la. Já havia conversado com a tia a respeito do assunto, que se comprometeu a ajudá-la.

Insistindo um pouco mais, Rose, finalmente, conseguiu colocar o menino de pé. Depois de vesti-lo, a moça alimentou-o com leite, pegou uma mochila, onde acomodou algumas peças de roupas, e saiu arrastando o garoto pela mão.

— E a tia Cleide?
— Já foi trabalhar. Todos os dias você me pergunta isso. Ela trabalha em uma loja do outro lado da cidade e precisa chegar cedo lá, por isso sai mais cedo do que a gente...
— Pra ganhar dinheiro, né?

Rose sorriu com a pergunta do menino e, ao sentir a mão macia de Silas acariciando sua mão, fez uma pausa. Ela, então, abaixou-se à altura do menino e beijou o rosto do garotinho carinhosamente. Pensou em como ele era pequeno, mas já se inteirava das necessidades da vida adulta. Rose abraçou-o fortemente como se quisesse protegê-lo. Como o amava!

Após responder à pergunta do garoto, Rose pegou Silas pela mão e, indiferente às reclamações do menino, que vieram na sequência, passou apressada pela casa, que não era pequena, mas necessitava de reformas. A moça passou pelo quarto da mãe e notou que ela ainda dormia; já seu pai e sua tia, no entanto, se encontravam em seus respectivos trabalhos ou a caminho deles.

Já na rua, Rose parou para comprar um suco em uma padaria, que ficava na esquina perto da creche, onde deixaria Silas, e do ponto do ônibus, em uma avenida bastante movimentada. Em um breve momento de distração, Rose soltou as mãos do garoto para apanhar o dinheiro da carteira, e o menino correu para a rua. Em poucos segundos, a moça escutou o grito de Silas. Não havia semáforo nem faixa de pedestres, mas vários carros e, entre eles, um caminhão, que vinha acelerado em direção ao menino. Em meio a tudo isso, a voz desesperada do garoto:

— Mãe!

***

Ao entrar na sala, Inês pôde ver Mafalda sentada no sofá, de pernas cruzadas, conversando ao telefone com Márcia, sua outra filha. Curiosa, Inês começou a limpar os móveis dispostos pelo cômodo, mas de ouvidos atentos à conversa entre a mãe e a irmã. As duas não falavam nada de mais; eram apenas comentários triviais sobre saúde, novelas, filhos, netos etc.

— Mãe, quero falar com a Márcia. Ouviu? — insistiu Inês, acreditando que Mafalda não havia escutado o que ela tinha dito.

A mulher, desconcentrada, pois não suportava ser interrompida quando estava ao telefone, fez uma careta e abafou o fone para responder:

— Já ouvi! Não sou surda, Inês! — disse isso e voltou-se sorridente para Márcia, para conversarem por mais alguns minutos. Depois passou o telefone para Inês.

Mafalda, diferentemente de Inês, não tinha curiosidade em saber do que se tratava a conversa das filhas, por isso seguiu para o seu quarto e deixou as irmãs conversarem. Após os cumprimentos, Inês foi direto ao assunto, aproveitando que estava sozinha:

— Márcia, você precisa conversar com a mamãe. Ela está terrível! Acredita que está sumindo comida?

— Como assim? Sumindo?!

— Pois é, fizemos as compras do mês, mas tudo está terminando em poucos dias. Ela está dando para os pedintes. Passa gente na rua pedindo e ela dá o que tem na despensa! Será que está ficando gagá?

— Mamãe sempre foi caridosa. Aliás, algo que você não herdou dela — alfinetou Márcia numa voz descontraída, sem a intenção de começar ali uma discussão. — Ela sempre gostou de dividir o que tinha. Não se lembra do que fez com a tia Esmeralda? Quando soube que ela estava viúva e sem casa, mamãe foi ao banco e lhe fez uma transferência generosa.

— Isso quase valeu o casamento dela com o papai.

— O velho Abel era como você. Já conversou com ela?

— Já! Brigou comigo. E o pior: negou!

Márcia era justa, acreditava muito em Mafalda, por isso começou a questionar:

— Inês, você já a viu fazendo isso?

— Não! Acho que se aproveita quando não estou.

— E os pedintes também, né? Devem saber que você negaria — divertiu-se Márcia, que, ao notar a irritação da irmã, mudou de assunto. — Não se preocupe, deve passar. Quando tiver oportunidade, converso com a mamãe. Inês, estou atrasada para o trabalho. Conversamos mais depois. Essa semana está corrida! Na quarta-feira, eu vou ao centro, então não sei se conseguirei visitar vocês.

Inês tentou criticar a irmã pela visita que ela faria ao centro espírita, mas Márcia relevou. Desligaram sorridentes, com promessas de um breve encontro.

Depois de desligar o telefone, Inês foi para o quintal, pois precisava lavá-lo. Foi quando levou um susto ao ouvir seu nome ser pronunciado por uma voz estridente, que vinha do muro da casa. Era Evinha, a vizinha.

Evinha, diferentemente do nome que levava, não era miúda. Era uma mulher forte, morena e de seios fartos. Não tinha olhos para o marido nem para o filho, pois toda a sua atenção estava voltada ao bairro, assim como a língua. A mulher levantava da cama ao meio-dia e já corria para a janela, para o portão ou para o muro, que dividia os terrenos vizinhos, para conversar, especular e comentar as últimas descobertas.

— Que susto, Evinha! Mulher, qualquer dia desses você vai me matar do coração! — advertiu Inês, ao ser chamada.

Indiferente aos comentários da vizinha, Evinha começou a disparar as novidades da rua. Comentou que a filha de fulano estava grávida e que ela tinha apenas quinze anos, que o dono do boteco da rua de trás bateu o carro, entre outras notícias. Enfim, era um jornal ambulante da vida alheia. Adorava falar da vida dos vizinhos e sentia-se ainda mais empolgada para narrar suas descobertas quando notava no rosto de Inês um traço de curiosidade. E a curiosidade da mulher só aumentou quando o assunto passou a ser Abel, o seu filho, e Rose, de quem Inês não gostava.

— A Rose tem um filho? Como assim, mulher? — perguntou Inês surpresa. — Eles nunca falaram disso!

— Você perguntou? — questionou Evinha arrumando a alça da camiseta. — Pois é, vou te contar com riqueza de detalhes...

— Onde viu isso? Como?

— Se deixar, eu te conto! — disse, arregalando os olhos, virando a cabeça, como era o seu habitual, e ajustando a alça da camiseta regata, que adorava usar. Tinha duas: uma no varal e outra no corpo. Sentia-se uma modelo quando usava aquelas peças. Certo dia, Inês, como costureira, tentou orientá-la, mas a vizinha, com a autoestima nas nuvens, tratou logo de dizer que a peça valorizava o seu corpo.

— Tá bom, conta, mulher.

— Foi o meu filho que me mostrou. Os nossos meninos são tão amigos, né? Lembra que eu passava ele pelo muro para jogar video game com o Abel? Nossos meninos cresceram!

— Deixa de nostalgia, Evinha. Conte tudo logo! — pressionou Inês, espantada com a novidade descoberta pela vizinha.

— Então... Meu filho me mostrou a foto da moça pela internet, nessas redes sociais, quando eu pedi para ver sua nora. Estava curiosa. Ela veio à noite, né?

— Pensei que tivesse visto. Tenho certeza de que ouvi você arrastando a escada no seu quintal para vê-la do muro.

— É verdade! Só que estava escuro e não consegui ver. Perdi até a novela. Mas meu filho mostrou a foto da moça. Hoje, com computador, a gente não tem mais privacidade! Credo! Linda, viu? Gostei da sua nora. E o filho dela, então.

— E essa história de filho? É verdade mesmo, Evinha?

Evinha, como se já soubesse do questionário de Inês, desapareceu por segundos e voltou munida com uma foto impressa, que mostrava Rose abraçada a Silas e uma frase: "Amor de mãe".

Inês pegou o papel e ficou paralisada. Não disse mais nada. Ficou distante e nem prestava mais atenção ao que Evinha falava.

— Uma graça o seu neto, Inês. Não fica assim, não. Hoje em dia é assim mesmo — dizia cutucando, pois sabia o quanto a vizinha era conservadora e zelosa com o filho, já que dissera, muitas vezes, que queria ver Abel saindo de casa de terno e gravata para casar-se.

Evinha, ainda debochando da amiga, disse que Inês tinha um filho, não uma filha, e perguntou se a vizinha esperava que Abel saísse de casa virgem. Recordou-se também de uma reunião de cosméticos, que havia acontecido no bairro, em que gracejou, entre as risadas das outras vizinhas, sobre o zelo extremo de Inês em relação ao filho. — Acho bom, Inês, você já procurar vaga na creche para ele. A vizinha está na fila há algum tempo para conseguir uma para a netinha. Acredita que ela fez a inscrição quando a filha estava grávida, e a creche ainda não tem vaga para a menina?

Inês, calada, com os olhos fixos na foto de Rose e Silas abraçados, caminhou para o interior da casa, sem falar mais nada para Evinha, nem se despedir.

— Tchau, vizinha. Pode ficar com a foto! Não tem problema — falou Evinha, com um sorrido maldoso no rosto ao ver a outra desaparecer muda e desnorteada. Fez isso e abandonou o muro. Segundos depois, já era possível ouvir a mulher arrastando pelo quintal a sua longa escada. Tão longa quanto sua língua.

Capítulo 2

Mafalda era uma viúva vaidosa. Não aparentava a idade que tinha e recebia vários elogios. Havia sido feirante por muitos anos e ainda possuía uma banca de roupas na feira, sendo que muitos trajes eram confeccionados por Inês. Nos últimos anos, no entanto, convencida pelas filhas, Mafalda decidiu alugar o ponto para descansar um pouco, mas ainda assim não deixava de visitar o local, pois adorava o contato com as pessoas. Andava sempre bem-arrumada, mesmo que fosse apenas cozinhar. E, toda divertida, dizia para as filhas:

— Vai que tenho uma festa de última hora. Já estou pronta!

Ninguém a imaginava de pijama e chinelos pela casa. Não! Saía do seu quarto ou do banheiro já trocada e aproveitava as facilidades de ter uma costureira de mão cheia dentro de casa para manter-se sempre bem alinhada. Os cabelos eram igualmente bem cuidados. Usava um xampu especial para os cabelos brancos e os mantinha curtos e bem escovados.

E foi assim, passando creme nos braços, que Mafalda foi surpreendida pelo chamado de Inês. Estava no seu quarto e saiu para ver o que estava acontecendo. Das filhas, Mafalda considerava Inês a mais dramática e possessiva, mas guardava essas observações em seu íntimo. Não admitia revelar essas diferenças entre as suas meninas. Amava as duas sem distinção, como gostava de frisar. E voltou a pensar assim, após ouvir a recente descoberta de Inês.

— Imagino como a Evinha deve ter contado isso pra você, com riqueza de detalhes — comentou, irônica, diante do rosto sofrido da filha. — Inês, e o que há de mais?

— Eles me esconderam isso, mãe!

— Minha filha... Em primeiro lugar, você nem sabe se isso é verdade. Está sofrendo por nada. E mais: o que tem isso de anormal? Ela deve ter tido um relacionamento que não deu certo, teve um filho e só está tentando ser feliz.

— Com o meu filho?

— Minha mãe, sua avó, se é que você se lembra, era viúva quando se casou com o meu pai e já tinha um filho. Era nova, deveria ter a idade da Rose.

— Não admito isso!

— Deixe de ser conservadora! Os tempos são outros, mulher! Onde vive? Não vê nas novelas, aqui no bairro mesmo...

— Minha vida e a vida do meu filho não são de novela, mamãe, assim como a vida dos outros não me diz respeito.

— Mas adora dar ouvidos a Evinha. Deixe de bobagem. Abel é um homem, sabe bem o que é melhor para a vida dele. Ela é uma jovem. Não entendo o porquê de tanta implicância. Uma graça a criança! Deixe eu ver melhor. Lindo garoto!

Inês puxou a foto da mão de Mafalda e disse, num tom preocupado:

— Abel trabalha em uma empresa como temporário, nem emprego tem direito e ainda terá que sustentar filho dos outros?!

— Eles já vão se casar? Não estão só namorando, se conhecendo? Você é muito adiantada, preocupada demais, minha filha. Eu faço gosto no namoro!

— Já deve ter contado para a Márcia sobre esse namoro...

— Contei! E ela adorou saber.

— Está igual a Evinha, fofoqueira.

— Era segredo? — debochou Mafalda. — Não sou baú para guardar segredo, fique você sabendo. Agora se me dá licença, vou à feira para visitar minha barraca.

— Mãe, nada de ficar por lá muito tempo! Volte para o almoço...

Mafalda já estava longe. Inês, depois de analisar mais uma vez a foto que tinha nas mãos, correu para a cozinha para verificar a despensa onde guardava os alimentos. Numa breve análise, notou a falta de alguns mantimentos e logo concluiu que Malfada havia dado alguns itens para alguém. Naquele momento, no entanto, estava preocupada com o futuro do filho, que namorava uma moça que, supostamente, até filho tinha. Ainda pensativa, caminhou até a sala, pegou o telefone e ligou para o número de Abel. Enquanto esperava ser atendida, falou em voz alta:

— Isso não vai ficar assim! Onde já se viu! Capaz até de ser casada. Meu Deus!

***

Rose sentiu que o mundo ia desabar ao ouvir a voz aflita e distante do pequeno Silas.

Em questão de segundos, largou a carteira aberta sobre o balcão da padaria para atender ao apelo do menino. Naquele momento, sentiu as pernas trêmulas e o coração disparar ao ver Silas a poucos metros do caminhão.

Em meio a tudo aquilo, viu um jovem muito ágil sair de um carro, deixando a porta aberta, e, num gesto rápido, salvar Silas de ser atropelado pelo caminhão. Entre aplausos de quem assistiu à cena heroica e vaias direcionadas ao motorista do caminhão, que vinha descontrolado e em uma velocidade acima do permitido naquela avenida, o menino estava a salvo.

Rose, entre lágrimas, só se atentava ao jovem, que conseguiu se levantar do chão rapidamente e colocar a criança assustada de pé. A moça aproximou-se dos dois pálida, com a voz trêmula, e foi recebida com revolta pelo rapaz "herói".

— Que absurdo! Como pode ser tão relapsa e deixar uma criança solta em uma avenida movimentada como esta? Você não é uma mãe de verdade! Deveria perder a guarda do seu filho...

— Eu... — Rose tentava defender-se, mas não conseguia. Seus olhos estavam conectados ao jovem que havia salvado Silas. Era como se já o conhecesse. Estava paralisada, não só pela situação, mas também pela presença do homem que tinha à sua frente. E foi naquele instante que notou que parte do rosto do rapaz estava maquiada, pintada de palhaço.

— Valeu o susto. Quem sabe agora não presta mais atenção a seu filho e não o deixa assim, largado. Tem cada mãe... — ele, nitidamente nervoso, prosseguia com o seu discurso.

Foi entre palavras ásperas que o rapaz entregou o menino a Rose. Naquele instante, as mãos dos dois tocaram-se, os olhares encontraram-se e em seus rostos era nítida a sintonia. Tudo, no entanto, aconteceu em um breve momento. Logo depois de entregar o menino à mãe, o rapaz deu-lhe as costas e caminhou em direção a seu carro. Rose ainda pôde ver o braço esquerdo dele machucado e, num gesto vagaroso, ainda tomada pela emoção, deu dois passos em direção ao rapaz para agradecer-lhe por ter salvado a vida do seu filho e para perguntar se estava bem, apesar do tom áspero que ele lhe dirigiu.

Nesse ínterim, algumas pessoas aproximaram-se para perguntar do menino, comentar detalhes, narrar onde estavam e o que viram, e Rose, procurando o rapaz em meio às pessoas, só conseguiu avistar o carro deixando o local e tomando distância. Ao vê-lo partir, a moça, abraçada ao menino, foi tomada por um choro compulsivo, em um misto de alívio e agradecimento a Deus por nada de pior ter acontecido. Ela fechou os olhos e pôde lembrar-se do jovem maquiado à sua frente, nervoso, disparando várias acusações e diversos julgamentos, e pensou: "Quem será aquele moço? De onde eu o conheço? Por estar maquiado, não consegui reconhecê-lo... Obrigada, Deus, por ter colocado esse anjo na minha vida, nesta manhã".

***

Uma hora antes, Alex acordava disposto e com vários planos para o futuro. Vivia os últimos dias com os nervos à flor da pele, tomado de preocupações.

Após o banho, vestiu-se apressadamente e dirigiu-se à cozinha, onde preparou com cuidado o café da manhã. Os cabelos negros e molhados permitiam que a água escorresse pelo pescoço. Enquanto aguardava a fervura do leite, arrumou com esmero a mesa com uma toalha florida, acomodou duas xícaras, os pães e a manteiga. Nesse momento, quando se virou para desligar o leite, ouviu a voz de Aracy, sua avó. Carinhosa, a senhora bem-vestida, de cabelos curtos e tingidos de loiro, aproximou-se do neto e cumprimentou-o com um beijo. A senhora elegante acomodou-se junto à mesa e, por recomendação do neto, aguardou o café:

— Já havíamos combinado, dona Aracy! O café é minha responsabilidade — de repente o tom amoroso do neto foi substituído por uma voz mais baixa e preocupada ao fazer a pergunta: — Vovó, como estão as coisas? Tudo tranquilo na minha ausência? Alguém ligou, chamaram na porta?

Depois de um curto momento em silêncio, Aracy respondeu:

— Somos os desconhecidos por aqui, como você sempre quis. Quem vai nos achar neste lugar?

— Fala de um jeito como se eu tivesse culpa pelo que aconteceu. Estamos aqui porque acho mais seguro. E a senhora concordou com a minha decisão!

— Refugiados! Até quando vamos ficar mudando?

— Até eu conseguir dinheiro para a gente mudar de estado ou de país, se for o caso — agora a voz de Alex estava alterada. Ele percebeu o tom ríspido e moderou-o em respeito à avó. — É o preço que estamos pagando para termos paz.

Aracy levantou-se e, carinhosamente, foi até o neto e abraçou-o. Era o seu porto seguro. O jovem retribuiu com um olhar distante e pensativo.

Alex consultou o relógio e viu o quanto estava atrasado para as suas tarefas. Tomou o café apressadamente, mesmo diante das recomendações da avó.

— Vovó, hoje não poderei tomar um café demorado com a senhora. Tenho que passar no hospital antes de ir ao trabalho.

— Tão jovem e tão responsável! Preocupado com o próximo, com as crianças...

— Acho que faço isso para me redimir da culpa. Não acha?

— Não! Faz isso porque tem um bom coração. Não tem culpa alguma pelo que aconteceu. Tudo o que acontece em nossas vidas são provas para fortalecer a nossa trajetória, para nos tornar fortes e firmes — fez uma pausa e, animada, perguntou: — E as crianças?

— As crianças me adoram, vovó... — falou emocionado. — Bom, preciso ir — apanhou as chaves na porta e depois foi até a janela, onde puxou as cortinas para impedir que

alguém pudesse observar o interior da casa. Antes de sair, como vinha fazendo nos últimos meses, pediu novamente:
— Vovó, nada de dar atenção a estranhos!
— Há meses você vem me tratando como uma criança! Já conheço a sua cartilha, Alex — disse Aracy num tom divertido, que fez o neto rir.
— Eu sei... É que fico muito preocupado de nos descobrirem aqui. Cuidado com o telefone. Se ouvir uma voz conhecida, desligue!
— Não dê informações ou detalhes. Se alguém bater à porta para vender, não dê atenção, diga que está ocupada... — concluiu Aracy, já conhecedora de todas as recomendações do neto.

Alex abraçou a avó e beijou-a na testa. Como gostava dela!... Foi capaz de mudar toda a sua vida, sua rotina, deixar amigos, o passado...

O jovem colocou os óculos escuros e entrou no carro, de onde acionou o portão automático da garagem pequena, que ocupava parte da frente da casa. Fez isso assistido por Aracy, que acompanhou os movimentos do neto da janela da cozinha, atrás das cortinas.

No caminho, Alex parou em uma banca de revistas, que ficava na esquina de uma avenida movimentada, onde comprou um jornal e voltou ao carro. Antes de dar partida, fez uma leitura rápida das manchetes. Sempre que fazia isso, temia encontrar ali um nome conhecido, uma tragédia, um acontecimento que pudesse novamente modificar toda sua vida.

Deixou o jornal de lado, apanhou o estojo de maquiagem e começou a pintar o rosto. Aos poucos, as tintas vermelha, azul e verde foram cobrindo o rosto do jovem, firme e de muita beleza, transformando-o em um palhaço, e dessa forma apresentava-se às crianças. Gostava de chegar ao hospital maquiado, pois sabia que algumas crianças já o aguardavam ansiosas, debruçadas na janela do hospital, e queria que elas, de pronto, tivessem essa imagem dele.

Já havia maquiado parte do rosto quando, em questão de segundos e em um reflexo rápido, olhou para o lado esquerdo e viu um menino atravessar a rua sozinho. Para seu desespero e dos demais que ali estavam, um caminhão ia em alta velocidade na direção da criança.

Alex não pensou muito. Deixando a porta do carro aberta, saiu do veículo afoito, correu e rolou com o menino para o outro lado da rua, livrando a criança do caminhão e de uma fatalidade.

Para ele, o tempo parecia estar em câmera lenta. Só ouvia o grito da criança, e socorrê-la era uma questão de honra. Não demorou e viu uma moça desesperada aproximar-se e, ao notar que se tratava de algum parente do menino, disparou:

— Que absurdo! Como pode ser tão relapsa e deixar uma criança solta em uma avenida movimentada como esta? Você não é uma mãe de verdade! Deveria perder a guarda do seu filho...

— Eu... — Rose tentava defender-se, mas não conseguia. Seus olhos estavam conectados ao jovem que havia salvado Silas. Era como se já o conhecesse. Estava paralisada, não só pela situação, mas também pela presença do homem que tinha à sua frente. E foi naquele instante que notou que parte do rosto do rapaz estava maquiada, pintada como palhaço.

— Valeu o susto. Quem sabe agora não presta mais atenção a seu filho e não o deixa assim, largado. Tem cada mãe...

Disse isso sem dar atenção ao que a moça pudesse falar. Avesso à manifestação da plateia que tinha à sua volta, o rapaz saiu. Entrou no carro e, ao encaixar a chave na ignição e girá-la, percebeu a mão trêmula. Sentiu um nó na garganta. Respirou fundo e partiu. Do espelho retrovisor pôde ver Rose, amorosa, abraçando a criança. Fazia isso rodeada de curiosos. Ao vê-los distanciarem-se pelo espelho retrovisor, pensou: "Acho que fui muito rude com a moça. Que mãe seria capaz de jogar o filho na frente de um caminhão? Deus me perdoe pelo julgamento e receba o meu agradecimento por ter dado a mim a oportunidade de salvar essa criança. Depois de tudo o que aconteceu, isso faz com que eu me sinta leve".

Capítulo 3

Demorou alguns minutos para Rose conseguir desvencilhar-se dos curiosos que permaneceram à sua volta. Alguns, preocupados, duvidavam que o menino estivesse bem e recomendavam à mãe que o levasse ao médico; outro dizia que havia anotado a placa do veículo, entregando o papel a ela com a orientação de que fosse à delegacia. Por fim, agradecida, Rose deixou o lugar aos poucos, levando Silas no colo.

Silas já parecia recuperado do susto, mas, em razão do aglomerado de pessoas à sua volta, ainda demonstrava um pouco de medo. Rose, paciente, tentando não transparecer o nervoso que sentia, começou a conversar com o menino, extraindo da criança, após alguns minutos, uma risada gostosa que a contagiou.

Rose deixou Silas na porta da creche depois de abraçá-lo e beijá-lo, como se há muito tempo não o visse. E lhe fez uma promessa, com o intuito de amenizar o susto do menino:

— Se lembra daquele carrinho de que você tanto gostou?
— O de controle remoto?! — perguntou, erguendo os braços, tomado por uma euforia.
— Sim. Vou trazer para você. Pode deixar comigo — recordou-se da pintura do quarto e sentenciou que as paredes podiam esperar mais um mês.

O menino nada disse, e nem precisava. Rose sentiu-se agradecida pela alegria, pelo sorriso e pelo carinho do abraço que o menino lhe deu.

Ela ficou ali, na porta, despreocupada com o atraso do trabalho, somente observando Silas entrar na creche, acompanhado por uma moça. Tão pequeno e já parecia independente, com sua mochila de super-herói nas costas. Enquanto observava o menino, ele voltou-se para a porta principal e sorriu acenando para a mãe.

Rose olhou para o relógio e percebeu que estava atrasada. Por hábito, pegava um ônibus cujo ponto final localizava-se na rua onde ela morava. E assim ia do bairro ao centro, sentada com a cabeça apoiada na janela, dormindo. Naquele dia, em razão dos acontecimentos e por estar atrasada, optou por pegar o metrô.

Logo que desceu do transporte, em meio a passos acelerados, a moça consultou o relógio. Oito horas e quarenta e cinco minutos. Não estava tão atrasada como imaginava. Com as chaves nas mãos, entrou na galeria e dirigiu-se à loja onde trabalhava. Havia, em seis meses de trabalho como vendedora na loja de camisetas e bonés, conquistado a confiança dos donos, por isso foi confiado a ela o compromisso de abrir a loja.

Cumprimentou as moças que, como ela, eram vendedoras, e abriu a loja. Habilidosa, Rose tratou de organizar as roupas que estavam jogadas sobre o balcão do minúsculo estabelecimento e, na sequência, apanhou uma vassoura e começou a varrer o espaço de um pouco mais de dois metros quadrados. Feita essa tarefa diária, a moça virou-se de costas para a rua e abriu a bolsa, de onde tirou um estojo de maquiagem. Pegou o espelho e começou a passar o batom, quando viu, pelo reflexo, Abel se aproximando. A moça, ao ver o sorriso do namorado, fechou o espelhinho e deu a volta no balcão para encontrá-lo.

Rose tinha um sorriso fascinante, que a tornava ainda mais linda e cativante. Esse foi um dos motivos por que Abel se apaixonou por ela, assim que a viu no centro da cidade, perto do Teatro Municipal, onde combinaram o primeiro encontro.

Tinham a mesma idade, cursavam o mesmo ano letivo, mas viviam em pontos opostos da cidade. Foi por meio da internet, em um site de relacionamentos, que se conheceram. Abel procurava alguém para conversar, e Rose, brigada com o namorado por ter descoberto uma traição, aventurou-se pela rede. Ambos não acreditavam que um encontro entre eles fosse possível, mas continuaram mantendo contato.

Por fim, após dois meses de conversas virtuais, em que descobriram pontos em comum, decidiram encontrar-se depois do expediente de Rose.

Abel estava sentado na escadaria do Teatro Municipal quando viu Rose se aproximar, com ar assustado, deixando nítida a sua timidez. Logo a reconheceu e, ao chegar mais perto da moça, seus olhares encontraram-se. Apaixonaram-se quase que instantaneamente um pelo outro, e a música que tocava na ocasião acabou por se tornar o tema do namoro dos dois jovens.

Meses já haviam passado desde aquele encontro, e o namoro de Abel e Rose tornava-se cada vez mais sólido. Prova disso era que o rapaz já havia levado a namorada para conhecer Inês e Mafalda. A moça encantou-se com a avó do rapaz, mas prontamente percebeu também a antipatia da sogra dirigida a ela. Ainda assim, Rose pretendia, pelo amor que tinha a Abel, conquistar Inês.

A moça, sorridente, depois de contornar o balcão, beijou o namorado e abraçou-o com ternura.

— Posso saber o que faz por aqui logo cedo?

— Vim conferir se a moça está bem e desejar um bom-dia...

O casal deu outro beijo apaixonado. Desta vez, Rose desfez o abraço ao lembrar-se que estavam na loja e que clientes poderiam chegar, ou, ainda pior, os donos poderiam aparecer a qualquer momento.

— Vou entrar mais tarde. Fiquei de entregar um documento aqui perto, então...

— Fez bem. Ah! Acho que deixei minha blusinha na sua casa da última vez em que estive lá. Viu minha mensagem? Se não estiver lá, eu perdi no ônibus à noite, quando voltei para casa...

Abel abriu a mochila e tirou a peça, para alegria da moça, que pensou tê-la perdido. Rose sorriu ao ter a blusa de volta, mas não deixou de reparar nos sacos de um quilo de açúcar e de feijão na bolsa do rapaz. Diante do olhar confuso da namorada, ele tentou explicar-se:

— É um esquema aí...

— Como assim? — insistiu a moça.

— Eu vou ajudar uma família. Não queria falar sobre isso, porque não acho legal comentar essas coisas. Minha avó fala sempre que, quando nós fazemos o bem, não precisamos contar para todo mundo.

Rose, orgulhosa do ato de caridade do namorado, abraçou-o, sorrindo. Naquele momento, fechou os olhos e agradeceu a Deus por ter colocado em sua vida um rapaz tão bom de coração como Abel. Ele era, como pôde concluir naquela observação, muito diferente do antigo namorado que tivera no bairro onde morava. Esse pensamento fez com que ela o estreitasse ainda mais nos braços.

— Aconteceu uma situação chata hoje de manhã...
— O que foi? — havia preocupação na voz de Abel, principalmente ao ouvir o relato, num breve resumo, sobre o acontecido. — Nossa! E como está o Silas?
— Bem, acho que não ficou tão abalado como pensei que ficaria. Foi um susto imenso. Tremo só em recordar a cena. A sorte foi que um jovem maquiado de palhaço o salvou — Rose fez uma pausa, e o seu pensamento ficou paralisado na cena em que viu o salvador de Silas. Era como se estivesse mergulhada nos olhos daquele jovem. O devaneio foi interrompido por Abel, que fazia alguma pergunta. Mas a moça não o escutou nem perguntou o que ele havia dito, pois o celular do namorado tocou.

Abel consultou o visor do aparelho e viu escrito "mamãe". Ele não atendeu, passou a mão pelo visor e ignorou a ligação.

— Era a sua mãe, Abel?
— Depois ligo para ela. Minha mãe adora fazer recomendações todas as manhãs. Deve ser isso — disfarçou e voltou a abraçar Rose ainda mais forte. A moça, carinhosa, retribuiu o carinho e permitiu-se, por alguns minutos, desfrutar da proteção que Abel lhe dedicava.

Logo depois, Rose desvencilhou-se do abraço do namorado e o colocou para andar, pois não teria como explicar aos donos da loja a presença de Abel ali.

— Vá, meu amor. Daqui a pouco a Andréa chega e aí já viu... Ela trabalha aqui também e, se me vê acompanhada, vai se achar no direito de trazer os casos dela para a loja.

O jovem compreendeu o pedido da namorada, beijou-lhe demoradamente e foi embora. Rose, então, ficou debruçada no balcão da loja, sorrindo, acenando para Abel, que se distanciava, retribuindo os acenos e beijos. Depois de ver o namorado desaparecer entre as pessoas na rua, a moça pegou o celular e discou para Arlete, sua mãe. Precisa dividir com ela o que havia acontecido pela manhã com Silas.

***

— Ninguém atende! — disparou Inês sozinha no quintal, considerando o mau sinal da operadora o motivo de não conseguir falar com Abel. Já havia perdido as contas das vezes que tinha ligado para o jovem, mas sempre dava caixa postal. Queria, o quanto antes, tirar satisfação com o rapaz sobre o suposto filho de Rose. E, a cada minuto que passava, por ser uma pessoa preocupada e ansiosa com o futuro, Inês sofria por antecipação, já imaginando o menino crescendo, sendo desobediente com Abel, e até o agredindo. — O que está certo! Abel não é o pai dele! Como vai respeitá-lo? — falou em voz alta. — Atenda, meu filho!

Aflita com as tentativas, Inês não percebia a movimentação na casa vizinha. Não notava a escada sendo arrastada até o muro, nem que Evinha a observava a partir da divisa entre as casas. Não demorou muito e Evinha lançou suas pérolas:

— Não adianta, Inês!

— Mulher, que susto! Chegou tão sorrateira que nem a percebi — disse, colocando a mão no peito.

— Nem adianta. Quando eles não querem atender, não atendem. Os jovens são assim mesmo! Aliás, os homens aqui de casa são assim. Já desisti. Mando mensagem. Se não lerem, o problema é deles — argumentou, ajustando a alça da camiseta regata. — Geralmente, o interesse é deles. Meu filho é um sonso, e o Enfeite, que chamo de "marido", se não ler a mensagem que envio fica sem comer, pois estou sempre a lembrá-lo da mistura, do pão...

— Enfeite? — perguntou Inês rindo, mesmo já sabendo a resposta.

— O enfeite do meu marido! Só tem beleza, mas, quando está em casa, só serve de enfeite, aquele porta-pó. Não faz nada, acredita? Nem me lembro mais da voz dele! Chega, toma banho e fica na sala esperando o jantar. Parei até de fazer!
— O quê?
— O jantar! Não, muito folgado! Não me ajuda em nada.
— Evinha, cuidado!

Não adiantava aconselhá-la. Evinha tratava mal o marido, e o filho também não recebia tratamento muito diferente. Sua maior distração, sem dúvidas, era envolver-se com os problemas dos vizinhos.

— Já que não consegue ligar, por que não vai até a empresa...

E assim, aos poucos, Evinha, querendo ver o circo pegar fogo, incentivou a vizinha a procurar Abel e colocar tudo em pratos limpos. Enquanto via Inês pensativa, Evinha alimentava as dúvidas e preocupações da vizinha.

— Meu Deus! Em que família o meu filho está se metendo? Tão bonito...

***

Arlete despertou com o som do celular. Olhou o visor e viu que era Rose, sua filha. Fez uma careta e jogou o aparelho longe. Depois de rolar na cama por mais alguns segundos, levantou-se resmungando pela filha ter ligado e feito com que ela perdesse o sono. Descalça e com os cabelos desalinhados, ela saiu do quarto e, antes disso, só teve a preocupação de vestir um penhoar que ganhara, havia muito tempo, de uma de suas patroas. Na cozinha, tomou um gole do café feito por Cleide, sua cunhada. Depois de prová-lo, fez uma careta e resmungou com a voz rouca:

— Foi por isso que não casou! Nem café faz direito. Faz um chá do pó. Horrível!

Acendeu o cigarro e soltou uma baforada que cobriu o seu rosto. Fez silêncio e ouviu os cachorros latindo. Era o carro dos ovos aproximando-se. Ela fechou os olhos e pôde ver a cena do carro rodeado de crianças. Logo o som emitido do veículo foi se tornando mais alto:

"Olha o carro dos ovos, dona de casa! Crianças, avisem a mamãe que o carro dos ovos chegou! São ovos fresquinhos, vindos direto da granja! Dona de casa, venha conferir!"

Arlete foi até a janela da cozinha, que dava para a frente da casa, e viu quando o portão principal foi aberto e Heleno, rapidamente, entrou na perua de ovos, conduzindo o veículo para dentro da garagem estreita, abarrotada de tranqueiras.

Heleno, marido de Arlete, minutos depois entrou em casa com a aparência cansada. Chegava com o rosto abatido e aparentando dez anos a mais do que o registro contava. Disse um bom-dia seco, sem emoção, e teve da esposa uma resposta ríspida:

— Devia parar de mentir. Tem ovos na perua que não são da granja. São dessas galinhas magras que você insiste em manter no fundo do quintal.

— Isso não é da sua conta.

— Sei bem que mistura com os ovos da granja. Só uma boba não percebe a diferença.

— Você devia respeitar o meu trabalho. Lembre-se de que é por causa dele que você ainda está em pé — respondeu e saiu sem dar atenção à esposa.

Ela acabou de fumar o cigarro e jogou a bituca no chão, pisando-a com força e empurrando-a para debaixo do móvel da pia. Cruzou os braços sobre o corpo e fez isso com o olhar altivo, ainda engasgada com as palavras do marido. Viu, da janela, alguém batendo palmas, por certo para comprar ovos. Ignorou o chamado, fechando a cortina sem cerimônia. Ouviu o marido no banheiro com o chuveiro ligado, então foi até o quarto, onde ele deixou as roupas, e apanhou da carteira de Heleno dinheiro e do bolso da calça a chave do carro.

Minutos depois estava manobrando a perua pela rua. Fazia isso descalça, de penhoar, cabelos bagunçados, com mais um cigarro acesso entre os dedos, lágrimas no rosto, e com as crianças em volta da perua, gritando.

Capítulo 4

— Oi, amiga! — cumprimentou Andréa ao chegar à loja.
— Chegou atrasada de novo! Veja as horas! Sua sorte é que o chefe não apareceu hoje nem ligou. Sabe como ele é com esse negócio de atraso. A manhã está bem corrida. Atendi umas três pessoas ao mesmo tempo...

— Pronto, chefinha, estou aqui, não estou? — brincou Andréa, beijando a bochecha de Rose, que logo começou a rir.

Andréa tinha a mesma idade de Rose, usava roupas justas no corpo bem torneado, tingia os cabelos de loiro e adorava acessórios. Era também funcionária da loja e havia conseguido o emprego por intermédio da amiga.

— Está certa... Quem sou eu para chamar sua atenção? — considerou Rose.

— Sei que quer o meu bem, flor...

— E quero mesmo. Se o dono chega e não vê você aqui, vai demiti-la. E não quero que isso aconteça — fez uma pausa e logo depois contou o ocorrido com Silas, que quase havia sido atropelado por um caminhão.

Depois de ouvir toda a história, Andréa, inclinada ao romance, disparou enquanto procurava na bolsa a aliança:

— Acho que você curtiu o palhaço... — comentou ao localizar e encaixar a aliança dourada no dedo direito.

— Deixe de ser tonta. Tenho namorado! Me respeite!

— Desculpe-me, mas foi a sensação que tive. Bom, não deve levar em consideração os meus comentários. E o Silas, como está?

Rose começou a responder as perguntas da amiga, quando um rapaz que passava pela galeria parou próximo da loja, fixou os olhos em Andréa, e falou, num misto de alegria e dúvida:

— Simone?! Oi, tudo bem? Lembra-se de mim?

Andréa fez-se de desentendida, e Rose ficou perdida com a cena.

— Não! Deve estar me confundindo com outra pessoa.

— A mesma voz... Simone, não se lembra de mim?

— Já disse que não. Nem me chamo Simone. Agora, se me dá licença, estou no trabalho...

— Desculpe-me... É que você me lembra muito uma amiga que tive — o rapaz olhou para a mão de Andréa e pôde ver uma aliança dourada no dedo dela, convencendo-se de que havia feito uma confusão.

Andréa virou-se, então, para Rose e continuou a conversar com a amiga sem dar importância ao rapaz, que tomava distância da loja.

— O que aconteceu aqui, pode me explicar? Ele falou com você convicto de que a conhecia.

— Saí com ele um tempo atrás, amiga — confessou Andréa. — Nota seis.

— Você quer me dizer que saiu com ele?

— Flor, preciso aproveitar a minha vida. Daqui a pouco me caso e aí? O tempo passou e nem aproveitei. Já te prometi que, quando me casar, vou parar de sair com outros homens. Sei que já moro com ele, mas, quando oficializar a relação, pronto! Eu paro com tudo isso! É que é muito mais forte do que eu...

— Não gosto disso. Conheço o seu noivo e não quero ser cúmplice dos seus casos, dos seus rolos. Como pode fazer isso?! Noiva e saindo com outros caras?

— É algo que não consigo dominar. Quando vejo já estou dando meu telefone, marcando encontro, envolvida. Mas não tem sentimento envolvido!

— Como isso, Andréa?! Não me conte mais nada. Não quero saber — depois de uma pausa, questionou: — Simone? Você usa um pseudônimo?

— Era o nome da minha prima. Acha que vou usar o meu? De jeito nenhum, amiga.

Andréa vivia com Kleber, mas não era fiel àquele romance. Sempre que surgia uma oportunidade, ela saía com outros rapazes e usava o pseudônimo Simone, nome de sua falecida prima, morta anos antes em um acidente de automóvel. O que Andréa não sabia era que, com aquela atitude, usando o nome da prima, acabara por atrair o espírito da jovem, que se afinava a ela em pensamento e no gosto pelo sexo, já que, em vida, Simone tinha hábitos semelhantes aos da prima.

Ocorre que, ao morrer, o espírito de Simone ficou perdido por um bom tempo, recusando ajuda. Uma tia querida veio em seu auxílio para levá-la a um local de tratamento, mas ela não admitiu deixar o planeta. Achava injusto morrer jovem. Revoltada, permaneceu perambulando pelo mundo.

Certo dia, um jovem muito bonito apareceu e lhe fez uma proposta:

— Vamos para um lugar bem legal?

— Não. Daqui não saio. Nem sei quem você é.

— E vai ficar aqui para quê?

— Não lhe interessa. E, além do mais, minha prima me chama em pensamento. Quando eu vejo, já estou ao lado dela.

— Porque vocês são afins.

— Não. Porque ela me chama.

— Se continuar agindo dessa forma, vai criar um laço obsessivo com sua prima.

— Não sei o que é isso, mas, se ela me chama, eu atendo. E eu gosto — Simone riu. — Ainda gosto de estar no mundo.

— No entanto, você não pertence mais a este mundo.

— Cansei de falar com você.

Simone falou e sumiu. O jovem, desalentado, fez sinal negativo com a cabeça e também se foi.

Ao longo do tempo, tornou-se automático: ao usar o nome de Simone, Andréa passou a atrair o espírito da prima e incorporá-lo com todo o seu gestual e atitude. Sob a influência de Simone, Andréa ficava com os sentidos aguçados e, de quebra, sentia um desejo sexual fora do normal.

Essa simbiose só poderia ser quebrada se Andréa mudasse sua ideia acerca de afeto, prazer e sexualidade. No dia em que adotasse uma nova postura e outras crenças e, o mais importante, assumisse sua própria identidade, sem precisar usar o nome de quem quer que fosse, o elo com Simone seria quebrado. Mas esse trabalho de, digamos, desobsessão, só poderia partir dela. Enquanto isso, Simone, ainda ligada aos prazeres da Terra, acompanhava a prima e, de quebra, alimentava-se de suas energias sexuais.

Rose não concordava com a infidelidade de Andréa, tanto que a aconselhava e a orientava, porém tudo era em vão. A moça fazia e acontecia com os homens que conhecia na internet ou nos transportes.

— Isso que dá sair com gente perto do trabalho! É o mesmo que sair com caras do bairro! Deus me livre de sair com algum daqueles pregos. Bem fez você em conhecer um rapaz do outro lado da cidade. Falando nisso, eu vi o Abel lá na praça. Estava comendo um lanche.

— Abel? Aqui perto? Ele esteve aqui pela manhã, quando cheguei...

— Estava lá. Nem falei com ele porque estava atrasada. Abel pareceu tão distante que, se eu tivesse tentado falar com ele, acho que nem teria me reconhecido.

Rose ficou pensativa. De repente percebeu que precisava fazer algo.

— Faz tempo que você o viu, Andréa?

— Há pouco, flor, questão de minutos.

Rose ligou para o celular de Abel, que logo a atendeu, diferentemente do que vinha fazendo com as ligações de Inês, sua mãe. Ao ser questionado pela moça sobre onde estava, o rapaz respondeu que estava no trabalho. No entanto, a moça, astuta, ao escutar o barulho dos vendedores ambulantes, deu crédito ao que Andréa lhe dissera, que Abel estava na região, na rua. Concluiu então que o namorado estava mentindo. Com a desculpa de que um cliente acabava de entrar na loja, Rose despediu-se do rapaz e desligou o telefone. Depois, virou-se para Andréa e disse com ar preocupado, enquanto guardava o celular no bolso da calça jeans:

— Segura um pouco as pontas na loja. Vou atrás do Abel.

O que Abel estaria fazendo na região? Dissera pela manhã que estava a serviço, mas pela hora já era para ter voltado para a empresa. Falou que estava no trabalho, sendo que Andréa o vira na rua. Rose achou aquilo tudo muito estranho. Por que mentira para ela?

***

A vida de Alex não se resumia ao trabalho voluntário no hospital, na ala das crianças. Era um jovem que dedicava cuidados ao próximo, principalmente às crianças, e tinha os seus motivos. Alguns acontecimentos em sua vida levaram-no a ver tudo ao seu redor de forma diferente. O rapaz, além dos trabalhos voluntários, começou a trabalhar também como operador de caixa numa loja. Estava em fase de experiência, mas tinha confiança de que conquistaria uma promoção ou que apareceria outra oportunidade de ganhar um pouco mais.

Naquele dia, não muito diferente dos dias anteriores, desde que passou a morar longe do trabalho, Alex chegou exausto em casa. Ainda assim, procurou disfarçar, pois não queria transparecer o cansaço que sentia, os medos e a angústia a Aracy, a mulher que o criara como filho, para poupá-la. No entanto, naquele dia, levado pela emoção, o rapaz desmoronou diante da avó, deduzindo que estava mais sensível do que o habitual pelo fato de ter salvado a vida do pequeno Silas.

— Vovó, sua amiga foi tão categórica quando me disse que em outra vida eu fui médico e ganhava a vida fazendo abortos...

— Não se impressione com o que passou. Deixe tudo onde está. O importante agora é fazer diferente e dar o melhor de si. Prova disso é que, geralmente, não temos lembranças do que aconteceu em outras vidas.

Alex sorriu, abraçou a avó e depois comentou:

— Fiquei tão feliz por ter salvado aquele menino — havia um brilho no seu olhar emocionado que combinava com seu sorriso. — Lamento ter sido tão ríspido com a mãe dele. Uma menina! Não deve ter experiência... Não acredito que tenha deixado o filho solto porque quis, eu que falei demais... Deve ter ficado em pânico com o que viu, pois nem conseguia falar direito.

— Você também não deve ter deixado ela falar. Eu o conheço bem, meu neto. Quando se vê com razão, não deixa ninguém falar.

Os dois riram. Foi Aracy quem prosseguiu o assunto com uma observação:

— Parece que ficou encantado com a jovem... Ou foi impressão minha?

— Eu, encantado?! De forma alguma. Deve até ser casada, ter mais filhos em casa... — franziu o cenho e proferiu mais algumas palavras para convencer a avó e a ele mesmo de que não sentira nada pela moça. — Como poderia me interessar por uma mulher que deixa o filho solto numa avenida?

— Você mesmo a defendeu, há pouco, dizendo que ela não seria capaz...

— São palavras suas.

Alex olhou para a avó com ar de riso. Aracy resolveu não brincar mais com a situação, por isso mudou de assunto. Foi até o fogão, onde apanhou um caneco e despejou um líquido numa xícara, entregando-a ao neto.

— Chá de cidreira para aliviar a tensão. Acabei de fazer.

— Parece até que adivinhou. Preciso disso mesmo. O dia não foi fácil — comentou, calando-se em seguida. Mantinha a postura de que não precisava ocupar Aracy com os problemas que tinha na rua. A velha senhora já lidava com muitos.

— A gente podia se mudar para um lugar mais perto do seu trabalho...

— Ainda não, vovó. O aluguel aqui é mais barato.

— Sabe que não precisamos passar por isso — interrompeu Aracy com a voz aflita. — Fico pensando no sacrifício que vem enfrentando, enquanto...

— Melhor assim. É só questão de tempo para a gente conseguir se desvencilhar... O dinheiro do aluguel das lojas tem ajudado a nos manter, meu salário, então...

Enquanto conversavam, o telefone tocou. Os dois entreolharam-se, e Aracy decidiu atender a ligação, sob o olhar vigilante e tenso de Alex.

— Alô? — repetiu mais duas vezes até ouvir uma voz, do outro lado da linha, que a fez estremecer.

Alex, que estava próximo, percebeu a reação da avó e tomou o aparelho da mão de Aracy. Fez isso e repetiu o alô, no entanto só ouviu uma respiração ofegante por alguns segundos e a ligação sendo finalizada sem resposta.

O jovem colocou o fone no gancho e falou pausadamente.

— Quem era, vovó? Você conheceu a voz, vi a sua reação! Me diga...

— Parece que fomos descobertos — falou por fim, visivelmente abalada, buscando apoio nos móveis.

Alex, rapidamente, foi ampará-la e, em questão de segundos, ela desmaiou em seus braços.

***

Rose não teve muita dificuldade em localizar Abel. Foi direto ao local onde Andréa disse tê-lo visto. A moça estava cansada quando o encontrou, pois havia feito o trajeto da loja até a praça quase correndo, angustiada, buscando respostas para o que estava acontecendo.

Abel estava sentado em uma das muretas da praça, já perto da entrada do metrô, com os braços soltos ao lado do corpo, enquanto a cabeça se encontrava jogada para trás, apoiada no tronco da árvore, como se estivesse dormindo. A mochila estava abandonada ao seu lado, aberta, sem os mantimentos que Rose notara pela manhã.

A moça aproximou-se lentamente do namorado, com um aperto no peito ao vê-lo daquela forma e com o pressentimento de que algo de errado estava acontecendo. Ela, suavemente, chamou-o. Não demorou muito e ele abriu os olhos e um sorriso ao escutar a voz da namorada. Rompeu o silêncio ao dizer:

— Estava sonhando com você, e olha que bom... O sonho se realizou e você apareceu.

Rose sentou-se ao lado de Abel, notou os olhos vermelhos do namorado, e atribuiu a vermelhidão ao fato de o rapaz estar dormindo. A moça encostou os lábios nos de Abel e, pela primeira vez desde que o conhecera, sentiu-se ao lado de um desconhecido.

De fato havia ao redor do rapaz vários espíritos de energia similares, que se aproveitavam de sua fraqueza para terem acesso aos prazeres da Terra. Prazeres que tiveram em vida, mas agora, desencarnados, por se recusarem a aceitar a nova condição, perambulavam em busca dos viciados para satisfazer suas vontades, seus gostos.

— Você bebeu, Abel?

— Não! Quer dizer, bebi um pouquinho — respondeu, aproximando-se de Rose. A moça percebeu no hálito do namorado um odor leve de bebida alcoólica, mas não conseguia atribuir somente à bebida o comportamento do jovem. Notou que Abel estava muito estranho.

— Você não foi ao trabalho? Quando me visitou, comentou que tinha um serviço a fazer...

— Tive que voltar ao centro.

— E ficou aqui?

— Estava te esperando, meu amor — respondeu com um sorriso debochado.

— Abel, você está estranho... O que está acontecendo?

O jovem insistiu no discurso de que estava a trabalho na região e a esperava para irem embora juntos. Sem acreditar no que Abel dizia, Rose mentiu ao falar:

— Eu liguei para a empresa onde você trabalha, Abel...

Houve um silêncio. Abel abaixou a cabeça e, quando a levantou, havia lágrimas nos olhos. Acabou confessando então:

— Fui demitido.

— Você não está trabalhando...

— Faz três dias... Perdi o emprego e não tenho coragem de contar para dona Inês. Ela vai me crucificar.

— E você tem saído de casa todos os dias como se estivesse trabalhando...

O jovem balançou a cabeça positivamente. Rose não teve outra reação a não ser abraçá-lo. Como o amava, vê-lo sofrer era de sufocar o coração.

— Não vou suportar o discurso dela, não de novo. Certamente, vai me comparar à minha prima, filha da tia Márcia, que é...

— Meu querido, somos todos diferentes, carregamos valores ímpares. Deus, generosamente, nos fez diferentes, com características e talentos singulares.

— Ele se esqueceu de me dar um talento quando me enviou para a Terra.

— Não, você é que está esquecendo dEle, por isso não consegue se achar.

Rose abraçou-o carinhosamente.

— Agora vamos. Tem que enfrentar essa situação.

— Você me acompanha até a minha casa?

Rose pensou em acompanhá-lo, mas achou, ao lembrar-se de Inês, que ela a acusaria de ser o pivô da perda de emprego de Abel. Conhecia pouco a sogra, mas o suficiente para adivinhar o que povoava os seus pensamentos.

A moça saiu quase arrastando Abel pela praça. Pensou em perguntar pelos alimentos, mas teve medo de ouvir a resposta do namorado. Mais uma vez sua intuição fazia-se presente. Levou-o até um bar, onde pediu um café forte para servir ao rapaz. Minutos depois, mais firme, Abel foi acompanhado por Rose até a catraca do metrô. Conversaram mais um pouco, e a moça, por fim, conseguiu convencê-lo de que a verdade era sempre o melhor.

— Tenho certeza de que sua mãe irá apoiá-lo. Não deve omitir isso...

Despediram-se assim, ela confiante de que ele contaria a verdade; ele incerto do que fazer da vida.

Rose ficou parada ali, vendo o homem que amava se perder entre os outros usuários do metrô. Sentiu um aperto no peito ao vê-lo daquela forma. Já alimentava tanto a esperança de efetivação do namorado na empresa, que era grande e oferecia vários benefícios e oportunidades.

A moça saiu de lá cabisbaixa, triste, sentindo um nó na garganta e uma incontrolável vontade de chorar.

E foi assim, envolta por esse sentimento, que, já próxima à loja, viu Andréa caminhar na sua direção, gritando:

— Amiga, onde estava que não voltava mais?

— O dono da loja me procurou?

— Não, o tio Heleno — Andréa considerava os pais das amigas como se fossem seus tios. — Ele me ligou! Parece que tentou te ligar, mas você não atendeu...

— Por causa do barulho da praça, não ouvi o telefone tocar. O que aconteceu? — perguntou aflita.

— Sua mãe... Flor, a tia Arlete sofreu um acidente!

***

Márcia saía de uma reunião externa, que havia terminado mais cedo que o previsto, quando resolveu fazer uma visita surpresa à mãe. Chegando à casa de Mafalda, no meio da tarde, Márcia saltou do carro, linda, elegantemente vestida com uma camisa de manga longa e uma saia azul justa. Tirou os óculos escuros do rosto, prendendo-os aos cabelos, penteados em um coque no alto da cabeça por conta do calor. Sustentando-se em um salto fino e alto, era a elegância em pessoa.

Foi recebida pela mãe, que acabava de chegar do açougue. Abraçadas, as duas entraram em casa. Inês, ao ver a irmã, largou prontamente os seus afazeres. E, como de costume, tratou de preparar alguns quitutes para animar o papo com Márcia e Mafalda.

Já fazia mais de meia hora que Márcia estava na casa, envolvida em uma conversa com Mafalda, quando Inês saiu da cozinha em direção à sala com uma bandeja de salgados e doces e colocou-os sobre a mesinha de centro. Depois, voltou à cozinha para apanhar refrigerante e copos, sempre atenta à conversa entre a irmã e a mãe.

— Estão bem, mamãe. Minha filha está no Sul, terminando o doutorado e trabalhando. O marido a apoia. Graças a Deus parece que estão bem.

— Que bom. Fico feliz em saber que minha neta e o marido estão bem.

— Sua preferida, né, mamãe? — comentou Inês de propósito, para irritar a mãe, sob o semblante risonho de Márcia.

— Gosto dos meus netos da mesma forma — defendeu-se Mafalda, visivelmente orgulhosa.

— Meu menino está tão bem na empresa. Logo será efetivado!

— Quem? — perguntou Márcia, surpresa.

— Seu sobrinho! Tem outro? — perguntou Inês.

— Sim, ele... Onde está Abel, falando nisso? — perguntou Márcia, que havia descoberto a demissão do sobrinho duas horas antes.

— No trabalho! Onde mais? Está lindo de social. Você bem que podia dar uma força pra ele ser efetivado logo. Quando isso acontecer, ele irá se matricular numa faculdade. Curso superior.

— Mesmo gostando de música! — intrometeu-se Mafalda.

Márcia deu um sorriso sem graça, pois estava preocupada com o fato de o sobrinho ter perdido o emprego e não ter contado nada em casa. Ficou desconcertada. Não se via no direito de dar a notícia à irmã, mas esperava que o sobrinho contasse o que aconteceu e justificasse a mentira.

— Música não dá dinheiro, mamãe. Viu isso, Márcia? Agora a mamãe está incentivando o Abel a ser músico.

— Acho que ele tem que fazer algo que agrade o coração dele.

— Melhor pensar em algo que agrade o bolso dele. Já pensou em ter um filho engenheiro?! Pena estar envolvido com aquela lá. Parece até castigo.

Mafalda correu para pegar a foto de Rose, que estava sobre a mesa, e mostrar a Márcia. As duas, para desespero de Inês, teceram elogios à moça.

— Meu filho merecia coisa melhor. Parece que essa moça tem até filho. Vou conversar com ele quando chegar. Não consegui falar com Abel quando liguei mais cedo.

— Quando é que você vai aprender que o seu filho cresceu, minha irmã, e que é dono de suas próprias vontades? Queira que o seu filho seja feliz do jeito dele, não do jeito que você quer que ele seja feliz. O importante é vê-lo bem, agradecer a Deus e seguir...

— Ele não vai ser feliz assim, com essa moça, fazendo música. Sou mãe, sinto isso.

— Deus vai lhe mostrar por outros meios se insistir nisso. Como dizem: se recusa a aprender pelo amor, restará a dor como meio de aprendizado. A escolha é sua.

— Fala de um jeito que até começo a acreditar na possibilidade de Deus nos punir, castigar.

— Não sirvo a esse Deus. Ele não castiga. O que castiga, pune, é a sua consciência. Deus nos deu o livre-arbítrio, o que escolher. E justamente é a consequência das escolhas que vai pesar na nossa consciência, e essa, sim, castiga.

Mafalda, divertida, olhou para Inês, esperando resposta. No entanto, a mulher permaneceu calada, tentando absorver o que ouvira. Os seus pensamentos foram interrompidos com a chegada de Abel. O rapaz estava abatido, olhos ainda vermelhos, cansado, temeroso por ter que dar a notícia da perda do emprego à mãe. E levou um susto ao ver a tia em casa, ao lado de Inês e da avó.

— E o trabalho, como está Abel? — perguntou Márcia, receosa com a resposta.

— Bem, eu... Eu estou aprendendo muita coisa...

Inês, coruja como era, aproximou-se do rapaz e beijou-o, muito orgulhosa, tecendo elogios. Naquele momento, esqueceu-se até de questionar Abel sobre Rose e seu suposto filho. Foi logo dizendo:

— Ele está se saindo muito bem. Logo será efetivado, promovido...

Cansada da mentira que Abel sustentava e também por não querer ser cúmplice daquilo tudo, Márcia disparou:

— Estive com a sua chefe hoje, Abel. Almoçamos juntas.

O rapaz sentiu o sangue sumir do rosto e as pernas bambearem. Ficou sem reação diante das três mulheres, cujos olhos estavam pousados sobre ele.

Capítulo 5

Rose chegou ao hospital acompanhada de Andréa. Estava abatida, dispersa, tanto que nem se atentou à necessidade de apresentar o documento de identidade para ter acesso ao hospital. A recepcionista, simpática, dona de olhos grandes e azuis muito bem maquiados, insistiu no pedido. Foi então que Andréa forneceu o seu documento e se adiantou em apanhar o da amiga para apresentá-lo à atendente. Minutos depois estavam descendo do elevador no quinto andar do prédio, onde Heleno andava pelo corredor, aflito.

— E a mamãe, como está? — Rose perguntou.

Heleno abraçou a moça como havia muito tempo não fazia e ali ficou em silêncio. Andréa, aflita com a cena, disparou:

— Conte logo o que aconteceu, tio! Não gosto de filme de suspense.

— Ela está lá dentro. Ninguém saiu ainda pra dizer como ela está.

Andréa, ao ver a amiga tomada por um choro compulsivo, tratou de colher informações na recepção, mas não obteve nenhuma resposta. Havia muitas pessoas debruçadas sobre a moça, que, pacientemente, preenchia as fichas do pronto-socorro, tirava dúvidas e ainda atendia às ligações. Tudo sozinha.

— A mulher está perdida. Não tem como dar conta de tudo isso! Vamos ter que esperar — disse Andréa, ao juntar-se a Rose e Heleno.

— O que aconteceu, papai?

— Sua mãe, imprudente como sempre, pegou a chave da perua e saiu. Levou dinheiro também — essa última parte falou baixo, assim como estava o olhar, encabulado por falar de assuntos de família na frente de Andréa. — Depois me ligaram, dizendo que a perua foi encontrada com a sua mãe desacordada...

"Meu Deus! Preciso saber como ela está... Que aflição", pensou Rose, lembrando-se do que acontecera com Silas pela manhã, no estado de Abel, quando o encontrara, e ficou angustiada com os acontecimentos que rondavam sua vida.

Não demorou muito, Andréa percebeu os olhos de um enfermeiro e viu ali a oportunidade de obter informações sobre Arlete. Rose e Heleno estavam tão tensos que não deram importância a Andréa quando ela falou que voltaria em minutos, nem perceberam quando a moça se perdeu em um dos corredores do hospital com o enfermeiro. Minutos depois, ela retornou com os cabelos desalinhados, ajustando o decote da blusinha minúscula, com o telefone do rapaz na mão e com informações sobre Arlete.

— Podemos ficar tranquilos. Tia Arlete está fora de perigo. Na verdade, só ficou desacordada com a batida, mas está tudo bem com ela. Tomou um medicamento e está em observação. Será liberada daqui a pouco.

— E a tia Cleide, papai?

— Ligou avisando que iria para a casa de uma amiga, pouco antes de saber o que tinha acontecido — finalizou com a voz triste.

— Vamos nos animar! A tia Arlete está bem! — comemorou Andréa.

Rose respirou aliviada ao abraçar o pai e a amiga. Pensou em Abel e em como gostaria que ele estivesse ali, ao seu lado, apoiando-a. Quando olhou para a porta, como se tivesse sido chamada, viu um rapaz entrar apressado no hospital, conduzindo uma cadeira de rodas, onde estava uma senhora pálida e trêmula. Reconheceu nele algo familiar, a voz talvez. Fixou os olhos em seu rosto firme e cativante, mas não conseguia se recordar de onde o conhecia.

Andréa logo esticou os olhos e cutucou Rose, fazendo elogios ao jovem.

— Viu que gato, Rose? Que olhos expressivos, ombros largos...

Rose fechou a cara, como se, por meio daquele gesto, fosse capaz de deter a atitude oferecida da amiga.

Naquele momento, como já havia acontecido horas antes, os olhares do rapaz e de Rose encontraram-se. Tudo parecia paralisado e mergulhado em silêncio naqueles instantes, e apenas os corações daqueles jovens podiam ser ouvidos.

Uma enfermeira apareceu de repente, procurando a família de Arlete, e a atenção de Rose, assim como a de Heleno e Andréa, voltaram-se completamente para a mulher, que trazia informações sobre o estado da paciente.

O rapaz também desviou o olhar com a certeza de que a conhecia. O seu coração estava aos saltos e ficou com a certeza de que sentiria isso ao vê-la onde quer que fosse. No entanto, em meio à agitação por que ambos estavam passando, cada um ficou no seu canto. A moça da recepção insistiu na pergunta, visto que o rapaz, por alguns minutos, havia aparentemente esquecido do problema da avó, que, sentada na cadeira de rodas, aguardava atendimento.

— Minha avó tem pressão alta. Hoje aconteceu uma coisa que a fez passar mal. Pode ter sido uma oscilação de pressão... — lembrou-se da avó desmaiando nos seus braços após a ligação que recebera.

— Sim, preciso preencher uma ficha. É o responsável por ela? Qual é o seu nome?

— Desculpe-me, já havia me perguntado o meu nome, mas esqueci de responder. Me chamo Alex Senhorine.

***

— Mudei de departamento. Agora tenho um chefe — falou Abel de improviso, com o tom de voz firme, tão convicto que fez com que Márcia se sentisse diante de um ator. — Não trabalho mais com a sua amiga, tia. Aliás, faz tempo que não a vejo.

— Nem me contou a novidade, meu filho! — interrompeu Inês eufórica, sem notar o olhar tenso entre tia e sobrinho. — É capaz até de ser efetivado!

— Minha filha, por que não fica para o jantar? — convidou Mafalda, também sem perceber o clima.

— Sim, posso ficar — consultou o relógio. — Acho que dará tempo de ir ao centro depois...

Inês torceu o nariz para a devoção da irmã pelo centro espírita. Foi Mafalda quem, nitidamente feliz em ter a sua primogênita para o jantar, sugeriu fazer o prato predileto da filha. Ciente do favoritismo da mãe em relação à irmã, Inês pegou a carteira e anunciou que iria ao mercado comprar algumas coisas que estavam faltando. Disse isso piscando para Márcia, insinuando que os mantimentos estavam faltando porque Mafalda os distribuía entre os pedintes.

— Não precisa se preocupar em fazer algo diferente — ressaltou Márcia, mas não foi ouvida. Depois sugeriu: — Posso ir ao mercado, Inês. Abel, vamos comigo. Assim podemos conversar.

— Pode deixar que eu vou. Abel está cansado. Coitado, trabalhou o dia inteiro que Deus deu, pegou transporte público... Eu vou. Mamãe vai adiantando as coisas na cozinha e vocês, meus amores, vão conversando. Há quanto tempo a gente não faz isso? Jantamos em família?

— É verdade, a gente tem mais almoçado... — concluiu Mafalda, indo para a cozinha.

Quando Abel se viu sozinho com a tia, adivinhando que Márcia queria conversar, saiu da sala para refugiar-se no quarto. Ela, por sua vez, pensava em um jeito de falar com o sobrinho, por isso sentou-se na sala sozinha, pensativa, distante dos comentários de Mafalda, que vinham da cozinha.

Decidida, Márcia aproveitou a distração da mãe com as músicas do rádio e foi até o quarto de Abel. Bateu na porta e ouviu do interior do cômodo uma voz seca. Era como se o rapaz já soubesse quem era:

— Entre — disse Abel, vendo a porta abrir-se e Márcia entrar. — Sabia que viria aqui.

— Perdeu o emprego, meu sobrinho? Por que está mentindo?

— Se veio me chamar de mentiroso, pode voltar.

— Não, quero entender por que está sustentando essa situação. Perder o emprego não é nada de mais quando se é jovem, com tempo pela frente e oportunidade de estudar...

— Não é simples assim na cabeça da minha mãe. Ela vai...

— Soube o motivo da sua demissão... É isso que o envergonha?

— Eu não roubei, tia! Juro que não peguei nada... — defendeu-se com o tom de voz alterado, antes mesmo de Márcia relatar o que sabia.

— Não o estou culpando de nada — falou paciente. Márcia sentiu um aperto no peito ao perceber que era verdade o que a amiga havia lhe contado.

— Ela, sua amiga, não gostava de mim e usou isso para me dispensar.

— Até quando vai mentir?

— Não estou mentindo, não estou mentindo... — começou a repetir, enquanto Márcia falava.

— Falar a verdade, assumir os erros, é a oportunidade que temos de recomeçar de forma diferente e trilhando o caminho certo. Não vou recriminar você...

O rapaz parou de repetir a frase, como se estivesse recitando um mantra, e falou com a voz mansa e com lágrimas nos olhos:

— Não fui levado à delegacia porque sua amiga disse que eu era seu sobrinho e que por isso não me denunciaria. É humilhante dever esse favor a você...

Abel abaixou a cabeça e, de repente, levantou-se alterado, transtornado, com o rosto vermelho. Caminhou até Márcia e disparou, segurando os braços dela com força.

— Não sou mentiroso, não roubei nada!

— Me solta! Você está me machucando! — Márcia focou no rosto do sobrinho e mergulhou no vermelho dos seus olhos, que a assustou. Tomou força e livrou-se das mãos de Abel.

O rapaz começou a ficar furioso, falando e repetindo coisas que Márcia passou a não entender. Temendo que fossem ouvidos, ainda que o quarto ficasse na parte posterior da casa e distante da cozinha, Márcia encostou a porta. Tinha o intuito de convencer Abel a contar a verdade para a família, mas o sobrinho permanecia irredutível. Márcia firmou-se numa oração, buscou concentrar-se, e ouviu o rapaz começar a rir alto e falar:

49

— Márcia, que bom te reencontrar! Quanto tempo! — Abel falou com a voz rouca. — Sempre autoritária, querendo dominar e moldar todo mundo.

— Abel! Por que está me chamando assim? Nunca me chamou antes pelo nome...

— Abel! — começou a rir alto. — Claro que não, Márcia!

Márcia ficou assustada com o sobrinho e com sua atitude. Ainda assim, com os olhos rasos de lágrimas, aproximou-se do rapaz e disse:

— Sei que não está sozinho, meu bem.

— Não mesmo. Estou com os espíritos em que você tanto acredita.

Márcia tentou, por alguns minutos, ainda conversar com o rapaz, mas não teve jeito. Abel, tomado por uma expressão e uma força que ela jurava não conhecer, colocou a tia para fora do quarto e, diante da insistência dela, foi conduzindo-a pela casa, apertando os braços de Márcia.

— Suma da minha vida. Nunca mais quero te ver... Já basta o que fez comigo. Só me prejudicou!

— O que é isso, Abel?! — perguntou Mafalda assustada ao ver o neto agredindo Márcia. — O que está havendo?

— Nada, mãe. Preciso ir. Conversaremos depois — Márcia apanhou a bolsa e a chave do carro, que estavam sobre um aparador, e, antes de sair, disse: — Você não venceu, não vou desistir do meu sobrinho. Sei que ele não seria capaz disso.

— Suma daqui.

— Abel! Que modos são esses? — perguntou Mafalda, colocando-se entre o neto e a filha. A senhora começou a chorar ao presenciar, pela primeira vez, um atrito em família.

Mafalda sentiu-se mal, acabou sentando no sofá, abanando-se. Não conseguiu acompanhar Márcia, que saiu em disparada. De onde estava, pôde ainda ver o carro da filha tomar distância e ouvir a porta do quarto de Abel ser fechada com força.

— Meu Deus, o que está acontecendo?

***

Foi uma enfermeira nos primeiros anos de carreira, ainda focada na realização dos seus sonhos, que veio trazer notícias sobre Arlete à família. Indiferente aos vários pacientes que a aguardavam, a moça, tomada por uma simpatia pouco usual no local, descreveu resumidamente o quadro de Arlete, dizendo que ela estava bem e que já estava de alta após ter tomado alguns medicamentos.

Rose pouco prestava atenção ao que a moça dizia, pois tentava, ainda que distante de Alex, buscar nele traços de alguém conhecido. Não conseguia nem ouvir a voz do rapaz, diante do número de pessoas que ocupavam a recepção do local. Foi Andréa quem percebeu a curiosidade da amiga e a puxou pelo braço para ir até o quarto onde Arlete estava em observação.

— Gostou dele! Eu vi, flor!

— Deixe de bobagem. Achei que fosse um conhecido, alguém da época da escola.

— Impossível! Ele não passaria despercebido pelos meus olhos. A gente estudou na mesma escola, esqueceu? — abriu um sorriso e finalizou: — Quem sabe não é de outra vida, amiga?

— Está igual à tia Cleide, acreditando nessas coisas?

— Flor, preciso pegar um daqueles romances emprestado! Sua tia até já me adiantou algumas histórias...

Rose olhou pela última vez para o balcão da recepção, mas Alex não estava mais lá. Restou à jovem seguir a amiga e ouvir suas aventuras.

Arlete estava com os olhos fechados, deitada em uma maca ao lado de outras mulheres que insistiam em puxar papo e que ela fingia não ouvir. Arlete abriu os olhos ao ouvir a voz da filha e ao sentir um beijo leve em sua face.

— Rosely! — ela era a única que chamava Rose pelo nome inteiro, forçando a última consoante como se fosse acentuada. — Finalmente você veio me buscar! Pensei que tivesse esquecido que tem mãe. Se eu fosse esperar pelo palerma do seu pai... Já tive alta e não me deixaram sair daqui sozinha. Teve uma enfermeira que queria me jogar numa cadeira de rodas no corredor para desocupar a cama. Se é para ficar aqui, esperando, então que seja deitada. Eu bem que podia ir sozinha para casa.

— Mãe!

— Deixe, minha filha... — Heleno comentou. — É sinal de que já está bem e soltando farpas.

— A tia está de bom humor...

— Precisava trazer a agregada? — perguntou para a filha, ignorando a brincadeira de Andréa. — Rose, estou num hospital, não numa festa.

Andréa nem se importou com o comentário de Arlete sobre a sua presença no hospital. Beijou a mãe da amiga, que retribuiu oferecendo o rosto, pois era incapaz de beijar alguém.

Depois, Arlete levantou-se rapidamente. Balançou um pouco o corpo, mas se apoiou em Rose para equilibrar-se.

— Vamos, estou pronta.

Rose observou a mãe vestida com um penhoar, descalça, e teceu o comentário:

— Mamãe, vai sair do hospital descalça?

— Depois de viver em Pernambuco, correndo descalça atrás de porcos, em um chiqueiro, para matá-los para o seu pai vender... — fez uma pausa, com a voz embargada, e prosseguiu: — O chão do hospital é seda para os meus pés! Vamos! — disse isso e saiu altiva, ignorando os cumprimentos das companheiras de quarto. Já na porta, sendo seguida pelos visitantes, cruzou os braços sobre a roupa e saiu andando pelo corredor do hospital como se estivesse passeando pelo shopping de salto alto.

— Trouxe meu cigarro, Heleno?

***

Inês ficou transtornada ao chegar em casa e ver a mãe chorando sozinha na sala, sem Abel e Márcia. Saiu para fazer as compras, feliz com a possibilidade de ter a família reunida no jantar, e foi tomada por um susto diante da cena que via. Largou as sacolas sobre o sofá e uma delas caiu no chão. Sem dar importância às compras, ignorou a lata rolando pelo tapete. Sentou-se ao lado da mãe e pôde ouvir dela a versão do que tinha assistido momentos antes de sua chegada.

— Meu Deus! Márcia e Abel brigando? — perguntou Inês, levando a mão ao peito. Logo depois, saiu em direção ao quarto do filho. Bateu na porta, mas não obteve resposta. Como só estava encostada, entrou no cômodo aflita, falante, mas se calou ao ver o filho debruçado sobre a cama, chorando.

— Agora não, mãe. Por favor!

Inês sentou-se na cama ao lado do filho e acariciou seus cabelos. Estava em choque. Ainda não tinha assimilado o que ocorrera na sua casa naquele curto intervalo, em que se deslocou ao mercado.

Permaneceram em silêncio por alguns minutos, até que Abel contou bruscamente a notícia que o sufocou por dias:

— Perdi o emprego. Estou desempregado.

— Meu querido, como pôde perder essa oportunidade? Uma multinacional. Empresa americana! Plano de carreira, benefícios, sua tia me explicou tudo...

— Não gostava de lá...

— Meu filho, quando a gente precisa, aprende a gostar...

— Se sufocar! — completou o jovem. — É essa a sensação que tenho em dedicar o meu tempo àquele lugar, enquanto podia me dedicar...

— À música?! — interrompeu brusca, com a voz alterada, pois não aceitava de forma alguma a inclinação do filho para a música. — Que dinheiro já ganhou com o que gosta, meu filho? Isso é hobby! A empresa tem o salário todo mês ali. Uma empresa tão boa, e você jogou tudo fora.

— Não tinha sentido algum ficar confinado naquele lugar, fazendo coisas que eu não gostava.

— Seu pai trabalhou por anos em uma empresa. Deveria tê-lo como exemplo...

— Morreu tão jovem! Será que era feliz?

— Não duvide disso! Ele tinha a gente e repetia sempre que era feliz por nos ter em sua vida — fez uma pausa para controlar a emoção e perguntou, como se somente ali percebera, o motivo do estranhamento entre a tia e o sobrinho: — Por isso brigou com a sua tia? Ela sabia? E você ficou mentindo, sustentando a farsa?

— Não sou mentiroso! Por isso não queria te contar — interrompeu Abel. — Não vê que me sinto pior ouvindo isso?

Inês percebeu que havia falado demais e que em nada estava ajudando o rapaz. Então, em silêncio, se debruçou sobre o filho e o beijou, passando a mão levemente pelo rosto de Abel, quando sentiu uma lágrima do rapaz escorrer por entre os seus dedos.

Naquele momento não conseguiu se controlar, e as lágrimas escorreram pelo seu rosto. Ao ver o filho chorando, sentia, como mãe, a mesma dor dele.

A mulher levantou-se e ficou andando pelo quarto de um lado para o outro, refletindo, pensando no que fazer e em como agir. Sentiu-se angustiada, principalmente pelo estado em que encontrara Abel em casa. Ao ver o filho dormindo, Inês, toda cuidadosa, tirou os sapatos do filho, que havia se deitado calçado, e o cobriu com um lençol leve. O celular do rapaz tocou, e ela correu para atendê-lo. Na tela apareceu a foto e o nome de Rose. Inês fez uma careta e, antes de desligar o aparelho, viu duas ligações perdidas. Colocou o celular sobre a cômoda e observou o filho dormindo. Depois, apagou a luz do quarto e saiu. Chamou pela mãe, mas não obteve resposta. Só entendeu o silêncio quando viu Mafalda em seu quarto lendo a Bíblia. Resolveu não incomodá-la. Foi para a sala com o pensamento em Márcia e disse, em voz alta, enquanto ligava para a irmã:

— A culpa é da Márcia! Como chega à casa dos outros assim? Despejando problemas, se achando a dona da verdade? Com certeza não soube falar com o Abel, por isso a reação dele. Isso não vai ficar assim, não! De jeito nenhum.

***

— Mãe!
— Fique quieto, menino! — resmungou Evinha, com o tom de voz baixo, trepada na escada, esmiuçando as conversas dos vizinhos.
— Estou com fome! — gritou o jovem da janela da cozinha.
— Não fiz nada! O Enfeite não trouxe a mistura, mesmo eu tendo cobrado! Vão ficar com fome.
— O pai nem chegou ainda. Acho que vai jantar na rua.
— Sorte dele se fizer isso. Bom, conversando com você perdi parte da briga. Agora está um silêncio na casa.
— Que briga?
— O Abel chegou daquele jeito. Brigou com a tia e até a colocou para fora de casa. Dona Mafalda tentou separar... Não vi, mas ele deve ter dado um golpe nela para ela ter se calado. Será que está desacordada? Devia chamar a polícia? Ah!

Depois escutei o bate-boca com Inês. Tão bonito mas tão trabalhoso! Vai dar mais aborrecimentos ainda para a minha amiga.

— Mãe, deixe de cuidar da vida dos outros.

— Está mais interessante do que a novela — afirmou, arrumando a alça da regata. Fez uma pausa, esticou os olhos para a casa vizinha mais uma vez e o silêncio continuava. — Bom, vou embora. Segure a escada que vou descer. Não balance! Se for balançar, eu faço sozinha.

— Já está prática, né, mãe? Não sai daí de jeito nenhum. Parece que dorme nessa escada.

Evinha nem se importou com o comentário do filho. Saltou da escada antes de chegar ao último degrau. Revirou os olhos para o filho e entrou em casa ditando ordens:

— Frite dois ovos! Um pra mim e outro pra você. Tem dois pães no armário. Nem me olhe com essa cara de cachorro abandonado. Já sei o que vai falar, do Enfeite. Sorte dele se comeu na rua. Hoje não estou boa! Se me provocar, vai dormir na sala.

— Não é onde ele sempre dorme?

— Está muito calor. Prefiro dormir sozinha.

Capítulo 6

Ao sair do hospital, Rose percebeu que Arlete estava frágil e não tinha condições de pegar a lotação que passava por uma avenida próxima e que os deixaria, depois de um percurso de meia hora, na rua onde moravam. Por conta do estado da mãe, a moça, decidida, não deu ouvidos a Heleno e acenou para um táxi. Ele ainda tentou convencê-la de que não precisava daquilo, de que era um luxo, mas a moça ignorou as suas queixas.

Diante do aceno da moça, o taxista encostou o automóvel no meio-fio. Andréa foi a primeira a entrar e, antes mesmo de proferir um boa-tarde, já foi logo questionando se o táxi tinha ar condicionado, música... Arlete, em silêncio, entrou logo depois, acomodou-se, enquanto Rose empurrava Heleno para o lado da mãe. Feito isso, Rose sentou-se ao lado do motorista e informou o endereço de sua casa. Arlete perguntou se o motorista tinha cigarros, a que o homem, grosseiramente, respondeu que não. Diante da resposta ríspida do motorista, Arlete encarou-o pelo retrovisor com ódio, ergueu o queixo com indiferença e virou-se para a janela, sem olhá-lo mais.

Andréa fez o motorista chegar ao bairro devagar, buzinar, tudo para se exibir para os vizinhos de que estava chegando de táxi. Desceu do carro e, com Heleno, ajudou Arlete a descer do veículo. Rose pagou a corrida e adiantou-se para abrir o portão. Andréa despediu-se ali mesmo, na calçada, e foi em direção à sua casa, que ficava na mesma rua, duas casas depois da residência de Rose.

— Ainda bem que chegamos a tempo. Vou buscar o Silas na creche.

— Pode deixar, minha filha. Eu vou. Faço isso todos os dias e não vejo nada de mais em ir hoje.

— O pivete já podia vir para casa sozinho — sugeriu Arlete com ar de pouco caso. — E vocês ainda ficam brigando para ver quem vai pegá-lo na creche!

— Seu neto, Arlete! Uma criança! Poderia ter mais amor. Não deveria tratá-lo assim, chamá-lo dessa forma.

Arlete ficou em silêncio e trocou um olhar cúmplice com Rose.

Heleno não percebeu a cena e lançou um olhar para a esposa:

— Agora a senhora vai me explicar o que deu na sua cabeça para pegar dinheiro da minha carteira, a chave da perua e sair feito uma louca, praticamente nua...

— Estou tão cansada que não consigo nem brigar com você, Heleno. E, olha, vou ser sincera, brigar com você é o meu melhor passatempo — virou para a filha, completamente indiferente ao marido, e falou: — Rosely, devem ter colocado sonífero naquela medicação. Estou tonta.

Rose aproximou-se da mãe e a sentiu quente. Suspeitou que era febre. Cuidadosa, apoiou Arlete com o corpo e a levou para o quarto. Depois de deitada, já com os olhos fechados, falou:

— Sempre tão prestativa. Deus foi muito generoso em colocar você na minha vida. Nem sei se mereço. Já fez tanto por mim...

— Mamãe, não é hora — disse Rose espantada com o reconhecimento, que não era típico da matriarca, enquanto colocava o termômetro embaixo do braço de Arlete.

Em pouco tempo, Arlete adormeceu. Não estava com febre. A filha, preocupada com o conforto da mãe, puxou o lençol sobre o corpo dela e saiu.

Rose dirigiu-se à sala com o celular na mão, tentando ligar para Abel, mas a ligação só caía na caixa postal. Estava muito preocupada com o namorado, e sua preocupação aumentou quando viu Heleno pensativo, com o olhar perdido no horizonte.

— Sua mãe deve ter algum encosto. Um espírito ruim grudado nela. Só age assim, por impulso.

Rose nada disse, sentou-se ao lado do pai e acariciou uma de suas mãos, que estava sobre a perna.

— Me deu um prejuízo enorme. Como vou trabalhar agora? Bateu a perua...

— Pai, calma, tudo tem jeito. Vamos ver o que a gente pode fazer. Onde está a perua?

— Já pedi para o rapaz da oficina retirar e consertar. Como vou pagar, eu não sei. Parcelo, dou um jeito. Vou arrumar um dinheiro para poder tirá-la de lá. Com uma parcela, caso não consiga levantar todo o dinheiro, ele vai liberar. Conheço o pai dele, jogamos bola juntos quando comprei o terreno aqui — fez silêncio, como se a memória o transportasse para o passado. — Não posso ficar sem o meu ganha-pão, filha. Deixar minhas freguesas na mão.

Rose foi até sua bolsa, tirou um dinheiro e deu ao seu pai.

— Não, filha, não posso aceitar.

— Vamos, pai, aceite e pague o conserto da perua. Veja se dá — a moça percebeu que o pai, em conflito, decidia se aceitava ou não o dinheiro. A mão recebia a quantia, mas seu olhar denunciava o orgulho ferido em aceitar o dinheiro da filha.

Depois de agradecer, Heleno saiu apressado para pegar Silas. Avisou que passaria na oficina para pedir prioridade no conserto do automóvel.

Rose ficou ali, debruçada na janela, vendo o pai sair sorridente, satisfeito. Lembrou-se de Abel e tentou ligar novamente. Sem resposta. Pensou na mãe, nas histórias de Arlete, inclusive naquelas das quais fizera parte. Sentiu uma lágrima rolar pelo rosto. Estava muito sensível devido aos últimos acontecimentos. Começou a despir-se ali mesmo, aproveitando que estava praticamente sozinha na casa. Fez isso indo para o banheiro e nem ouviu o celular vibrar sobre a mesa da cozinha. Na tela apareceu: "Abel, amor".

***

Inês percebeu que sua mão estava trêmula, enquanto ouvia o toque distante do telefone. Ficava imaginando a irmã caminhando até o aparelho, ou que estivesse no banho, ou que ainda não tivesse chegado ao seu apartamento. Ocorre que, pelo tempo que havia saído de sua casa, já era para Márcia ter chegado na casa dela. Lembrava-se das vezes em que a irmã saía após o jantar e de como ficava ansiosa para receber sua ligação e ter certeza de que havia chegado bem e segura em casa. Preocupações de quem gosta.

— Alô! — foi o que disse Márcia ao atender a ligação, quando Inês já pensava em desligar o telefone. Acabava de entrar em seu apartamento. Foi o tempo de jogar a bolsa e o molho de chaves sobre o sofá e correr para atender o chamado.

— O que aconteceu, posso saber? Encontrei a mamãe e o Abel abalados com a sua visita aqui em casa.

— Pelo que percebi, não ligou para saber como estou...

— Deveria? Em casa estava tudo em paz até você chegar e desestabilizar tudo. Tudo bem, o Abel estava desempregado, sem jeito de contar...

— Estava com medo de você! Não achei justo ele sustentar essa mentira para você e para a mamãe. Um absurdo!

— E se sente no direito de fazer o que fez?

— O que eu fiz? Apenas conversei com ele. Acabei descobrindo o que tinha acontecido — fez uma pausa e pensou em falar sobre o furto que o sobrinho havia cometido, mas resolveu poupar Inês.

— Não gostei do que fez. Deveria ter ido para o seu centro mesmo...

— Abel está com um obsessor.

— O quê? Era só o que me faltava.

— Escute o que eu digo! Em determinado momento, ele falou como se fosse outra pessoa. Como alguém estranho...

— Tá, agora você quer que eu acredite que o menino surtou por conta disso? Olhe, eu nem deveria ter te ligado. Nem sei por que fiz isso.

— Me ouça!

— Se aparecer com essa conversa na minha casa, eu a colocarei para fora — advertiu Inês e desligou a ligação secamente, deixando Márcia triste do outro lado da linha.

***

De volta para casa, Aracy, depois de ter sido medicada no hospital, já se sentia bem ao lado do neto. Tudo não havia passado de um susto. A ligação que atendera a fez reviver as aflições do passado, deixando-a tão agitada a ponto de desfalecer nos braços de Alex.

O jovem colocou a avó no carro rapidamente e a levou ao hospital mais próximo. Ela tinha convênio, mas Alex não arriscou deixá-la muito tempo sem atendimento médico, por isso optou por levá-la a um hospital público. Lá, reencontrou Rose e reviveu os momentos daquela manhã em que a conheceu. A lembrança fez com que ele risse no percurso para casa, enquanto dirigia. Aracy percebeu e logo quis inteirar-se do que havia acontecido.

— Estão conspirando para esses encontros...

— Foi tão rápido e intenso. Estranho. Acho que por conta das emoções vividas pela manhã ainda estarem frescas...

— Sei.

Alex parou no sinal vermelho e virou o rosto para a avó, que ria. Logo ele lançou sua defesa:

— Nada de mais, vó. Acho que é remorso, é isso. Culpa por tê-la tratado tão mal. Nem quis ouvir...

Aracy riu diante das palavras que o neto buscava para se justificar e compreender aquele encontro. E a velha senhora, já protagonista de algumas histórias, sabia explicar com uma palavra o que estava acontecendo com o neto: amor.

Alex desconversou, perguntou pela saúde de Aracy, como ela estava se sentindo, e falou, pela décima vez, que ela não podia se descuidar dos remédios de pressão, tinha que reduzir o sal, ter uma alimentação mais leve, sem gordura...

— Ainda bem que está trabalhando e não faz o almoço, porque com essa alimentação eu me sentiria em um hospital.

Os dois riram. Logo Alex posicionou o carro diante da garagem, e o portão automático subiu lentamente. Assim que Aracy desceu do automóvel, Alex lembrou que precisava comprar os remédios da avó. Deu as chaves da casa para Aracy e recomendou que ela entrasse em casa e o aguardasse, pois iria à farmácia e voltaria em breve.

Foi o que fez.

Na volta, assim que encostou o carro, achou estranho que o portão da garagem estivesse apenas encostado. Atribuiu o fato ao esquecimento da avó. Estacionou o carro e acionou o portão para fechá-lo. Fez isso já chamando pela senhora, mas não obteve resposta.

Deu alguns passos apressados e viu a porta da frente da casa encostada e, ao abri-la, sentiu como se o seu coração fosse explodir.

— Que prazer em te ver!

Foi o que Alex ouviu ao ver a avó sentada e sobre os ombros dela duas mãos apoiadas. Em uma delas, um anel com pedra vermelha reluzia.

***

— O que tem no seu nome, Rose? — questionou Cleide, enquanto rodava o vestido no corpo roliço, ainda respingado a água do banho recém-tomado.

— Como assim?! O que tenho no meu nome?

— A máquina fotográfica não conta. Comprada na mão da muambeira da rua de cima, trazida do Paraguai e sem nota fiscal — fez uma pausa ao colocar-se de frente ao espelho, que estava fixado na porta do guarda-roupa. — Sabe bem por que estou perguntando isso, não sabe?

— Sei, tia Cleide. Por causa do que aconteceu com a minha mãe...

— O dinheiro que deu ao seu pai... É, você deu o dinheiro para o meu irmão. Até quando vai fazer isso? Pense em você, menina! Coloque-se em primeiro lugar. Está na hora. Faça algo por você. Compre um carro, um apartamento, volte a estudar. O tempo é cruel e não volta pra gente!

— Fala isso porque teme que eu fique como você?

— É isso mesmo. Não desejo para você o meu destino. Ser uma agregada na casa do irmão, odiada pela cunhada.

— E amada pelos sobrinhos — completou Rose sorridente, já arrependida pela afirmação anterior.

Cleide era uma mulher que já havia passado dos quarenta. Vaidosa, deixava parte do salário em lojas próximas ao seu local de trabalho. Adorava revistas de astrologia e de novelas.

Por vezes nem assistia aos programas, pois já sabia o que iria acontecer. Caseira, a irmã de Heleno era uma nordestina alegre, de seios fartos, sorridente, de olhos expressivos e contornados pela maquiagem. E era assim que Cleide se via diante do espelho. Antes de fechar o armário, ainda diante do espelho, borrifou perfume em volta do corpo e falou, em tom emocionado, isento de mágoa:

— Lembro-me de quando cheguei aqui. Você me recebeu sorridente, com os braços abertos, feliz ao me ver. Acredito que nossa afinidade vem de outras vidas.

Rose, que estava naquele momento separando suas roupas, largou tudo para acomodar a tia em seus braços. Como elas se gostavam!

— Não fique brava comigo. Eu quero o melhor pra você — desvencilhou-se do abraço e voltou a falar, em um tom alterado que fez Rose sorrir: — E cadê o curso de moda? Já falei que vou comprar todos os tecidos do muquirana onde trabalho para você fazer várias peças para mim — dizia, passando a mão pelo corpo saliente.

— Faculdade está muito cara. Não sei, acho que vai ficar para o próximo ano. Conversei com o Abel também. Ele dá a maior força.

— Que bom! Se fosse contrário aos seus sonhos, orientaria que o deixasse.

— Abel é muito especial, tia Cleide. Gosto muito dele. É um moço diferente de todos que já conheci.

— Isso até você sofrer uma decepção — falou Cleide com a voz rouca, próxima do timbre de Arlete. Rindo, depois arrematou: — Se sua mãe estivesse aqui, essa seria a frase que ela diria.

As duas começaram a rir. Incentivadora, Cleide voltou a insistir para que a sobrinha procurasse o curso.

— Não sei quando vou poder fazer. Sempre aparece uma coisa e os planos mudam.

— Isso acontece porque você coloca a família na frente. Fiquei brava quando o Heleno me contou o que você fez. Isso é um abuso! A pintura do quarto ficou para o mês que vem, né?

— Ficou, tia. De novo. Eu também tinha prometido um presente para o Silas. Agora estou devendo a ele também —

olhou para a cama onde a criança dormia e sorriu. Comentou rapidamente com a tia o que ela já sabia, do quase atropelamento do Silas.

— Esse rapaz foi um anjo por ter salvado o Silas!

— Também achei, tia — Rose ficou pensativa e notou que sorria ao se lembrar do rapaz salvador. Depois, disfarçando, já envergonhada em pensar que a tia pudesse ter percebido o seu sorriso, perguntou: — E sua amiga, está bem?

— Está, sim — falou sem jeito, já mudando de assunto.
— Eu queria estar com vocês ontem. Acho que a família tem que se unir nesses momentos, todos devem ser solidários uns com os outros. Soube até que vocês andaram de táxi!

As duas riram e assim ficaram conversando por mais alguns minutos. A moça ficou feliz quando soube da nova amiga da tia. Sempre a via triste, debruçada sobre as revistas, e assim ficava por noites, fins de semana. Agora, no entanto, saía para visitar a nova amiga. A cada quinze dias, passava um fim de semana fora. Arlete, sempre ácida, disparava:

— Um grude com essa amiga! As duas têm passado até o fim de semana juntas...

— Vou para a chácara da família dela, no interior.

— Traga ela aqui para almoçar com a gente, para conhecer sua família, já que você sempre está ao lado da família dela. Precisa mostrar que não é uma largada na vida.

— E apresentar a ela a víbora da minha cunhada? A manipuladora que se diverte em maltratar o meu irmão? Talvez eu a traga aqui pelos meus sobrinhos. Só isso.

Em meio a tudo isso, Rose não entendia o porquê de a tia não estender muito o assunto sobre a amiga, mas a respeitava o bastante para deixá-la à vontade para falar um pouco mais quando achasse conveniente.

Capítulo 7

— Surpreso, meu sobrinho? — perguntou Lauro, tirando as mãos dos ombros de Aracy. A mulher, apreensiva com o filho e incapaz de dizer uma palavra, apenas acompanhava-o com os olhos.

— Reencontrá-lo não estava na minha lista de pedidos, posso garantir — falou Alex no mesmo tom, enquanto aproximava-se de Aracy. Por fim, colocou-se ao lado dela, no intuito de protegê-la.

— Não acha que faria algo para a minha própria mãe, acha?

— O que você quer, Laurinho? Veio acabar com o resto de paz que temos? — enfrentou-o Aracy.

— Olha, o Alex tornou-se vitamina para a mamãe. Ao lado dele se revitaliza!

Alex fixou os olhos em seu tio. Lauro era somente um ano mais velho que o sobrinho, mas tinha uma aparência envelhecida e gestos intensos.

— Nem ficaram curiosos em saber como consegui encontrá-los? Estou tão feliz em ver a minha família reunida! — observou os rostos da mãe e do sobrinho alheios aos seus comentários. Ainda assim, cínico como era, falou: — Alex esqueceu-se de trocar o endereço da fatura do celular. Uma conta foi o bastante para saber onde estava gastando o meu dinheiro.

— Seu dinheiro, não! Eu trabalho! — defendeu-se Alex.
— Não sou como você, um parasita incapaz de conseguir dinheiro com seus próprios esforços.

Lauro começou a perder a calma. Aracy notava que o filho estava apertando as almofadas enquanto ouvia de Alex algumas verdades. Foi quando explodiu e partiu para cima do sobrinho. Aracy, até aquele momento frágil, conseguiu fazê-los parar com a violência.

— Está mais forte. Aprendeu a brigar agora? — ironizou Lauro, levando a mão ao rosto, sentindo o canto da boca queimar.

— Ou você está muito fraco para lidar com um confronto físico. Olhe-se no espelho e veja como está. Lamentável que você tenha se entregado tanto a ponto...

— Chega! Não vim aqui para ouvir lições de você. Todo certinho. O perfeitinho. Vim buscar o que é meu, o que é meu por direito — falou isso e, depois, sussurrando, revelou o motivo da visita: — Estou precisando de dinheiro.

— Suma daqui! Ou chamo a polícia para te levar para o lugar de onde nunca deveria ter saído. Sei que foi chamado para esclarecimentos, se é que me entende.

— Calma, não é assim que se fala com o tio — ao perceber que Alex discava um número no celular, Lauro aproximou-se do sobrinho e bateu em sua mão, fazendo o aparelho cair no chão. — Já estou indo — foi até Aracy, beijou-a no rosto e saiu pela porta sem olhar para trás.

Alex foi até o quintal para se certificar de que o tio havia realmente ido embora. Quando voltou para casa, encontrou Aracy em lágrimas.

— Não é fácil ver meu filho nessa situação. Que tipo de mãe sou eu, capaz até de abandonar o próprio filho?

— Você não o abandonou, vovó! Ele, com essas atitudes, se distanciou da senhora, de mim e do que restou da sua família.

— Sei que você sente ódio dele e o culpa por tudo que aconteceu.

— Não mais, nem na mesma intensidade. Hoje tenho pena dele, do sujeito que se tornou. Vamos ter que mudar novamente. Não podemos mais ficar aqui. Logo ele aparecerá de novo, pedirá dinheiro, fará escândalos...

— Até quando?! Não sei se é o que quero fazer. Ele parece ainda pior, talvez esteja precisando mesmo da gente.

— Não acredite nele. Depois de meses sem nos ver, ele agora aparece precisando de dinheiro? Vovó, sabemos bem o que ele quer e não podemos ceder. Você havia concordado comigo...

— Eu sei, mas ele pode realmente estar precisando.

— Já perdeu carro e casa por causa dele. O que mais vai oferecer? Sua vida?

— Uma mãe é capaz de tudo por um filho.

Alex ficou assustado com a afirmação de Aracy.

***

Márcia vivia sozinha num espaçoso apartamento localizado em um bairro nobre da cidade. Havia sido casada por treze anos e tivera uma separação harmoniosa. Resolveu conduzir o processo de forma tranquila, pois na época a filha era adolescente e não queria deixar registrado na menina as dores e mágoas do fim de um relacionamento. Fez o melhor que podia, tratando tudo da forma mais suave que pôde. De início, pensava ter um casamento dos sonhos, até que a morte os separasse, como fora o dos seus pais e o de sua irmã Inês, mas não teve a mesma sorte. Após alguns meses da separação, passou a frequentar o centro, estudar e desenvolver-se. Dedicou-se de tal forma aos estudos que tornou o seu espírito mais sensível, trouxe à tona sua mediunidade e passou a trabalhar no atendimento às pessoas como voluntária.

Outros amores aconteceram em sua vida e foi feliz em todos eles. Recusou o casamento em respeito à filha, depois por conta do trabalho, e, por fim, escondeu-se na famosa frase "estou bem sozinha".

Viu-se só de um ano para o outro. No Natal anterior, trocava presente com o marido e a filha; após a separação, exatamente um ano depois, encontrava-se completamente sozinha. O ex-marido estava em lua de mel em seu novo relacionamento, e a filha viajara para um intercâmbio. Não ficou se lamentando em casa, no entanto. Preparou um bolo e um prato salgado, vestiu-se muito bem e foi passar o Natal ao lado de Mafalda, Inês e Abel.

A vida é feita de escolhas. Poderia colocar-se no papel de vítima, lamentar-se, adoecer para ter a atenção e os olhares piedosos das pessoas, mas Márcia não tinha esse perfil. Queria ser feliz e escolheu trilhar o caminho da felicidade.

Após o casamento da filha, essa tinha sido a vida de Márcia ao lado de sua família, composta pela mãe, pela irmã e pelo sobrinho, até o episódio da briga com Abel. Agora estava ali, triste, buscando coragem para levantar-se do sofá após uma noite maldormida, imersa em pensamentos. Como seria dali por diante? Apesar de tudo, amava sua família e aquela situação a deixara muito aborrecida. Pegou o telefone para ligar para o sobrinho, mas achou que ainda era cedo.

Depois do banho, Márcia trocou-se e foi para a cozinha preparar o café. Mesmo sozinha, tratava de colocar a mesa com capricho, pondo xícara, jarra com suco, bule com café e mamão no prato para servir-se. Estava nesse preparo quando ouviu a campainha tocar. Olhou as horas no relógio colorido, que ficava fixado no azulejo claro que revestia a cozinha. Pelo horário, pensou ser o porteiro com a correspondência.

Aproximou-se do olho mágico e só conseguiu distinguir vultos. Abriu a porta, e sua casa pareceu ter sido invadida por um tsunami. Márcia não teve tempo para falar ou esboçar qualquer reação. O seu coração estava aos pulos.

A visita, àquela hora da manhã, era de Inês. Como um evento inesperado, a passos apressados, limitados à barra do vestido bem-feito, justo aos joelhos, a mulher entrou na casa da irmã, arrastando Abel pelas mãos.

— Vamos, Abel. Diga o que combinamos!

— Desculpe, tia — parecia um colegial. Usava um traje social e uma mochila nas costas.

Inês olhou para Márcia, que estava paralisada diante da porta ainda aberta. Havia nos olhos de Márcia o brilho de uma lágrima, fruto da emoção despertada por aquela visita. Completamente sem ação, a mulher encontrava-se tomada por aquela boa surpresa de ver a irmã e o sobrinho em sua casa depois dos últimos acontecimentos.

Márcia nada disse e já correu para abraçar o sobrinho. Tinha Abel como filho e sofria muito ao vê-lo tomar o caminho que vinha tomando. Constantemente, vinha pedindo por ele em suas orações.

Inês tentou disfarçar as lágrimas que caíam pelo seu rosto. Havia passado a noite mal, triste pela forma como havia falado com Márcia ao telefone. Sabia que aquele desentendimento deixara Mafalda triste, tanto que a senhora ficou radiante quando o neto, depois de uma longa conversa com Inês, comunicou à avó que iria à casa de Márcia para se retratar. Mafalda, no entanto, decidiu ficar em casa, pois não viu necessidade de participar da conversa.

— Vamos separar esse abraço? Sou ciumenta, se esqueceram? — reclamou Inês num tom de brincadeira, o que fez com que os três caíssem no riso.

Márcia, ainda se refazendo dos acontecimentos, convidou-os para o café. Inês quis recusar o convite, mas Abel já seguia a tia até a cozinha. Minutos depois, estavam todos acomodados em volta da mesa, saboreando o café que Márcia havia preparado.

O celular de Abel tocou. Ele olhou para o aparelho, pediu licença e levantou-se para atender a ligação no outro cômodo. Ao sair da cozinha, ainda pôde ouvir Inês resmungando para sua tia:

— Deve ser a Rose — falava com voz de repulsa. — Moça insuportável.

Abel não rebateu o comentário. A preocupação no momento era a ligação que acabara de receber.

— Abel, meu velho, cadê a grana? — esse foi o cumprimento dirigido a Abel ao dizer "alô".

— Já te disse que vou arrumar. Estou desempregado no momento — falou baixo para que não fosse ouvido na cozinha. Estava na sala, sentado na ponta do sofá. Os olhos estavam vidrados e percorriam o cômodo. Sentia um mal-estar, um calor inexplicável.

— Você não achou mesmo que aquela grana que conseguiu era o bastante para cobrir a sua dívida, não é mesmo? Aliás, sua dívida comigo é grande.

— Vendi uns mantimentos lá de casa e juntei o que consegui ao dinheiro que tinha guardado. Não deu muito...

— Problema seu, meu chapa. O que tenho a ver com isso? Quero o meu dinheiro na mão. Não curtiu o negócio, se esbaldou, gostou? Não avisaram que tudo tem preço nessa vida? O esquema também tem.

— Eu sei disso.

— Então é bom você saber que o dinheiro que está conseguindo com arroz, feijão, açúcar não é o bastante para você sentir o pó de novo, né? Também não vou aceitar mais mantimentos... Daqui a pouco vou ter um depósito para montar um mercadinho — gargalhou do outro lado da linha. — Sabe bem quanto custa um grama da branquinha? A cocaína é cara! Só porque você é meu irmão, eu libero a maconha com a grana que traz. Agora, para você sentir de novo da cocaína, terá que trazer dinheiro ou algo como aqueles negócios que passou a mão no trabalho...

— Vou conseguir, pode confiar. Estou na seca do pó. Faz tempo que não uso...

— Então agilize, meu irmão. O negócio é o seguinte: sem dinheiro sem esquema. Não vou mais liberar um grama se não pagar o que deve. Se ficar enrolando muito, nem maconha vai ter.

Falou isso e encerrou a ligação. Abel ainda estava com a boca aberta, tentando argumentar, dizer algo, mas não foi possível. Se estivesse diante do espelho, viria seu rosto vermelho. Ele ficou pensativo, ouvindo de longe a risada de sua mãe e da tia. Pensava: "Estou perdido! Onde vou arrumar esse dinheiro?". Foi então que viu uma peça sobre o aparador e lembrou-se de uma das visitas que fizera ao apartamento da tia. Na ocasião, ouviu comentários do quanto era valiosa, herança do ex-marido de Márcia, que ficara com ela após a separação. Abel não pensou duas vezes. Pegou a peça e acomodou-a na mochila ao lado da bolsa de sua mãe. Já pensava no dinheiro que a venda do objeto lhe renderia.

O jovem deixou o corpo relaxar no encosto do sofá. Sentiu-se temporariamente leve, como se os problemas tivessem sido dissolvidos no ar. Fechou os olhos e parecia distante, como se estivesse em outro lugar. Era uma sensação parecida à de quando usava drogas, até o efeito passar e tudo se tornar real novamente.

***

Kleber, o noivo de Andréa, morava na casa dos pais, mais precisamente numa edícula de dois cômodos que ficava no fundo do terreno. Lá ele tinha uma cama, televisão, um video game e outras tranqueiras, entre elas, o seu bem maior: uma moto. Quando levou Andréa à sua casa, foi logo dizendo, no meio do quintal iluminado pela lua cheia, num tom divertido que fez a moça rir:

— Moro na senzala, naqueles dois cômodos ali. Na casa grande, onde moram meus pais e minha irmã, eu faço as refeições. Apareço por lá nas festas também.

Lá se foram três anos. Na época, a moça morava com os pais, mas, com o falecimento do pai e de uma prima num acidente de trânsito, a mãe buscou refúgio no interior, na casa de irmãs mais velhas. Andréa, apaixonada, planejando seu futuro ao lado de Kleber, levou suas malas para os dois cômodos do rapaz, a contragosto da sogra. Andréa passou a sustentá-lo, pois o rapaz só trabalhava quando o dono da pizzaria o chamava para os serviços de motoboy. Então, nas noites de sextas e sábados, ele trabalhava fazendo entregas.

Andréa, cansada de vê-lo acomodado naquele ritmo, matriculou-o em uma autoescola, pagou um curso de informática para o rapaz e cadastrou-o em várias agências de emprego. Foi por intermédio de Rose que o rapaz conseguiu um trabalho em um escritório contábil. Como recompensa pela ajuda de Andréa, Kleber pediu-a em casamento, durante um jantar simples em sua casa. Pegou a moça de surpresa, colocando em seu dedo uma aliança de noivado.

No dia seguinte, Andréa confessou a Rose que não o queria mais como antes. Não o amava da mesma forma.

— Então você gostava do sapo. Agora que o cara deu uma virada na vida, trabalha, está querendo regularizar a situação de vocês... — Rose falava enquanto arrumava as roupas nas prateleiras. Depois parou e questionou: — E por que você aceitou?

— Para não ficar feio. Ele me pegou desprevenida!

— Você não o ama mais? Pelo que me lembro, Kleber era o homem que você queria para a sua vida! Moraria até debaixo da ponte com ele.

— Foi aí que pegou. Não quero morar com minha mãe no interior.

— Não acredito que fez isso. Você ficou com ele pela casa? Menina, coloque a cabeça no lugar. Ajuste esses pinos! — baixou a voz, como se falasse em segredo. — Pare de sair com esses carinhas que você mal conhece, de trair o Kleber! Ele é gente boa.

— Não consigo, é mais forte do que eu. Quando vejo, estou de Simone, deitada com um estranho.

— Devia se tratar.

— Às vezes me sinto muito mal por isso, mas na hora não penso assim.

— Quando você trai, não trai somente ele. Você trai a si mesma...

— Não vem com lição de moral, flor!

E assim findava o assunto e nada se resolvia. Andréa continuava traindo o noivo, como se fosse o mais comum dos fatos.

Agora estava ali, rolando pela cama, aproveitando os últimos minutos do conforto dos lençóis e do calor do quarto. Sem coragem de levantar-se, Andréa ouviu do cômodo ao lado a voz de Kleber, que não era das melhores.

— Quem é Arnaldo? Esse papel aqui, com nome e telefone, estava dentro da sua bolsa...

— Mexendo na minha bolsa? Que coisa feia!

— Estava procurando um remédio para dor de cabeça. Agora não desconverse, quem é? — insistiu Kleber, enciumado de uma forma que a moça desconhecia. Ficou tão surpresa com a atitude do rapaz, que puxou o lençol que tinha sobre o corpo para próximo do queixo. O silêncio instalou-se naquele momento. Os olhos de Kleber estavam fixos na noiva. Havia naquela ligação todo sentimento contrário ao amor. O ódio, a desconfiança e o medo nasciam.

***

Rose acordou antes de o despertador tocar, o que era algo inédito, pois sempre pedia mais alguns minutos quando o barulho ensurdecedor do relógio invadia o seu quarto e a fazia saltar da cama. Sentia o corpo pesado ainda e riu ao lembrar-se do comentário de Cleide, de que, quando uma pessoa dorme, seu espírito desgruda do corpo e sai para passear à noite. Por isso, ela sempre recomendava que a sobrinha fosse dormir bem arrumada, para que fosse bem vista em seus passeios. Completava ainda, toda divertida:

— Vai que você encontra com a mamãe, com o papai. É... Seus avós eram muito conservadores. Nada de roupa rasgada ou surrada para dormir. Não! Vá dormir toda jeitosinha, perfumada...

Rose viu-se rindo sozinha, quando virou para o lado e notou Silas já acordado, sentado na cama, com os pés balançando distantes do chão.

— Parece que resolvemos ser mais rápidos que o despertador hoje, né, rapaz?

Silas riu divertido, colocando as mãos entre as pernas, como se fosse tímido e procurasse conter o riso. Em meio à conversa que desencadearam, Silas cobrou o carrinho que Rose havia prometido. A moça, naquele instante, voltou à realidade do dia anterior, do dinheiro que havia recebido do seu salário e do pouco tempo que o teve na mão. Fez rapidamente as contas e, depois de arcar com o prejuízo que Arlete havia causado à perua do pai, de pagar o táxi imprevisto, viu que nada havia sobrado para cumprir a promessa que fizera ao menino.

— Contei na creche que ia ganhar. Ia levar hoje...

Rose levantou-se da cama e sentou-se ao lado de Silas. Enquanto ouvia o menino narrar seu sonho e as conversas da doce infância, imitava-o balançando os pés. Depois, séria, procurou a melhor maneira de contar-lhe a verdade.

— Não deu para comprar o carrinho este mês...
— Mas você prometeu!
— A gente faz planos, mas Deus tem outros para a gente, sabia? — Rose observou o rosto inocente do garoto silenciar.
— Mas não fique triste. Não deu agora, mas logo dará. Veja só... Se você continuar a se comportar, a ser um bom menino, o Papai Noel vai trazer o carrinho no Natal.

O menino ficou todo animado. Os olhos brilhavam, e ele sorria divertido.

Rose abraçou o menino e o percebeu quente. Estava com febre. Ela então medicou-o com gotinhas na água e recomendou:

— Agora deite mais um pouco.

O garoto obedeceu à mãe já visivelmente sonolento.

Quando saiu do banho, Rose dirigiu-se ao menino com o termômetro e constatou que a febre de Silas havia aumentado. Foi quando o celular tocou. Era Andréa.

— Oi, amiga!

— Não acredito que já acordou e não chegará atrasada à loja.

— Preciso de você.

O tom de voz de Andréa fez o sorriso desaparecer do rosto de Rose, deixando-a preocupada.

— Preciso levar o Silas ao médico, está febril. Venha comigo e então conversaremos.

— Vou me arrumar.

— Nos encontramos lá, então. Eu vou ao pronto-socorro do bairro, tá?

Capítulo 8

Enquanto Abel conversava com o suposto amigo na sala, Inês e Márcia conversavam bem-dispostas, como se não se encontrassem há muito tempo. Elas, no fundo, sabiam que o amor que tinham uma pela outra era forte o bastante para superar qualquer bobagem como aquele episódio do desentendimento.

— Diz que quer ser estilista.

— O Abel me contou. Ele disse que já viu os desenhos dela. Falou que não é nenhum especialista, mas que são muito bonitos, bem-feitos — comentou Márcia, observando a careta da irmã, que deixava evidente o seu desprezo pela nora.

— Abel merecia coisa melhor. Alguém à altura dele! Acho até que perdeu o emprego por causa dela. É capaz que tenha ligado para o meu menino durante o trabalho e a chefe implicou.

Márcia lembrou-se do que Abel fizera. Conversando com uma amiga, que era também colega de trabalho do sobrinho, Márcia descobriu que Abel havia furtado algo e por isso havia sido demitido. Apesar de estar ciente do que realmente acontecera, decidiu não contar à irmã o que sabia para não lhe causar desgosto e sofrimento.

— Ontem, durante a minha conversa com o Abel, algo estranho aconteceu. Ele parecia outra pessoa. Os olhos, o gestual, tudo estava diferente. A voz...

— Não venha de novo com aquele papo de espírito obsessor. Não acredito nisso!

— Mas eu acredito. Não vi nele aquele menino meigo, doce, gentil...

— Estava no calor de uma discussão. Não acha que seria...

— Ele mudou naquela hora. Falou que era bom me reencontrar, que eu era autoritária, que queria mudar todo mundo...

— Não mentiu. Desde pequena é assim, a dona da razão.

Márcia riu e prosseguiu:

— Quando o chamei pelo nome, ele respondeu que não se chamava Abel. Lembro nitidamente de ele falar: "Claro que não, Márcia!".

Abel, que estava na porta ouvindo a conversa das irmãs, sem que elas o tivessem visto, manifestou-se:

— Não me lembro disso.

Houve um silêncio, e as duas irmãs trocaram olhares. Márcia percebeu que Inês esfregava uma mão na outra e sabia que sua irmã costumava fazer isso quando estava nervosa.

— Bobagem — iniciou Inês. — Não conhece o Abel? Ele é brincalhão. Sabe que você gosta dessas coisas e então resolveu brincar com isso.

— Não me lembro mesmo, mãe — havia sinceridade naquela afirmação.

Inês levantou-se apressada, querendo se livrar daquela situação. Por isso propôs:

— Vamos embora, Abel. Tenho muita coisa para fazer ainda hoje.

— Eu deixo vocês em casa antes de ir ao centro. Como entro mais tarde no trabalho, hoje vou cedo prestar serviço no centro.

— Não precisa, minha irmã. Daqui, eu vou à rua 25 de março para comprar tecidos. A Evinha, minha vizinha, me falou de uma promoção numa loja. E o Abel vai procurar emprego.

— Já te falei que hoje em dia é por e-mail que mandamos... — falou Abel.

— Não interessa. Você, pessoalmente, vai entregar o currículo e, sorridente, vai mostrar que está disposto a trabalhar.

Enquanto falava, Inês caminhava em direção à porta, toda agitada, beijando a irmã e puxando o filho pela mão.

Na porta, na hora de despedir-se, Abel voltou à sala e ali ficou parado com o olhar fixo em algo. Inês chamou-o, e ele prontamente a atendeu. Mas, quando o jovem foi se despedir da tia, na hora do beijo, disse ao pé do ouvido de Márcia algo que a deixou aflita:

— Prazer, Márcia.

Márcia viu, naquele momento, que não era o seu sobrinho.

***

— Me conte, o que aconteceu? Você e o Kleber brigaram de novo? — perguntou Rose já no hospital, preocupada com Silas. Com uma das mãos na testa do menino sonolento, tentava avaliar a febre, enquanto não eram atendidos.

— Flor, ele achou um papel na minha bolsa com o nome de um cara que conheci. O pior: nem saí com ele ainda...

— Ainda?! Acha isso normal? Olhe, você é minha amiga, mas eu não gostaria de saber disso, desse seu lado "b".

— Ele falou muito — prosseguiu Andréa, avessa à advertência da amiga. — Eu disse para ele que era um cliente da loja, que pediu para avisá-lo sobre quando chegaria uma mercadoria.

— Ele acreditou?

— Acho que sim. Mas eu briguei com ele. Onde já se viu ter ciúme logo de manhã!

Enquanto as duas conversavam, Silas saiu de perto delas. Rose ainda chegou a vê-lo no bebedouro, mas depois não o avistou mais. Ao se dar conta da falta do menino, sentiu medo, pois não o via por perto. Começou a andar pelo hospital, apressada, seguida por Andréa. Perguntou para um e para outro sobre o paradeiro do menino. Sentiu como se estivesse vivenciando um filme de terror. Como pôde perdê-lo de vista? Se bem que, estando doente, ele não iria muito longe. Foi um senhor que deu uma pista válida, em meio a várias, de que ele tinha pegado o elevador. As duas mulheres, no entanto, decidiram seguir pela escada para não perderem tempo.

Rose, com um fôlego que não imaginava ter, seguiu pelo corredor do andar superior. Andréa a acompanhava, de salto e a passos miúdos, agarrada à bolsa presa no ombro.

Uma voz masculina, acompanhada de violão, chamou a atenção de Rose. Ela, então, entrou na sala sem pedir licença e ficou emocionada ao ver Silas rindo ao lado de outras crianças. No centro do círculo, Alex, com o rosto pintado, cantava animado com o seu violão. Rose ficou ali, estática, tanto por reencontrar Silas, como por rever o moço que salvara o menino.

Quando Alex percebeu a presença de Rose, parou a música.

— Tinha que ser você. Jamais esqueceria seu rosto — falou, olhando para Silas e depois fixando os olhos em Rose.

— Estava esperando ser chamada...

— E não se atentou ao menino? Sempre desatenta. Já se esqueceu do que aconteceu?

— Nossa, que simpatia de moço... — comentou Andréa em voz baixa, logo atrás de Rose.

Alex pegou o menino e, enquanto o conduzia até Rose, esbravejou:

— Cuide direito desse menino, mãe desnaturada! Ao abaixar-se para abraçar o menino sentiu o garoto quente e comentou:

— Ele está com febre!

— Sim, por isso o trouxe para o hospital...

O jovem não ouviu mais nada e já saiu com o menino no colo. Alex, prestativo, conversou com uma enfermeira que entrava no corredor. A moça, gentil e também encantada por ele, não se recusou a ajudá-lo.

— Siga ela, moça. Vai ficar aí parada, me olhando? — disse Alex para Rose.

Houve um instante de silêncio, e os olhares dos dois conectaram-se.

— Você é muito grosso!

Alex apenas riu, indiferente ao comentário dela, e ficou parado no meio do corredor, observando Rose carinhosamente segura a mão de Silas enquanto seguiam apressados a enfermeira, que mantinha um passo à frente. Depois de perdê-los de vista, o jovem voltou à sala onde estavam as outras crianças.

Rapidamente, pela influência de Alex no hospital, Silas foi atendido e medicado. Rose, por sua vez, foi advertida de que o menino não poderia ir à aula.

No caminho de volta para casa, Rose resolveu que deixaria Silas com Arlete. Durante o percurso, Andréa comentou:

— Amiga, o que foi aquilo?

— O quê?

— O jeito que o rapaz te olhou!

— Bobagem sua.

— Flor, sei reconhecer o olhar de um apaixonado.

— Nos vimos rapidamente — fez uma pausa. — No fundo, você é uma romântica, Andréa. Diz que é liberal, que valoriza o prazer da carne...

— Lá vem você de novo com esse moralismo...

— Nossa vida terrena é muito curta se comparada à eternidade espiritual. Não vale a pena se deleitar com os prazeres da carne. Isso de sexo sem amor, somente pelo momento, maltrata o espírito.

— De onde tirou isso?

Rose apenas riu. Colocou a mão no rosto de Silas e percebeu que ele estava melhor do que quando chegara ao hospital.

Preocupada com o trabalho, Rose entregou as chaves da loja a Andréa e pediu que ela a abrisse, pois ainda teria que deixar Silas em casa, aos cuidados de Arlete.

A moça, atenta à saúde do menino, foi à farmácia, comprou os remédios prescritos pelo médico e seguiu finalmente para casa. Chegando lá, encontrou Arlete encostada na pia, fumando, com o queixo erguido como se estivesse posando para uma foto. Mesmo diante das recomendações da filha, permaneceu apática.

— Peça para sair mais cedo, Rosely. Não tenho paciência.

— Deveria ter, e sabe o porquê. Agora eu vou, estou atrasada. Sabe do papai?

E, como se tivesse sido chamado, as duas puderam ouvir:

"Os ovos fresquinhos chegaram. Direto da granja, dona de casa. Pronto para a mistura do seu bolo. O carro dos ovos chegou. Venham conferir. Chame a mamãe...".

— Está na rua. Se correr, conseguirá ainda pegar uma bandeja fresquinha — ironizou Arlete. — Seu pai podia aproveitar os dias sem a perua para descansar, mas não, pegou uma perua ainda mais velha emprestada na oficina para trabalhar enquanto arruma a dele. Acho que essa é ainda pior que a que tem.

Rose desconsiderou o comentário de Arlete e aproximou-se para dar um beijo na mãe, que, como de costume, ofereceu o rosto à filha. A moça ainda se abaixou e beijou Silas, que brincava de carrinho no chão da cozinha, visivelmente melhor. Depois, foi caminhando até o portão, enquanto recomendava à mãe sobre o que teria que fazer em sua ausência, sobre o horário dos remédios, evitar comida pesada...

Arlete parou na porta da cozinha e ali ficou, em silêncio, vendo a filha desaparecer na rua. Depois, virou-se para o menino e disse:

— Gosta de macarrão? Vou fazer um com bastante molho, bem calórico para você.

O menino, sem ter noção das recomendações de Rose, apoiadas nas do médico, bateu palmas, feliz da vida. Arlete riu, enquanto acendia outro cigarro e deixava a fumaça esconder o seu rosto.

Capítulo 9

—Meus queridos e minhas queridas, jovens que, como os demais, se encontram conectados à espiritualidade, estamos aqui reunidos neste lugar tranquilo, na presença de amigos espirituais que já prepararam o lugar para a nossa chegada. Eles vêm com carinho nos abraçar, nos envolver com sua energia reparadora, nos tranquilizar, trazer paz e alívio para os nossos pensamentos tumultuados.

Márcia estava no palco, atrás de uma mesa simples, ocupada por um livro e água, e ministrava a palestra daquele dia. Era conhecedora do assunto e aconselhava muita gente no centro, que sempre a procurava após o término das palestras. A sala emitia paz, com sua música de fundo suave, com seu ar fresco, e por meio das palavras doces proferidas naquele ambiente, que alcançava e emocionava os corações de quem ali estivesse.

Havia na voz dela uma docilidade envolvente, confortante, que transmitia paz, o que todos, ali presentes por diversos motivos, pediam ao Criador.

Ao término das palestras, enquanto todos saíam lentamente, ainda tocados pelos ensinamentos, Márcia colocava-se à disposição das pessoas para responder algumas de suas questões, orientá-las ou simplesmente para ouvir a aflição de um irmão. Entre os presentes, aproximou-se uma senhora muito bem-vestida, levemente maquiada, com olhos emocionados.

Simpática, pegou a mão de Márcia suavemente, como o toque de sua pele. Dela também exalava um perfume suave, em consonância àquela pessoa educada que cumprimentou Márcia e que, pouco depois, iniciou um breve relato de sua vida:

— Parabéns, Márcia! Precisava ouvir suas palavras — fez uma pausa, observou o sorriso agradecido da mulher à sua frente, e prosseguiu: — Tenho colocado em dúvida o tipo de mãe que tenho sido. Eu abandonei meu filho e isso tem me pesado muito.

Márcia percebeu um leve tremor na voz da senhora, por isso, delicadamente, a pegou por uma das mãos e a conduziu para o jardim que enfeitava a frente do centro. Lá, as duas sentaram-se num banco de madeira, que ficava à sombra de uma árvore.

— Desculpe-me, cheguei assim e já comecei a falar sobre a minha vida...

— Pode desabafar — falou Márcia, enquanto pedia, em silêncio, aos amigos espirituais instruções para ajudar aquela senhora.

— Por causa das drogas. Perdi meu filho para as drogas. Era um jovem encantador, mas, na adolescência, acabou se perdendo ao descobrir os vícios do mundo, os prazeres momentâneos. Por conta desse vício, aliado à bebida e aos jogos, perdi imóveis, carros...

— Possivelmente ele tenha se aberto à aproximação de espíritos oportunistas, que se mantêm na Terra, ignorando que já fizeram a passagem, e vivem como parasitas, se alimentando de pessoas propensas aos vícios, assim como foram quando encarnados. Há muitos casos assim, mas não são todos — fez uma pausa e perguntou o nome da senhora com quem conversava.

— Meu nome é Aracy. Aracy Senhorine.

— Muito prazer em conhecê-la. Tenha em mim uma amiga — Márcia falou, pousando a mão sobre a da senhora. — Como estava dizendo, muitos hoje em dia preocupam-se apenas com a satisfação momentânea da carne, com o que de bom se pode obter no momento presente, totalmente despreocupados com o espírito ou se algumas práticas podem ou não emperrar o processo de desenvolvimento.

— É justamente assim que ele se comporta, preocupando-se apenas com o próprio umbigo. Ele só quer dinheiro. E tudo piorou quando fiquei viúva. Perdi meu marido e minha filha em um acidente de carro. Ele não superou aquela tragédia, nem sei se eu também superei o que aconteceu. Na verdade, acho que apenas tento sobreviver àquilo tudo, um dia após o outro, pedindo força a Deus.

— O que faz muito bem. De nada adianta se prender ao passado, se lamentar...

— Tem toda razão. Lamento apenas ter abandonado meu Lauro, e só fiz isso porque ele me agrediu. Depois do que aconteceu, meu neto alugou uma casa e me levou para lá. Assim tenho passado os últimos meses, fugindo do meu filho. Só que ontem, Lauro, que apesar de tudo é muito amado por mim, nos encontrou. Continua o mesmo desajustado. Meu neto e ele se desentenderam. Eu o senti tão triste... Parece cada vez mais tomado pelas drogas.

— Se sente culpada por tê-lo deixado? — Márcia fez uma pausa e teve a confirmação sentida de Aracy, ao vê-la balançar a cabeça positivamente. Logo Aracy, não conseguindo mais segurar, soltou o pranto. Márcia aconselhou: — Somos livres e, com as nossas obrigações, viemos ao mundo no intuito de aprender, evoluir, nos tornar fortes. Se, naquela época, tomou essa decisão, foi para o seu bem. Não pode se considerar uma péssima mãe por não ter permitido que ele a agredisse mais. Era isso que queria para sua vida?

— Não. Tive muito medo.

— Você não se afastou dele. Foi ele que se afastou de você, por causa das atitudes que ultimamente tem tomado.

— Engraçado — falou num misto de lágrimas e riso —, meu neto falou isso também.

— Então, se o seu neto estivesse aqui, provavelmente concordaria comigo. Temos o livre-arbítrio que Deus nos deu, e está em nossas mãos escolher que trajetória devemos seguir. Como acha que estaria agora se estivesse ao lado do seu filho, oprimida e sufocada pelo egoísmo e vício dele? Não merecemos ser infelizes, lidar com violência, manter um convívio isento de paz.

— Tem razão.

— Somos livres! Se uma pessoa está sendo vítima de uma situação delicada como a que você viveu, não importa o que os outros vão achar das decisões tomadas por ela para lidar com o problema. Acho que esse distanciamento pode servir para fortalecer você e pode, de alguma forma, ajudá-lo também. Tenho outra certeza: por ter feito isso, você não deixou de ser a mãe dele, de amá-lo.

— Muito obrigada...

— Vamos colocar o nome dele em oração. O espírito desse jovem está precisando de carinho, de muita oração...

Aracy permaneceu ali por mais alguns minutos, saboreando as palavras reconfortantes de Márcia. Agora acreditava que havia agido corretamente quando decidiu acompanhar Alex.

***

Como havia prometido, Arlete preparou um macarrão com um molho suculento, como havia muito não fazia. Conseguiu fazer a comida tendo a seu lado um cigarro aceso sobre a pia e um copo de caipirinha, que preparou para encontrar coragem para cozinhar. O cheiro estava tão maravilhoso, que Silas chegou a elogiá-la e a comentar que estava com fome.

— Espero que goste. Fiz especialmente para você — disse isso ao colocar o prato de macarrão sobre a mesa. Lembrou-se, ao ver o menino saboreando a comida, das recomendações de Rose e sorriu. Havia ignorado as recomendações da filha e divertia-se ao ver o menino esfomeado devorar o macarrão.

Depois de terminar de comer, Silas pediu para repetir a refeição. Enquanto Arlete completava o prato de macarrão para o garoto e salpicava queijo em abundância na massa, praticamente despejando todo o pacote, ouviu do menino:

— O Papai Noel vai trazer um carrinho pra mim.

— Quem? — perguntou desinteressada, equilibrando o cigarro na boca. Depois de ouvir o menino repetir a frase, ela soltou: — Que bobagem é essa? Foi a Rosely quem falou isso? Só pode ter sido!

— Foi. Ela falou que vou ganhar um grande, com controle remoto...

— Não existe Papai Noel — cortou secamente o sonho infantil de Silas. — Por que está me olhando assim? Não existe! Vai dizer que ainda acredita nisso?

— Existe, sim. Se me comportar, como tenho me comportado, vou ganhar o presente dele no Natal.

— Não existe, já disse. E não existe Coelho da Páscoa também. Pronto. Agora ficou tudo claro.

O menino, com a voz sentida, perguntou se era verdade, demonstrando em sua voz a decepção da descoberta. Diante do questionamento do garoto, ela afirmou ríspida:

— Não tem. Coelho coloca ovo, menino? Se bem que o Heleno, o homem dos ovos, poderia te explicar isso. Melhor não, vai contar como conto de fadas, lendas. Veja bem: é isso mesmo! Não existe Papai Noel nem Coelhinho da Páscoa.

— Eu vi as pegadas dos coelhinhos na creche. Segui tudo e no fim tinha ovinhos de chocolate. Eu vi!

— Foi a desocupada da sua tia da escolinha quem fez, com tinta. Aquela mesma tinta que você virou outro dia sobre o meu sapato, o único que eu tinha para sair. O chocolate foi a tonta da Rosely quem trouxe da cidade, acho que da República. Comprou em uma promoção e levou para a creche — fez uma pausa e bebeu os três dedos de caipirinha que ainda restavam no copo. Acendeu outro cigarro, quase que na sequência do anterior, depois ajeitou com as palmas da mão os cabelos bagunçados e disse: — Fazia tempo que não cozinhava tanto. Vou dormir um pouco.

— Vovó, o prato.

— Arlete. Ar-le-te! Já te pedi para não me chamar de vovó. Credo! Se alcançasse a pia, já poderia lavar o prato que sujou — resmungou e depois, numa voz ainda mais rouca, soltou: — Deixe aí, depois eu lavo.

Ela saiu do cômodo meio que capengando, segurando-se nas paredes. E o menino ficou ali, no meio da cozinha, sozinho, triste, pensando nas revelações de Arlete. Depois, colocou um braço sobre o outro, onde apoiou a cabeça e, com o olhar perdido no horizonte, deixou uma lágrima rolar pelo seu rosto. Sua primeira decepção na vida.

***

Andréa saltou do ônibus toda sorridente, nem parecia que tinha saído de um lugar lotado. Mau humor não estava entre os seus defeitos, com certeza. Pelo contrário, conseguia rir até dela mesma. Começou a andar rápido, no intuito de chegar logo à loja, já que cabia a ela a responsabilidade de abri-la. E foi assim que, com o pensamento em Kleber e de chegar logo no trabalho, em meio a várias pessoas, esbarrou em Igor, que falava ao celular. Bravo, o rapaz desligou o telefone e falou:

— Mina, você é burra? Não tem noção de direção? — começou a falar, mas, ao passar os olhos pelo corpo da jovem, notou a blusinha decotada sobre os shorts curtos, deixando à mostra as pernas longas, valorizadas pelos sapatos de salto alto, e mudou o discurso: — Desculpe a ignorância, moça. Estava apressado! Nós vive correndo pela cidade e tal...

Andréa ficou parada, ouvindo o jovem de vocabulário limitado, marcado por gírias e com um português precário, falar. Ele tinha olhos verdes, que logo prenderam a atenção da moça, a ponto de Andréa nem ouvir as primeiras palavras proferidas pelo rapaz. Ela apenas prestou atenção às últimas, quando Igor perguntou seu nome e telefone:

— Simone — mentiu Andréa. O nome da falecida prima funcionava como uma senha, que conectava Andréa ao espírito de Simone, fazendo com que a moça assumisse a identidade da "outra", mais ligada à sedução e ao sexo. Ao proferir o nome da prima falecida, Andréa transformou-se imediatamente, sendo tomada por um calor inexplicável. Logo depois, ajudou o moço a registrar o seu número no aparelho celular e anotou o número de Igor na palma da mão.

Ficaram ali, em pé, conversando por mais alguns minutos e, sem dificuldade, Andréa aceitou encontrá-lo em um lugar mais tranquilo depois. Havia ali muita malícia e desejo. Ele tomou distância, não acreditando na sorte que tivera, e a moça, feliz com a conquista, sentia como se tivesse ganhado um prêmio em dinheiro e seguiu sorrindo, faceira, tomada pelo desejo. Foi quando sentiu alguém puxando-a pelo braço.

— De onde você o conhece, Andréa?

A moça ficou atordoada com a forma da abordagem e com a pergunta. A primeira reação foi a de puxar a bolsa, mas sentiu o coração saltar.

— Que susto! Pensei que fosse um assalto. Tudo bem? — disse a moça, beijando o rosto de Abel.

— Desculpe-me, estava indo para a loja me encontrar com Rose — fez uma pausa olhando em volta, confirmando que não estavam sendo vistos.

— Vamos indo, estou atrasada. Se a Rose chegar primeiro do que eu, me mata — Andréa explicou rapidamente o que havia acontecido no dia anterior, sobre o hospital, a febre de Silas, e que Rose fora deixar o menino aos cuidados da mãe.

— Aquele cara que estava com você, é seu amigo?

— Acabei de conhecer. Esbarrei nele. Coisa de novela.

— Afaste-se dele — disse num tom sério, que assustou Andréa.

— Como?

— Não deve vê-lo mais. Vi que trocaram número de telefone. Jogue fora. Não atenda as chamadas dele. Esqueça que o conheceu.

— Esquecer aqueles olhos verdes? — debochou Andréa. — Não vai dar para atender ao seu pedido — parou e estudou o rosto de Abel, notando-o preocupado. Depois, perguntou o motivo do zelo: — Por quê?

— Ele é traficante, e dos perigosos — revelou o jovem, passando a mão pelos cabelos. Tinha ainda nos ouvidos a voz de Igor cobrando dinheiro, aquela mesma voz que havia ligado para ele horas antes, quando estava na casa de Márcia.

Capítulo 10

Alex, ao voltar para a sala, onde se apresentava para as crianças, não conseguia deixar de pensar em Rose. Pensou que, mais uma vez, havia tido a oportunidade de vê-la e que a tratou mal novamente. Era algo que fugia do seu controle quando via a forma como a moça parecia tratar aquela criança. Partia o seu coração só de pensar naquele menino lindo, forte, e nitidamente carente, em situação de perigo.

Enquanto cantava a última música, as crianças internadas no hospital acompanhavam-no animadas. Eram crianças doentes, algumas sem muito tempo de vida, outras esperançosas. Ele fazia de tudo para não se apegar, mas era muito difícil.

Um mês antes, havia conhecido um menino de sete anos. Esperto, sem cabelos por conta do tratamento que enfrentava, o garoto era um questionador. Não podia ver Alex chegar ao hospital, corria para fazer perguntas, contar seus sonhos e planos.

Alex abraçava-o, dedicava músicas ao menino, e assim o tempo foi passando. Um dia, Alex perguntou a ele qual era o seu maior sonho. O menino abriu um sorriso e falou:

— O colo da minha avó.

— Isso é fácil! — brincou, emocionado com a simplicidade do sonho do menino.

— Não, minha avó mora longe. Minhas tardes com ela eram de doces, colo, risadas...

Alex ficou em silêncio. Depois soube por meio da enfermeira que o menino praticamente morava no hospital havia alguns meses, não tinha previsão de alta, e muito menos autorização para viajar para Belém, sua terra, onde a avó morava. No hospital, o garoto era acompanhado pela mãe. Um dia, Alex a procurou e, expondo o sonho do menino, conseguiu fazer com que ela trouxesse a avó para visitá-lo. Foi uma festa. Os médicos até elogiaram a melhora do garotinho. Para registrar aquele encontro, Alex tirou diversas fotos do menino com sua avó, inclusive algumas dele no colo da senhora. Alex sentiu-se tão feliz por realizar o sonho do garoto que, naquele dia, foi embora do hospital sem pensar em seus problemas.

No dia seguinte, quando chegou ao hospital, logo perguntou do menino e soube que ele havia falecido. Ficou visivelmente triste. Entrou na sala onde trabalhava com o seu violão, tirou a foto do menino sorridente do mural da sala e começou a tocar a música favorita dele. E ali ficou, sem conseguir controlar as lágrimas que rolavam pelo seu rosto.

Essa foi uma das várias vezes em que perdeu uma criança. Sempre se entristecia diante de uma perda, pois era como reviver o seu passado. Naquele dia, em que viu Rose com Silas no hospital, todas as lembranças daquele menino vieram à tona. Fechou os olhos e fez uma oração. Silêncio e uma sensação de paz percorreram o lugar. Por um instante, era como se tivesse ouvido a voz animada do garoto dizendo:

— Vá atrás dela. O que está esperando? A vida é um instante...

Alex abriu os olhos assustado, mas ao mesmo tempo certo do que tinha que fazer. Procurou a enfermeira que o auxiliara com Silas e, dez minutos depois, estava saindo do hospital com o endereço de Rose nas mãos e um destino: a casa da moça.

Pegou o carro, ligou o GPS, mas, ainda assim, errou o caminho. Minutos depois, no entanto, conseguiu estacionar o carro na frente da casa de Rose.

As palmas de Alex acordaram Arlete, que dormia. Sonolenta, a mulher saiu da cama cambaleando, ainda zonza pelo efeito da bebida. Puxou a cortina e viu o rapaz no portão.

— Muito bonito esse rapaz, não tem cara de que veio aqui comprar ovos.

Viu Silas dormindo na mesa, com a cabeça sobre os braços e fez uma careta. O celular, que se encontrava sobre o armário, tocou. Arlete viu por meio do visor que era a filha e não a atendeu. Depois, apenas resmungou:

— Está ligando para saber se não afoguei o menino na banheira — riu sozinha. — Olhe, seria uma boa ideia...

Arlete ouviu as palmas novamente e abriu a porta. Em questão de segundos, já estava no portão, de frente para Alex.

— Se for vendedor, não quero. Seja o que for, quando eu quiser, vou atrás.

— Não... — disse Alex rindo, ignorando a recepção fria da mulher. — Preciso falar com a Rose.

— Ela está trabalhando. Alguém precisa trabalhar, né?

— A que horas ela chega?

Arlete fez uma pausa, estudou o rosto bonito do rapaz e questionou-se sobre o que ele poderia querer com a sua Rosely.

— Posso saber...

— Trabalho no... — cortou Alex e depois se arrependeu. Completou dizendo: — Eu volto em outra hora. Desculpe-me pelo incômodo.

— Não sei dizer a que horas ela volta. Arrumou um namorado que mora longe e não volta para casa sem antes visitá-lo.

— Entendi... — havia nessa palavra decepção e tristeza.

— Muito obrigado. Boa tarde.

Alex despediu-se da mulher e voltou para o carro, sem ouvir mais nada do que ela dizia. Arlete ainda tentou perguntar o nome do rapaz, mas ele já havia dado partida no carro e nem a escutou. O rapaz apenas deu um sorriso triste e foi embora.

— Nossa. Parece que não dei uma boa notícia para o moço. Não disse, ele não veio atrás dos ovos...

— Vovó, o que ele queria? — perguntou Silas, que vinha correndo para encontrá-la no portão. Por fim afirmou: — Conheço o moço.

— Ar-le-te, criança! Arlete. Era o moço — parou e, depois, como se tivesse refletindo sobre a frase do menino, questionou: — Você o conhece?

— Sim, ele me salvou. Ele me salvou do caminhão. Trabalha no hospital. Ele é um super-herói.

— Pronto! Agora tenho que falar que não existe super--herói também. Melhor eu contar, do contrário vai crescer um bobo, fantasioso. Não existem super-heróis!

***

Andréa ficou preocupada com a possibilidade de se envolver com um traficante. Ficou paralisada por alguns segundos, sem conseguir acreditar que Igor, aquele jovem de olhos verdes e fala mansa, fosse uma pessoa perigosa. Não conseguia associá-lo à imagem de um ser perigoso, como aqueles que via nos jornais e noticiários da televisão. No entanto, Simone era destemida, vivia na marginalidade, não se preocupava com os riscos, por isso ficou excitada com a ideia de ter uma noite de amor com Igor. Imaginou até a possibilidade de o rapaz assumi-la e levá-la para morar com ele. Esse pensamento veio combinado com a vontade de apenas servi-lo e deixar de pegar duas conduções apertadas para trabalhar na loja no centro da cidade.

Ficou pensando em todas aquelas possibilidades e estava tão envolvida com elas que apenas cumprimentou Rose quando a viu entrar na loja, reclamando do calor. Ainda pensativa, Andréa nem deu ouvidos para a conversa entre a amiga e Abel. Mas, num momento em que se encontrava tomada pela razão, passou álcool na mão, onde havia anotado o telefone, apagou o número e se propôs a esquecê-lo, já que o havia decorado também. Não demorou muito e seu aparelho celular vibrou. Viu um número no visor e reconheceu-o como sendo o de Igor. O coração da moça, então, ficou acelerado. Fechou os olhos e ainda pôde ouvir as vozes de Abel e Rose distantes. Depois, como se Simone tivesse se apoderado do seu corpo, saiu da loja sorridente e, na galeria, atendeu a ligação do rapaz.

Rose aproveitava que não tinha ninguém na loja e aceitava os carinhos de Abel. Amava muito o rapaz e sofria por ele, pelos últimos acontecimentos.

— Brigou com a sua tia, Abel? Você sempre disse que ela é gente boa...

— Já fui me desculpar. Minha mãe e minha avó não suportariam me ver brigado com ela. Foi um negócio estranho, tanto que não me lembro como tudo aconteceu, o que disse, o que a ofendeu. Teve uma hora em que me vi segurando os braços dela, de forma firme. Foi uma experiência intensa.

Rose, percebendo a aflição do namorado, abraçou-o.

— Meu querido, não fique preso a isso. Passou. Pense agora em arrumar um emprego, conseguir uma oportunidade de mostrar que pode, sim, se estabelecer em uma empresa. Esqueça os comentários da sua chefe. Não vale a pena se torturar com o que passou. Pena que ela não gostou de você.

— Não gostou — Abel reforçou o comentário da namorada, ao lembrar-se do real motivo de sua demissão. Ele não contou a Rose o que de fato havia acontecido, sobre o roubo à empresa. Disse apenas que havia sido vítima da implicância da chefe e não deu mais explicações. — Eu já tenho uma entrevista agora à tarde.

Rose pulou de alegria.

— Passei numa agência antes de vir para cá, e a moça gostou de mim. Ela me falou de uma vaga, sobre os benefícios, não são muitos, mas acho que dona Inês vai ficar feliz se eu conseguir esse trabalho.

— Você, primeiramente, tem que estar feliz, Abel. Não a sua mãe. Tenho certeza de que, se fizer algo para se sentir feliz, sua mãe, vendo sua alegria, também ficará bem.

— Lá vem você. Se fosse assim, ela me aceitaria como músico. Bom... deixe pra lá — fez uma pausa, beijou levemente os lábios de Rose e prosseguiu: — Só falei de mim até agora. Me conte, como você está? Sua mãe está bem depois do acidente? E o Silas? Soube que está doente...

— É, coisas de criança. Prometi que daria um brinquedo a ele e não dei. Acho que isso abalou o Silas... Se bem que antes ele já estava quente. Meu menino... Falei então que o Papai Noel iria dar o carrinho, e ele se animou. Pedi à minha mãe para cuidar do Silas até eu chegar em casa. Ela está bem, já pensando na próxima aventura. Dona Artlete não para, meu querido. Liguei há pouco lá pra casa e ninguém atendeu. Acho que está tudo bem, pois, do contrário, ela já teria ligado. Sabe que encontrei de novo aquele cara que salvou o Silas? Lá no hospital. Acho que é voluntário.

— Sério?

— Babaca. Falou um monte pra mim de novo. O pior é que não consigo revidar.

Abel abraçou a moça e acarinhou seus cabelos. Rose fechou os olhos e logo a lembrança do rosto de Alex, sorrindo com as crianças, veio à sua mente. Ela abriu os olhos rapidamente e beijou Abel. Os dois conversaram ainda mais algumas coisas, trocaram beijos, e a moça, por fim, colocou-o para correr como de hábito.

— Pensei que a gente poderia almoçar. Minha entrevista é depois das catorze horas...

— Feito! Agora vá dar uma volta e me pegue aqui depois.

— Se o dono da loja chegar... — brincou Abel rindo, imitando Rose.

— O problema maior são as lojas vizinhas. Sempre tem alguém de olho no que estamos fazendo. Andréa e eu sempre ficamos sozinhas por aqui. Ele aparece uma vez por semana e sempre em dias aleatórios. Quando eu penso que não, lá vem ele.

Abel, a custo, saiu, mas antes a beijou demoradamente. No lado de fora, na galeria, o moço, acenando para Rose, passou por Andréa. Ele ouviu a amiga da namorada finalizando uma conversa ao celular e não deixou de comentar:

— Menina, pense no que eu disse. Cuidado! — ele falou sério.

Andréa sorriu sem graça e caminhou apressada para a loja, apertando o aparelho celular em uma das mãos.

Abel preferiu não contar para Rose sobre Igor. Se contasse, estava certo de que ela lhe faria uma série de perguntas: de onde o conhece? Quem é? Como sabe disso? Com a certeza de que havia convencido Andréa de quem era Igor, o rapaz seguiu entre as pessoas. O que Abel não fazia ideia era de que Andréa já havia marcado um encontro com Igor para o fim da tarde.

Parada à porta da loja, Rose atentou-se do curto diálogo entre Abel e Andréa e resolveu perguntar à amiga o que estava acontecendo. A moça, desconsertada, falou:

— Nada de mais. Apenas desejei a ele boa sorte na entrevista de emprego.

Rose era muito esperta e não se convenceu ao ouvir a resposta da amiga. Ela notou o semblante de Andréa e, como a conhecia havia muito tempo, sabia quando ela estava preocupada ou escondendo algo. Horas depois, no restaurante com Abel, Rose questionou o rapaz e recebeu a seguinte resposta:

— Ela ficou de me indicar uma loja de camisetas — ele falou na intenção de esconder sua ligação com Igor. Depois comentou: — Você pegou batatas fritas? Estão boas, né?

A moça balançou a cabeça positivamente e esboçou um sorriso frio. Pensou no que Andréa e Abel disseram, e nenhuma das frases cabia naquele encontro rápido que tiveram na galeria. Rose teve uma certeza: eles estavam mentindo. Restava-lhe apenas descobrir o que estavam lhe escondendo.

***

Abel e Igor eram conhecidos da época da escola, e a amizade entre os dois foi interrompida quando Inês decidiu mudar o filho de escola, para que ele pudesse ter acesso a uma educação melhor. Cada um dos garotos, diante dos desafios que a vida propôs, seguiu seu caminho. Em uma tarde quente de janeiro, no entanto, Inês fez um favor ao destino de aproximá-los novamente, ao pedir ao filho que fosse até o mercado do bairro. Mesmo contrariado, dando várias desculpas para não ir, acabou cedendo. Chegando lá, no corredor dos ovos, reencontrou o antigo amigo. Eles reconheceram-se ao primeiro olhar, o que rendeu um forte aperto de mão entre os dois e recordações da época da escola.

Ali passaram uns quinze minutos, o bastante para trocarem telefone e marcarem um encontro, o que aconteceu duas semanas depois.

Igor, ao contrário de Abel, viveu em um ambiente de discórdia, dor, ressentimentos e preocupações. Cresceu acompanhando o sofrimento da mãe, que criava sozinha os dois filhos, trabalhando como diarista. Ao longo do tempo, a mulher endividou-se para pagar um advogado para tirar o filho mais velho da cadeia, preso por roubo de carga e porte ilegal de arma. Todo o seu esforço era empregado nas tentativas de tirar o primogênito da cadeia, enquanto Igor sobrevivia das migalhas, da comida que sobrava, assim como dos restos de amor que a mãe lhe concedia. Não havia harmonia naquele lar. Poucas eram as palavras de afeto proferidas. Havia muitas brigas e tudo, invariavelmente, era resolvido à base de palavrões.

Na adolescência, Igor viu a mãe, em um curto espaço de tempo, experimentar momentos de alegria e desespero profundos. Por fim, o irmão de Igor conseguiu sair da cadeia, mas, no dia seguinte, pela manhã, foi encontrado morto. Aquela experiência poderia ter servido de exemplo ao rapaz para que ele desejasse um futuro melhor, mas Igor optou por seguir o caminho do irmão. Fez amizade com os amigos do irmão e logo estava trabalhando como informante na comunidade em troca de droga, que passou a usar para aliviar o sofrimento. O que ele não sabia, de início, é que a droga é um subterfúgio inútil. A cada passo refugiado nas drogas, um passo fundo era dado na areia movediça.

Estava naquele ponto quando reencontrou Abel. Estava perdido e iludido com o dinheiro fácil e com o acesso livre às drogas. Com o dinheiro fácil, vestia-se melhor, usava roupas da moda, que jovens de posse usavam, e assim atraía as meninas.

Abel aproximou-se de Igor encantado. Admirou os trajes do moço e, como era jovem, seus olhos vibraram ao ver o outro bem.

— Emprego bom?! Nada, estou num esquema. Depois te conto — Igor comentou sorrindo, deixando à mostra um piercing prateado em um dos dentes.

Na noite em que saíram juntos, Igor levou mais um amigo em sua companhia, que guiou o carro até a boate cara, e tratou logo de falar que era tudo por sua conta. Aquilo funcionou como mais um ponto de sedução para Abel, que já tinha no amigo um exemplo. Não demorou e Igor, ali mesmo no carro, usou cocaína. Abel, a princípio, ficou assustado, mas depois, tomado pela curiosidade e pela fraqueza do espírito, não conseguiu resistir e usou a droga. Havia sido influenciado por alguns espíritos desencarnados, ainda presos à matéria, que se aproximaram do jovem, fazendo com que ele experimentasse a cocaína. Igor fez uma carreira ali no carro, na carteira onde carregava os documentos, e Abel aspirou o pó como se já fosse conhecedor do negócio. Os outros dois rapazes entreolharam-se e sorriram de forma cúmplice.

Enquanto se dirigiam à entrada da boate, os três caminhavam lentamente, apreciando as meninas que estavam na fila, aguardando a entrada. Abel, sorridente, em uma felicidade há muito não vista, comentou:

— Esse negócio não pega nada, não. Estou bem.

Os dois rapazes riram e disseram algo que Abel não conseguiu ouvir. Depois, já perto da entrada, na fila de homens, Abel avistou os seguranças e depois, olhando para a camiseta preta que vestia, falou:

— Nossa, minha camiseta está toda suja. Olha o pó que está nela. Deixei cair. Vão descobrir...

Os dois rapazes mais uma vez começaram a rir. Igor então falou:

— Tá louco, mano? Sua camisa tá limpinha. O barato já começou a fazer efeito.

Naquele momento, a alucinação começou a acontecer na cabeça de Abel. Igor então abraçou o amigo e o outro rapaz e juntos entraram na boate rindo.

A droga trouxe a Abel uma visão distorcida e ampla de tudo que o cercava. Tudo parecia mais colorido. O toque na pele estava mais sensível, as pupilas dos olhos dilataram-se e o consumo de água aumentou sem que ele percebesse. Tudo naquela noite o deixava excitado.

De madrugada, depois de encerrada a noite, Abel foi deixado no ponto do ônibus pelos novos amigos. Sentia o corpo pesado, assim como os olhos, e uma sede intensa. Quando entrou no veículo, pôde ver seu rosto refletido no espelho retrovisor. Havia ali a imagem de um jovem sonolento, com olhos fundos e vermelhos. Ao entrar em casa, não foi direto para a cama. Mais tarde, acordou e viu que estava sem os tênis e com um lençol sobre o corpo. Sabia que a mãe havia passado pelo seu quarto.

A partir daí, Abel passou a procurar Igor. Buscava nas drogas, que o amigo oferecia, a sensação que experimentara na primeira vez. Viu, em poucas semanas, as economias, que vinha fazendo para comprar um carro, acabarem rapidamente. Desesperado, passou a pegar os mantimentos de casa e outras coisas para vender. Certa vez, Inês chegou a comentar com o rapaz que Mafalda vinha dando alimentos aos pedintes, e o jovem, envergonhado, abaixou a cabeça e nada disse. O vício, àquela altura, era forte o bastante para ele se importar com a culpa que a avó vinha levando.

Logo que começou a trabalhar em um emprego arrumado por sua tia Márcia, Abel mostrou-se responsável e também querido pelos funcionários, mas, na primeira oportunidade, quando foi encarregado de fazer o pedido de alguns materiais, passou a pedir algumas peças, as mais caras, em dobro. Armazenava sempre uma no armário da empresa e a outra ele vendia. Com o dinheiro, comprava drogas. A chefe, analisando um gráfico comparativo com o ano anterior, estranhou o aumento do consumo de materiais. A partir daí não foi difícil descobrir o que estava acontecendo. Chamou-o na sala, na esperança de ouvir uma confissão, mas o rapaz negou o roubo. Ela mostrou os recibos assinados por ele, e Abel não teve saída. Teve que pedir as contas para que a chefe não levasse o assunto adiante. Enquanto assinava a rescisão, ouviu dela que, em consideração a Márcia, sua amiga, ele não seria entregue à polícia.

Diante da tempestade que surgia em sua vida, para Abel, Rose era o raio de sol que iluminava o seu caminho. Ele apegou-se à garota como se ela fosse o seu porto seguro. Como a amava, passou a não se sentir bem em mentir e omitir várias partes de sua história, inclusive de que estava preso ao vício das drogas e às dívidas que contraíra com Igor.

Igor tornara-se também um viciado. Todo o dinheiro que conseguiu com os traficantes queimou em drogas. Sem dinheiro, tomado pelo vício, o rapaz envolveu os amigos no consumo. Vendia o produto a um valor mais alto e, com o percentual que conseguia, comprava mais drogas para consumir. Fez disso o seu negócio, e Abel foi mais uma vítima de seu esquema.

Abel não conseguia sanar sua dívida e por isso roubava cada vez mais. Igor, aquele amigo de apertos de mãos e abraços, tornou-se um severo fornecedor, que cobrava cada centavo gasto por Abel com a compra de cocaína. Por fim, essa era a situação em que o rapaz se encontrava.

— Aqui está — disse Abel, dando o dinheiro nas mãos de Igor. — Vendi uma peça que peguei na casa da minha tia.

— Não interessa — disse o outro, contando o dinheiro e já pensando no que fazer com ele. Em seus planos constava o encontro com Andréa. — Vou comprar umas roupas, fazer uma reserva num restaurante. Preciso impressionar uma mina.

Abel começou a falar e foi cortado. Igor, sem paciência, riu alto ao mandá-lo sair da sua frente. Depois, tomado por um sentimento de amizade, como se isso fosse, pegou da sua gaveta um pacotinho e entregou-o para Abel, que o recebeu com as mãos trêmulas.

Igor ficou olhando enquanto pensava: "Preciso mantê-lo mais dependente de mim".

Abel saiu dali direto para a entrevista que havia marcado no centro da cidade, perto de Rose. Sentia-se sujo, mas não no seu aspecto. Pelo contrário, andava bem-arrumado, com as roupas limpas, passadas e cheirosas. A sujeira estava impregnada em sua consciência, em seu comportamento. Acordava disposto a não fazer mais nada de errado, mas logo estava roubando novamente para poder consumir a droga. E, nos últimos dias, vinha sentindo que o seu corpo já não conseguia funcionar sem aquela substância. A abstinência fazia o seu corpo tremer, suas mãos suarem, seu humor ficar ainda pior.

Abel não resistiu e foi para um banheiro público. Lá, em um reservado, abriu apressado o pacote que havia recebido de Igor e esparramou o conteúdo sobre a tampa do vaso sanitário. Depois, aspirou o pó branco de uma só vez. Ficou ali paralisado por alguns minutos, olhando para o teto do banheiro. Só despertou do transe quando viu um balde de água sendo jogado no chão e atingindo os seus pés. Saiu da cabine desnorteado, arrastando a bolsa pelo chão. Já próximo à porta, resolveu voltar para a pia, onde soltou a mochila e lavou as mãos e o rosto com força. Ficou ali, olhando para o rosto refletido, indiferente aos comentários do rapaz da limpeza. Depois de se secar com o papel áspero, tomou a direção da rua, a caminho da entrevista. À sua volta, vários espíritos que, como ele, estavam perdidos.

Capítulo 11

Andréa, antes de sair da loja, tratou de se produzir toda e contou com a ajuda de Rose para fazer uma maquiagem leve, que realçasse sua juventude. Pegou uma blusinha na loja vizinha, depois de marcar no caderno para ser pago no fim do mês, quando receberia seu salário. Por fim, para dar um toque final, passou creme nas pernas e nos braços. Antes de apanhar a bolsa, prendeu os cabelos de um lado, ficando ainda mais bonita.

Já na porta, na despedida, Rose conteve a curiosidade, pois já imaginava que aquela produção não era para Kleber, mas para algum estranho. Com medo de saber a verdade, preferiu não questioná-la. Mas algo a incomodava em relação à conversa entre a amiga e Abel, e por isso perguntou:

— O Abel adora camiseta. Que loja você conhece...

— Loja de camiseta? Têm várias na galeria — disse Andréa rapidamente, beijando a amiga no rosto. — Agora vou indo que estou atrasadíssima.

Aquela resposta novamente acendeu em Rose a certeza de que Abel e Andréa escondiam algo. O que eles conversaram nada tinha a ver com a entrevista que Abel faria, nem com camisetas.

Andréa estava preocupada com o encontro com Igor. Ficou parada no ponto de ônibus, como haviam combinado, e não demorou para que o jovem chegasse para apanhá-la. Estava dirigindo um carro importado, que disse ser seu. Proferiu, como de costume, algumas palavras erradas, muitas gírias, mas nada que desencantasse Andréa. Pelo contrário, ela só conseguiu ver nele as roupas novas, o tênis bonito de modelo novo, e os cabelos bem cortados.

Do ponto de encontro, foram jantar em um restaurante caro. Ambos não condiziam com o ambiente, mas o dinheiro do jovem, fruto do pagamento da dívida de Abel, serviu para calar qualquer um que colocasse em dúvida que poderiam, sim, estar ali.

Do restaurante se dirigiram a uma danceteria. Andréa estava radiante com aquela noite, completamente apaixonada e envolvida pelos mimos do jovem.

Enquanto isso, Igor pensava: "Essa vadia da Simone está me saindo caro, mas vou ter a minha recompensa...".

A caminho da danceteria, em meio aos beijos, Igor, com o consentimento de Andréa, mudou os planos. Foram parar em um lugar mais tranquilo, onde puderam, entre quatro paredes, se conhecer melhor.

***

— São os nossos comportamentos que fazem com que entremos em sintonia com espíritos semelhantes — falava Márcia ao telefone com Mafalda. — Somos assistidos o tempo todo por espíritos, e muitos torcem para que saiamos do caminho traçado. Há muitos espíritos ainda presos aos prazeres da Terra. Os bons são muitos e também estão ao nosso lado, mas não interferem em nossas decisões. Nós acabamos, muitas vezes, nos distanciando deles, dos amigos espirituais, devido à forma distorcida de encararmos a vida e, principalmente, aos momentos de revolta, quando não conseguimos enxergar o que podemos aprender com aquela situação que, aos nossos olhos, parece desagradável. É preciso ser forte para percorrer o caminho dos bons.

— Como diz na Bíblia: "Orai e vigiai".

— Isso mesmo, mamãe. Não são tarefas das mais fáceis, mas temos que ser persistentes, firmes na fé e no caminho do bem. E a Inês, onde está minha irmã?

— Está aqui, andando de um lado para o outro, de olho no relógio — comentou Mafalda tão baixinho, que Márcia teve a sensação de que a mãe falava abafando o fone para não ser descoberta. — O Abel não chegou ainda!

— Deve ter encontrado algum amigo ou a Rose! Pode estar namorando.

— Ele não ligou e Inês está aflita. Tem ligado para o celular de Abel, mas ele não a atende. Estava até feliz mais cedo, porque ele ligou avisando que tinha uma entrevista no período da tarde.

— Que boa notícia, mamãe — Márcia silenciou e fez uma prece para o jovem, para que seguisse pelo bom caminho e se libertasse da tentação que vinha lhe acompanhando.

As duas conversaram por mais alguns minutos, e, depois que desligaram o telefone, Mafalda já estava um pouco mais animada, dando o recado de Márcia para Inês.

— Márcia mandou um beijo para você. Ficou feliz com a entrevista de Abel hoje à tarde.

— Obrigada. Mãe, você já contou a ela sobre a entrevista de Abel?

— Não tenho segredo com minhas filhas. O que uma me conta a outra sabe. Deixe de ser boba! Ela é de casa.

— Está certo. Estou nervosa. Um aperto no peito, mamãe. Onde está o Abel que não chega nem atende o celular?

***

Alex saiu da casa de Rose desconcertado. Não entendia ainda o sentimento que nutria por ela, pensava simplesmente que tinha que pedir desculpas pela forma como vinha agindo, sempre a culpando, sem dar espaço para ela se defender. Não compreendia também o porquê de tratá-la assim. Sentia um nó na garganta pela situação, que se intensificou quando descobriu pela mãe da moça que ela tinha um namorado.

No caminho de volta, olhou pelo retrovisor e percebeu que não estava com o violão. Na pressa de encontrar Rose, saiu correndo, preocupando-se somente com o endereço da moça e com a chave do carro, deixando o instrumento no hospital.

Alex pegou então a avenida e guiou até o hospital. Lá, apanhou o instrumento e um livro que também havia esquecido. Parou por alguns segundos no corredor e notou que ria ao se lembrar de Rose na sua frente, linda, tentando defender-se, enquanto ele a acusava de ser uma péssima mãe.

Alex, sorridente, saiu do hospital cumprimentando os conhecidos, que não eram poucos, pois, em apenas alguns meses, o rapaz já havia conseguido se familiarizar com os funcionários e também com alguns pacientes, poucos é certo, por conta da rotatividade.

Apanhou o carro e logo se lembrou de Aracy. Sentiu saudades daquela simpática senhora e partiu ansioso para contar para a avó as novidades daquele dia, entre elas a de que novamente havia encontrado Rose e que, desta vez, fora até a casa da moça para tentar conversar com ela.

Chegando em casa, não guardou o carro na garagem. Apenas encostou o veículo no meio-fio, pois tencionava levar a avó para jantar fora. Estava de folga do serviço naquele dia, só fizera o trabalho voluntário, e precisava relaxar dos últimos acontecimentos. Já sabia, inclusive, aonde a levaria para jantar. Era um restaurante bonito, iluminado, de que Aracy gostava muito.

Alex desceu do carro animado. Como sempre fazia, foi da garagem até a porta principal chamando pelo nome da avó.

Silêncio.

— Vovó, está tudo bem? Onde a senhora está? Estava pensando... Acho, melhor, tenho certeza de que merecemos um bom jantar. O que acha? Precisamos compensar... — falou, enquanto abria a porta de casa. Depois de dar duas voltas na chave e abrir a porta, ele notou que no cômodo tudo estava escuro, por isso tateou com uma das mãos a parede até achar o interruptor.

Com a luz acesa, foi surpreendido pelo cômodo vazio, sem nenhum móvel. Entrou em desespero, sentiu as pernas tremerem, começou a chamar pela avó com a voz forte, que foi, aos poucos, perdendo potência. Com passos rápidos, Alex descobriu que toda a casa estava desocupada, sem nenhum móvel. E o pior: sem sinais de sua avó. Aracy também não estava ali, e não havia um recado, um bilhete ou algo que pudesse explicar o que estava acontecendo.

Alex parou no meio da sala vazia, foi andando para trás, até apoiar as costas na parede. Depois, escorregou lentamente até ficar completamente agachado, abraçou os joelhos e deixou as lágrimas rolarem pelo seu rosto. Sentia tristeza, solidão, desespero.

***

Abel, ao sair da entrevista, já na rua, sentiu as vistas escurecerem. Sentou-se na calçada e abaixou a cabeça. Sentiu um suor frio descer pelas costas, a boca seca, a cabeça rodando. De novo, como havia feito horas antes da entrevista, trancou-se em um banheiro, desta vez de um bar sujo que ficava na esquina. Lá, ele fez mais uma fileira da droga e aspirou-a.

Saiu do reservado e jogou a chave do banheiro quase no rosto do dono do bar, que o chamou de mal-educado, pois, além da atitude grosseira ao devolver a chave, foi incapaz de agradecer pelo empréstimo.

Na rua, Abel começou a caminhar sem destino. Tudo à sua volta parecia girar em alta velocidade. Foi quando fechou os olhos e não viu mais nada.

Acordou em um posto da polícia, sentado em uma cadeira, de frente a um policial com cara de poucos amigos. Abel, ignorando o questionário do homem à sua frente, tentou levantar-se apressado, mas sentiu as pernas falsearem e teve que se sentar novamente. Consultou o celular e notou várias ligações de sua mãe. Nesse momento, ouviu o policial recomendar:

— Alguém precisa vir buscá-lo, rapaz. Você não tem condições de andar assim.

Abel, rapidamente, ligou para Rose. Pediu, em um tom de voz triste, que a namorada fosse buscá-lo. Não sabia onde estava. Diante do semblante confuso do rapaz, o policial deu o endereço do posto. Estava próximo à galeria onde Rose trabalhava mas passou tão mal que ficou desnorteado, sem saber onde estava e o que estava fazendo.

Rose chegou pálida ao posto policial, perguntando pelo namorado. Abel recebeu os abraços e os beijos da moça e também a indiferença do policial, que, como um pai, tentou aconselhar a moça, ao vê-la aflita diante do namorado.

— Vá, rapaz, e juízo. Menina, o seu namorado está brincando com fogo. Sabia que ele é usuário de drogas? É muito bonita para estar nesse meio também... Se estiver, saiba que é burrice.

Aquela notícia caiu como uma bomba sobre Rose e Abel.

Diante do silêncio da moça, o policial continuou:

— Sorte que não encontramos drogas com o rapaz. Só encontramos alguns vestígios na bolsa. Nada que o incrimine a ponto de detê-lo. Estou de bom humor hoje. Sorte sua.

— Acho que está havendo algum engano... Abel passou mal, comeu alguma coisa e foi socorrido...

— Foi o que o jovem disse ao pegar o celular para falar com você e pedir que viesse buscá-lo. Abra os olhos! Agora podem ir, estou muito ocupado.

O casal saiu dali em silêncio e transtornado. Rose, pela notícia que acabara de receber, e Abel, pela forma como havia sido descoberto.

— Abel, não posso acreditar... — as lágrimas escorriam dos olhos de Rose. — Como pôde fazer isso?

Abel tentou abraçá-la. Estavam no meio da rua, indiferentes à circulação das poucas pessoas que passavam por eles e viam ali uma discussão de casal.

— Não! Afaste-se. Estou me sentindo mal por saber de tudo isso...

— É verdade, sou usuário.

— Pensava que fosse esconder, contar alguma mentira, uma história mirabolante.

— Não! Estou cansado. É muito forte, não consigo deixar — fez uma pausa e, olhando nos olhos de Rose, disse: — Preciso de você.

— Você precisa de ajuda, mas não da minha.

— Vai me deixar?

Rose olhou para ele, notou o quanto estava frágil e também o quanto o amava. Abraçou Abel e sentiu o calor do seu corpo. Amava-o, mas sabia que não teria estrutura para continuar a lidar com aquela situação. Estava na fase da aceitação, mas não era aquilo que queria para a sua vida.

— Vamos embora. Vou te levar para casa.

— Não conte para minha mãe, por favor. Não conte.

Fizeram o trajeto em silêncio, de mãos dadas.

Ao chegar em casa, Inês estava à espera do filho no portão. Anos antes, estaria também com um cinto nas mãos. Estava visivelmente nervosa e não poupou comentários:

— Isso são horas, Abel? Não atende o celular...

— Boa noite, dona Inês. Ele não passou bem... — Rose tentou explicar.

Inês ignorou a moça e prosseguiu:

— Fica na rua, comendo bobagem... É nisso que dá! Não bastasse a companhia, agora deu para se entregar às comidas da rua. Lanches salgados, gordurosos...

Rose percebeu que não era bem-vinda, então beijou o namorado, cumprimentou rapidamente Inês e virou as costas. Dando alguns passos, ainda pôde ouvir a sogra falar:

— Fica com essa aí, andando por onde ela anda. Vai se perder, meu filho! Não gosto dessa moça. Não é para você. Agora entre, vá tomar um banho, que eu vou preparar um chá pra você. Veja esses olhos, estão vermelhos!

Rose pensou em voltar e contar tudo para a sogra, mas acabaria expondo Abel e, por gostar dele, não queria vê-lo sofrer. Por isso, em meio às lágrimas, apressou os passos até o ponto de ônibus. Foi ali que começou a pensar se valeria a pena lutar por aquele amor.

***

— Rose ligou pra mim. Vai chegar mais tarde — avisou Cleide, enquanto mexia-se do fogão para a pia.

Arlete estava na cozinha também e, desinteressada, ouviu o recado dado pela cunhada. Cruzou as pernas e continuou fumando. Em meio à fumaça, era possível ver o rosto curioso com a movimentação de Cleide pela cozinha.

— Quanta comida! Vai servir um quartel?

— Já te falei! Vou levar para o sítio da minha amiga. Os pais dela adoram cozinhar. Cada prato! Só que dessa vez eu prometi fazer algo.

— Ué! Não era uma chácara? Agora é um sítio!

— Eu falei chácara, mulher! — remendou Cleide desconsertada. Na sequência, começou a secar os potes de plástico transparente que havia comprado e a recheá-los com a comida que preparou. Uma de arroz, outra de feijão, macarrão...

— Vocês vão passar bem. E quando vai trazer sua amiga aqui?

— Qualquer dia desses...

— Já está na hora de a gente conhecer a responsável por tirá-la do caritó — fez uma pausa e sorriu ao continuar. — Fica muito mal-educado você ir à casa dela e não retribuir, convidando-a para conhecer a nossa casa...

Cleide ignorou a cunhada. Depois de encher os potes, acomodou-os numa sacola também transparente e colocou-os na geladeira.

— Não era mais fácil cozinhar lá?

— Era mais fácil fazer tudo sozinha, sem você me fazendo perguntas o tempo todo.

— Credo! Não posso ficar na minha casa agora? Fico onde quiser.

— Contanto que não me aborreça! Tarefa difícil pra você.

— E não vai trabalhar amanhã? — especulou Arlete sem cerimônia.

— Será minha folga. Mais alguma pergunta?

As duas ainda trocaram algumas frases, que foram cessadas quando Heleno chegou. Cumprimentando rapidamente as duas mulheres, ele dirigiu-se ao banheiro.

Cleide foi para o seu quarto sem se importar com os olhos de Arlete, que seguiam seus passos.

Heleno voltou à cozinha, encontrando Arlete com o olhar perdido no horizonte e um cigarro entre os dedos.

— Sua irmã vai viajar.

— E o que tem isso? Vai com uma amiga para uma chácara.

— Ou sítio? — perguntou, duvidando do destino da cunhada. — Essa amiga deve ter algum irmão interessante para ela se animar tanto assim...

— Cleide nunca foi de muitos amigos. Ter uma amiga já a deixava feliz. Sempre foi fiel às amizades. Ainda bem! Melhor do que só vê-la enfurnada no quarto, ouvindo música, debruçada sobre as revistas...

— É, pode ser... — finalizou Arlete desconfiada.

Capítulo 12

Alex ficou arrasado com aquela novidade. Ali, perdeu alguns minutos agachado, em lágrimas. Sentiu-se tão só que as pernas tremeram ao se levantar. Teve o cuidado de fechar as janelas, as portas e, já na rua, ao lado do carro, encontrou-se com um vizinho, um senhor que, pela saúde debilitada, parecia ser mais velho do que a idade que os documentos registravam. Sua vida resumia-se à televisão e aos passeios nos fins de tarde pela calçada, no quarteirão onde ficava sua casa. Por ser vizinho de Alex e Aracy, o senhor notou a movimentação na casa quando passou pela frente da residência e, embora não tivesse muito contato com o rapaz e Aracy e os considerasse misteriosos, não deixou de tecer comentários ao assistir à cena:

— Eu estava no meu banho de sol quando vi a mudança da sua casa. Vizinhos tão tranquilos... Já vão? Que pena!

— O senhor viu... viu a mudança? — perguntou Alex, ansioso pela resposta.

— Sim, vi. Um jovem comandava tudo. Pedia para os rapazes do carreto irem rápido. Dizia que estava com pressa. Não deixava de consultar o relógio.

— Um rapaz?

— Sim, não sabia da mudança? — o senhor fez uma pausa, deixando mostrar o rosto assustado com a possibilidade de ter presenciado um assalto. — O rapaz até se parecia com você. Ah! — começou a rir, como se aquela lembrança removesse as suspeitas. — Ele chamou sua avó de mãe.

"Lauro!", pensou Alex. Em seguida, perguntou ao senhor:

— Minha avó estava com ele?

— Não. Eu a vi saindo depois. Parecia sonolenta e estava apoiada por um casal, sendo que um deles usava um avental. Era bem carinhoso. Até achei que era da família. Eles colocaram-na no carro, cumprimentaram o rapaz e partiram.

— Não acredito que ele fez isso! — murmurou Alex irado, com o rosto vermelho, tomado pelo nervosismo.

— Você não sabia?

Alex forçou um sorriso para não preocupar o senhor, que, pela expressão do rosto, já havia passado por poucas e boas na vida. O jovem apenas apertou a mão do vizinho, desejou-lhe boa-noite e depois entrou no carro sem destino.

Parou o veículo a três quadras da casa onde viveu poucos meses de paz ao lado de sua avó. Do outro lado da rua, avistou um bar, e o calor fê-lo pedir uma bebida para refrescar-se.

Sentou-se a uma das mesinhas que decoravam a calçada do bar e ficou ali, parado, pensando no que fazer e como fazer para ter a avó de volta. Queria agir racionalmente, pois sabia que poderia se precipitar quando o assunto envolvia Lauro.

Há momentos na vida em que é preciso estar só, mesmo que vários pensamentos estejam presentes.

***

Rose, já no seu bairro, caminhava lentamente, refletindo sobre sua vida, sobre a revelação de que Abel era usuário de drogas, a rejeição de Inês, e, num impulso, resolveu que não queria aquela situação para sua vida. Como se o destino conspirasse para que aquele momento acontecesse, Rose entrou no bar, debruçou-se no balcão e pediu um refrigerante. Enquanto esperava a bebida, pegou o celular e começou a digitar uma mensagem. Decidiu que, assim como havia começado o namoro com Abel pela internet, terminaria o relacionamento pelo celular. E assim colocou um ponto final em sua história com o rapaz, em uma despedida triste, sentida, agradecida pelos bons momentos.

O balconista, simpático, entregou a bebida para a moça e ficou por alguns segundos observando a tristeza estampada em seu rosto jovem. Rose ficou olhando à sua volta, procurando um lugar para sentar-se, quando percebeu uma mão acenando em sua direção. Ela olhou e não pôde acreditar naquela coincidência. Sem jeito e também cativada pelo sorriso do rapaz, Rose caminhou até sua mesa. Era Alex. Mostrando-se simpático, tentando disfarçar a tristeza, o rapaz convidou-a para sentar-se à sua mesa. Rose, então, aceitou o convite.

— Acho que precisamos conversar... — os dois, quebrando o silêncio, falaram juntos. Instantes depois estavam sorrindo da situação. Havia algo puro na troca de olhares entre eles.

— Preciso pedir desculpas. Acho que fui muito grosseiro nas vezes em que nos encontramos.

Rose riu. Estava tão sensível que teve vontade de chorar. Com um leve sorriso, que realçou ainda mais a sua beleza, a moça apenas acenou a cabeça positivamente, e, diante do gesto, o jovem entendeu que ela havia aceitado suas desculpas.

A partir dali, começaram a conversar. Falaram um pouco de suas vidas e das aflições que vinham passando. Pareciam tímidos diante de relatos, mas queriam, intimamente, descobrir mais e mais sobre a vida um do outro.

Em certo momento, quando ele perguntou a Rose sobre o namorado, a moça deixou as lágrimas correrem pelo seu rosto, mas ainda assim tentou sorrir. Isso fascinou Alex, que se aproximou da jovem e, em um gesto leve, passou o polegar no rosto da moça, tentando cessar suas lágrimas. Houve um silêncio, um olhar mais intenso e, de repente, tudo o que acontecia em volta dos dois perdeu a importância. Alex aproximou-se do rosto de Rose, e os lábios dos jovens se encontraram. Ele envolveu-a em seus braços, o que fez a moça se sentir protegida, acolhida e a salvo das situações ruins que ultimamente a afetavam.

Rose desvencilhou-se do beijo e, completamente sem jeito, levantou-se apressada. Estava nitidamente desnorteada. Saiu do bar pedindo desculpas e, já à porta, percebeu que havia esquecido a bolsa. Voltou para apanhá-la e, ao fitar o rosto de Alex, pôde vê-lo sorrindo e ainda mais bonito.

"O amor embeleza a vida", pensava Alex rememorando a frase que sua avó sempre dizia e que estava certa. Estava, naquele momento, convicto do seu sentimento.

Rose já estava distante, perto de casa, quando se lembrou de que havia esquecido de pagar o refrigerante. Encostou-se à parede e, ainda envolvida em seus problemas, conseguiu rir ao lembrar-se do beijo de Alex.

***

Rapidamente, Igor deixou Andréa na esquina de sua rua, para não serem vistos juntos. A moça saltou do carro e caminhou, como se estivesse nas nuvens, com seus saltos altos.

Ele estava radiante. Sorridente, acelerava o carro no asfalto maltratado, cantando pneus, batendo com as mãos no volante, ignorando as lombadas e as ruas precárias. Tinha que devolver o automóvel, que pegou emprestado em troca de um favor, a um parceiro que tinha na vizinhança, por isso se apressava.

Radiante com o encontro, Andréa lembrava-se satisfeita do jantar e da mordomia do motel, tudo pago por Igor. Em nenhum momento, enquanto esteve com Igor, a moça comentou sobre os negócios do rapaz, e ele apenas falou, vagamente, sobre como era a vida de um empresário. Recordava-se, agora, de quando fechou os olhos para ouvi-lo falar, com a cabeça em seu colo, considerando aquele o mundo perfeito:

— Menina, a gente pode dar uma volta ao mundo. Na próxima viagem a negócios, nós pode ir de barco, num cruzeiro, vagando pelo litoral do Nordeste. Depois, vamos passar uma temporada na Europa... — iludiu-a Igor, com a voz macia. Fazia promessas na cama à moça, com o corpo unido ao de Andréa e envolvido pelos lençóis.

— Eu vou adorar fazer isso ao seu lado.

Agora Andréa estava caminhando pela rua, em direção à sua casa, despreocupada com o horário e com Kleber. Na verdade, a única preocupação que tinha em relação ao namorado era de deixá-lo. Estava certa de que havia encontrado o homem de sua vida, e esse homem tinha nome, endereço, carro, telefone e dinheiro.

Já era tarde quando passou pela casa de Rose. Pensou em chamá-la para compartilhar sua alegria, mas notou que tudo estava em silêncio e preferiu seguir para sua casa. Chegando lá, fechou o portão enferrujado com força, despertando a atenção dos moradores e dos cachorros vizinhos também.

— Quando for rica, casada com o Igor, não vou querer cachorro vira-lata. Só os pequenininhos, daqueles que cabem na bolsa. Vou desfilar no shopping com o cachorrinho na bolsa — resmungava sozinha, enquanto passava pelo corredor estreito que a conduziria até a edícula onde vivia com Kleber.

Andréa abriu a porta com sua chave e pensou que logo deixaria o namorado. Era questão de tempo. Para ela, o amor, se existiu um dia, já havia acabado.

A moça tirou os sapatos e, ao colocar os pés no piso frio, sentiu-se relaxada. Respirou fundo e jogou a bolsa sobre a tábua de passar, que mantinha ao lado da pia. Kleber apareceu logo depois, com o ferro nas mãos.

Ao vê-la, tomado pelo remorso da briga que acontecera pela manhã, o rapaz abriu um sorriso e foi abraçá-la com pedidos de desculpas. Andréa fez uma careta, sentindo repulsa pelo jovem.

O rapaz nem percebeu a reação da namorada. Era tão apaixonado que a ideia de perdê-la o deixava deprimido. Depois do abraço, ainda diante do silêncio da moça, ele pegou-a pelo braço e saiu puxando Andréa até o cômodo ao lado, onde havia uma mesinha minúscula, coberta por uma toalha, com dois pratos virados, talheres, um vasinho com as flores preferidas da jovem, e fê-la sentar-se. Havia improvisado um jantar para a namorada.

— O que é isso? Estou tão cansada, Kleber. Trabalhei até tarde... — iniciou a mentira.

— Fiz pra você o seu prato favorito. Macarrão ao molho branco.

Andréa começou a rir ao lembrar-se do prato maravilhoso, acompanhado de vinho e seguido de sobremesa, que havia experimentado no elegante restaurante para onde Igor a levara.

O rapaz continuou, seguindo Andréa no riso. Depois, ainda sem perceber o olhar de indiferença da moça, rematou, virando o prato à frente dela.

— Sei que está chateada comigo, por conta da discussão boba pela manhã. Eu queria te pedir desculpas, dizer que te amo...

Andréa fechou os olhos, distanciando-se por alguns segundos, e, quando os abriu, pôde ver no prato um cartão de crédito em seu nome.
— O que é isso?
— Fiz pra você. Espero que goste da surpresa. É nosso. Agora tem algo no nosso nome. Tem um limite... — fez uma pausa vendo a moça apreciar o cartão. — Sabe o que pensei? Agora com o cartão a gente pode ir para o litoral, para a Praia Grande, fazer um bate-volta no próximo fim de semana. Nem vamos precisar esperar o pagamento...

Andréa deu um sorriso forçado, que ele interpretou como um gesto de agradecimento, e levantou-se. Despiu-se e foi tomar banho. Quando saiu do banheiro, Kleber despejou a massa sobre o prato, para que a moça pudesse jantar.
— Obrigado. Estou com dor de cabeça e sem fome — desculpou-se Andréa.
— Vou preparar um chá pra você.

Andréa deitou-se na cama e fixou os olhos no teto mofado, rachado, com gesso despedaçado, alheia às recomendações de Kleber. Abriu um sorriso ao pensar em Igor, nas viagens prometidas, nos cruzeiros e nas idas à Europa.

***

Arlete não conseguia dormir naquela noite e pôde ouvir quando Rose chegou em casa. Percebeu a moça abrindo a porta, seus passos leves pela residência, a filha mexendo na geladeira, acendendo e apagando a luz. Chegou a se levantar para conversar com a filha, pronta para reclamar do seu dia dedicado a Silas, mas, ao aproximar-se da cozinha, viu a jovem de cabeça baixa, chorando e olhando para o celular. Arlete, tomada de uma coragem momentânea, deu dois passos em direção à cozinha e sentiu, naquele momento, vontade de acolher a filha nos braços, ceder o colo para Rose, mas recuou. Ela tinha havia muito tempo, criado uma resistência em relação à família, e por isso, naquele momento, pensou que o melhor era tentar dormir novamente. A mulher então cruzou os braços sobre o corpo, caminhou em direção ao seu quarto e pensou: "Que as lágrimas sejam capazes de te fortalecer, minha filha".

Na cama, Arlete acabou adormecendo. Despertou de madrugada e viu, do seu quarto, através da fresta da porta, a luz do corredor que levava à cozinha acesa. Levantou-se lentamente, enquanto Heleno roncava alto. Pôde ver, depois de abrir três dedos da porta, Cleide toda arrumada. Vestindo uma calça verde apertada e uma blusinha branca, que usara na última festa da casa, a mulher estava toda maquiada. Usava também sandálias novas, que deixavam à mostra suas unhas pintadas. Arlete logo esticou os olhos e pôde ver ainda as unhas pintadas e os anéis, que juntos ornavam as mãos da cunhada. Curiosa, a dona da casa saiu do quarto depois de ver Cleide se dirigir para o quintal, em direção à rua. Levava, além da bolsa, uma sacola grande, transparente o bastante para Arlete notar os potes de plástico recheados com as comidas que a cunhada cozinhara no início da noite.

— Chácara, com essa produção?

A desconfiança de Arlete aumentou quando, no decorrer do dia, atendeu a um telefonema da chefe de Cleide, que ligou da loja onde a mulher trabalhava.

— Não está. Parece que aproveitou a folga...

— Folga?! — interrompeu a chefe, em um tom grosso, como costumava tratar as moças que supervisionava na loja. — Que folga? Ela faltou, perdeu o dia de trabalho. Não é a primeira vez. Vou lembrá-la de que tem muita gente na rua querendo a fita métrica dela — disse, fazendo referência à fita métrica que as vendedoras usavam na loja, ora no bolso, ora no pescoço, para medir os tecidos a serem cortados de acordo com o gosto do freguês.

Arlete desligou o telefone convencida de que Cleide não havia falado a verdade. Duvidou até da existência da amiga de que tanto a cunhada falava. Agora uma dúvida maior aparecia: para onde ela foi e com quem?

Capítulo 13

Alex, depois de sair do bar, animado por ter reencontrado Rose, resolveu voltar para a casa que alugara para se refugiar com Aracy das armações de Lauro. Mal conseguiu dormir. Improvisou uma cama no piso frio com algumas peças de roupa que restaram daquela "mudança" repentina.

Ele sentia-se preso, sufocado pela ira, pela revolta, tanto que decidiu não procurar Lauro de imediato, porque sabia que faria alguma besteira.

No dia seguinte, despertou ao ver o reflexo do sol invadindo a sala em que dormia. Logo depois do banho, vestiu-se, sentindo a roupa colar-se ao seu corpo molhado. Tinha um destino: a casa onde nascera e na qual Lauro ainda morava.

A casa era grande. Um sobrado de dois andares, construído em um terreno amplo, com muito verde, folhagens e rosas, ao gosto de Aracy. Necessitava de uma pintura para reparar as imperfeições que o tempo vinha destacando, mas, ainda assim, tinha a sua beleza. Localizava-se em um bairro de classe média alta, de mansões cercadas por muros altos, cachorros valentes e ruas desertas.

— Um pouco cedo para visitas, não acha? — ironizou Lauro ao ver o sobrinho entrar pelo quintal, que conduzia os visitantes à entrada principal.

— Não sou visita na minha casa.

— Minha casa! — gritou Lauro.

— Nossa, então! — enfrentou-o Alex. — Fica melhor assim? Vou te lembrar, caso tenha se esquecido, de que essa é a herança do meu avô. Sou herdeiro da minha mãe, que não está mais aqui, então sou herdeiro direto também — fez uma pausa com cara de tédio, visivelmente descontente em rever Lauro, e perguntou: — Cadê a vovó?

— Viajou.

— Como viajou? Sei que a tirou da minha casa e a trouxe para cá.

— Chama aquilo de casa? Bem, ela nem quis ficar aqui. Eu a coloquei em um táxi, e ela viajou para o interior.

— Não acredito.

— Você quem sabe! Não estou te pedindo para acreditar em mim. Estou apenas dizendo a verdade.

— E os meus móveis, onde estão?

— Vendi! E não me olhe assim! Precisava de dinheiro. Além do mais, aquele amontoado de coisas de mau gosto não rendeu muito dinheiro. Foi pouco perto do que você me deve.

Alex pegou Lauro pelo colarinho, levantando-o do chão. Depois, vendo o sorriso cínico do tio, acabou soltando-o com força contra uma parede.

— Que dinheiro que te devo?

— De usar minha casa, morar e comer de graça e por quantos anos? Isso tudo é meu, não tem nada seu aqui. Herança do meu pai!

— Falou bem, herança, e não se esqueça de que também é da minha mãe, sua irmã, que já não está mais aqui, e sou o seu herdeiro legítimo. Quer saber? Esquece, não vou discutir isso com você. Não quer entender? O problema é seu, não meu.

— Não acho justo você se apossar como dono de tudo, usufruir da minha casa.

Alex riu. Depois foi entrando na casa enquanto dizia:

— Nossa casa — fez uma pausa, respirou fundo e concluiu: — Ok. Estou de volta. Como dizia o vovô: "Quando não pode com os inimigos, junte-se a eles". No meu caso, vou só ficar por perto. Estou de olho em você.

— Não tem lugar aqui pra você.

— Em uma casa desse tamanho?! Vou ficar até a vovó dar notícias, voltar...

Lauro saiu bufando, furioso. Não queria ter o sobrinho de volta, pois precisava mantê-lo longe para que seus planos dessem certo.

Alex entrou em casa e sentiu vontade de chorar. Voltar àquele lugar era reviver os bons momentos, rever o sorriso de sua mãe, os passos do seu avô, o carinho de Aracy. Mas voltar àquela casa significava também rever tudo o que Lauro havia aprontado, a dor que ele causou...

O jovem permaneceu ali, no meio da sala, desnorteado, pensando na surpresa de não encontrar a avó e de deparar-se apenas com o cinismo do tio. Era pouco provável que a avó tivesse realmente viajado. Naqueles segundos, Alex recordou-se da última vez em que conversou com Aracy. Ela estava tão bem. Por telefone, a senhora, emocionada, contou ao neto sobre o seu encontro com Márcia no centro espírita e o quanto se sentia aliviada depois da conversa que teve com a palestrante. Por isso, o rapaz decidiu ir até o centro para tentar buscar informações sobre a avó.

Alguns minutos depois, Alex estacionou o veículo e desceu apressado, sem dar importância ao homem que cuidava dos carros na rua. Diante da porta de acesso do centro, tirou os óculos escuros e, na recepção, perguntou por Márcia.

— Ela está no segundo andar. Passou hoje aqui para apanhar um livro, mas não é dia dela. Você deu sorte em encontrá-la.

— Sorte? — repetiu Alex, esboçando um riso nos lábios. — É do que estou precisando. Vou procurá-la. Muito obrigado.

Não teve dificuldades em encontrá-la. Conforme a recepcionista havia comentado, Márcia estava de saída quando foi abordada pelo jovem, que rapidamente relatou o acontecido após os cumprimentos e as apresentações.

— Minha avó, segundo meu tio, viajou. Achei estranha essa história, porque ela saiu daqui tão bem e não me falou nada sobre querer viajar. Desculpe-me por vir procurá-la assim... Estou aflito com essa notícia, e o Lauro, meu tio...

— Sei quem é. Aracy me contou sobre ele — disse num tom doce, capaz de apaziguar uma guerra. — Vamos até a lanchonete. Podemos tomar um café lá e conversar melhor.

O rapaz concordou e, no caminho, elogiou as palestras de Márcia. Em algumas oportunidades, chegou a acompanhar a avó até o centro e sentiu-se muito bem lá. Márcia deu um sorriso de agradecimento, e depois caminharam até uma das mesas para conversar.

— Como você foi a última pessoa com quem minha avó conversou antes de falar comigo ao telefone, gostaria de saber se ela comentou algo sobre querer viajar ou voltar a morar com o Lauro.

— Não. Ela saiu daqui confiante de que havia escolhido o caminho certo ao decidir acompanhar você... Você é um anjo que Deus colocou na vida dela. Sinceramente, pelo que contou da vida, não sei se sua avó teria forças para suportar tudo sozinha.

— Nossa vida é de muitas perdas, tristezas, de sentimentos avessos ao amor.

— Como muitas vidas, meu querido... Como muitas pessoas que sobrevivem às perdas e aprendem a crescer com os acontecimentos. Eu conversei pouco com a Aracy, mas o bastante para ter certeza de que ela não saiu daqui com a intenção de deixá-lo.

— É, foi o que imaginei. Desculpe-me tê-la procurado. Eu só queria ter a certeza de que essa ideia insana de voltar a morar com meu tio não tinha passado pela cabeça dela. Lauro agrediu minha avó. Estava drogado, queria dinheiro... Acho que ela deve ter lhe contado tudo o que vem acontecendo na nossa família — Alex notou a confirmação de Márcia e prosseguiu: — Por isso não consigo ver minha avó voltando a viver naquele cenário. Meu tio está tomado por um vício desenfreado.

— A explicação pode estar em outras vidas. Ele pode estar trazendo esse vício de outras vivências. E deve ser algo tão forte que seu tio não consegue se livrar...

— E por que a gente tem que participar disso? Sinceramente, eu não entendo.

— Talvez para demonstrar um amor que ele não teve antes. Aracy, vindo como mãe dele, tem a oportunidade de demonstrar amor e também de mostrar que é capaz de perdoá-lo de alguma pendência passada, que eles possam ter tido em outras vidas. Cabe a ele perceber que não são mais aquelas pessoas. Talvez foram espíritos presos ao rancor e à indiferença. Somos espíritos sempre em evolução, capazes de aprendizagem e com um entendimento maior dos valores que nos cerca, daí a compreensão dos fatos.

— Mais amor do que minha avó demonstra?! Não consigo vê-la sofrendo daquele jeito. Não vejo como obrigação ela ficar ao lado dele, se torturando, sofrendo.

— Realmente, como disse, somos espíritos livres. A pendência é dele, não dela. Ele que tem que resolver a pendência pelo caminho do amor, do contrário irá afastar as pessoas de boa vontade e que gostam dele. Como eu disse a Aracy: não foi ela que se afastou dele; ele é que vem se afastando por causa de suas atitudes. Não podemos assumir o risco das escolhas do outro.

Conversaram por mais alguns minutos, e Márcia, pacientemente, tentou acalmar o jovem. Quando, por fim, se despediram, Alex saiu mais leve e certo de que tinha uma tarefa: procurar sua avó.

Chegou em casa exausto. Pelo silêncio, notou que estava sozinho e agradeceu por isso. Assim que subiu dois degraus da escada que o levaria para o andar superior, o telefone tocou. Alex fazia planos de ligar para o trabalho e alegar algo para não comparecer à empresa. Pensava em passar o dia em uma cama de verdade, para recuperar-se dos momentos tensos por que passara. Pensou em não atender a ligação, mas depois resolveu voltar e sentiu suas pernas bambearem depois de ouvir o alô proferido do outro lado da linha:

— Desculpe-me, não entendi... De onde?
— Clínica de Repouso Santa Luíza. O senhor Lauro...
— Ele não está. Posso ajudar em algo?

Alex ouviu a ligação ser interrompida.

Ainda com o fone suspenso no ar, passou pela cabeça de Alex a suspeita de que Aracy estava naquela clínica. Jogou o aparelho com força no chão, sentindo raiva por não ter questionado mais, especulado para descobrir alguma informação, pois não via motivo de uma clínica de repouso estar atrás do tio.

Alex, depois de alguns segundos paralisado, subiu as escadas de dois em dois degraus com um pensamento: precisava descobrir o paradeiro de sua avó.

***

    Enquanto o dia estava radiante para Andréa, não se podia dizer o mesmo de Rose. A moça ainda sofria, em silêncio, pela descoberta do envolvimento de Abel com as drogas. Apesar de ter terminado o relacionamento pelo celular, sentia que aquele amor ainda não havia findado. Como desejava remover do peito aquela angústia que sentia, assim como o amor que acreditava sentir por Abel. Ao mesmo tempo, lembrar de Alex fazia a jovem sorrir sem perceber.

    Rose sentiu o celular vibrar e viu o nome de Abel aparecer na tela. Não se sentia bem para atendê-lo, embora sentisse saudade e vontade de estar ao seu lado. No entanto, ao recordar-se de que o rapaz era usuário de drogas, fazia valer a sua decisão de deixá-lo.

    Mesmo lidando com tantos problemas, Rose, sempre profissional e sorridente, procurava de todas as formas não transmitir suas preocupações aos clientes da loja. Sempre os atendia muito bem. Naquele dia, enquanto Rose dobrava as roupas que voltariam para as prateleiras, aguardando a chegada de novos clientes, e a amiga trocava mensagens no celular com Igor, um rapaz chegou com um ramalhete de rosas para Andréa. Rose animou-se ao dizer:

— Como o Kleber está romântico. Subiu no meu conceito. Não sabia que ele, naquele revestimento rústico, fosse capaz de tal gesto.

— Flor, nem me fale. Quando cheguei em casa ontem, ele havia preparado um jantar especial, com direito à convite para uma viagem para o litoral...

— Nossa, e agora manda rosas! Muito legal. Deveria dar valor a esse amor.

— Amiga, não me comoveu aquela mesa malfeita ao lado da tábua de passar roupa. Ah, e a viagem é para um bate-volta no litoral — falou fazendo uma careta.

— Mas ele mandou rosas, e são tão lindas! Deveria agradecer — aconselhou, enquanto via a amiga, séria, pegar o cartão entre as rosas. Logo que Andréa o abriu, seu rosto foi tomado por uma alegria que Rose não acreditou.

— Nossa, o Igor mandou rosas pra mim! Não posso acreditar. Que cavalheiro. Isso sim é um homem de verdade.

— Igor? Não acredito que saiu de novo com um desconhecido! Você não tem jeito. Nem me conte mais nada — depois, vendo a empolgação da amiga, perguntou: — O que ele faz da vida?

— É empresário — respondeu séria, rapidamente, ao mesmo tempo em que se lembrava das recomendações de Abel.

Rose, mais uma vez, tentou aconselhar a amiga, mesmo sem saber quem de fato era Igor. Se soubesse, teria ainda mais argumentos para aconselhar Andréa a se afastar do rapaz. Se soubesse...

Durante aquela conversa, Rose sentiu necessidade de desabafar, por isso contou a Andréa sobre o encontro que tivera com Alex e todos os detalhes.

— Você beijou o rapaz que salvou o Silas? Aquele bonitão do hospital? Me conte tudo, amiga! Flor, quero saber todos os detalhes!

Assim Rose contou tudo sobre os últimos acontecimentos, poupando a amiga apenas dos detalhes referentes a Abel. Apenas disse que tinham rompido o namoro e mais nada.

***

Inês estava eufórica na ligação. Não conseguia nem se sentar. Ficou em pé, andando de um lado para o outro na sala, atenta ao telefone sem fio. Levava no ombro um pano de prato que constantemente era ajeitado para não cair. Estava com um sorriso contagiante, tanto que Mafalda entrou na sala e, ao ver a animação da filha, começou a sorrir também.

— Pode deixar... Sim, lógico. Vou avisá-lo. Pena que foi ao mercado agora cedo. É um menino esperto. Pronto para oportunidades — foi interrompida, ouviu por alguns segundos e finalizou: — Tudo bem. Obrigada, muito obrigada.

Desligou o telefone dando saltinhos de alegria.

— O que foi, mulher? Ganhou algum prêmio?

— Melhor! Era da empresa em que o Abel fez entrevista ontem. Ele passou, mamãe. Ligaram para avisar e já informaram o dia em que ele deve levar os documentos...

— Que boa notícia — fez uma pausa e depois, pensativa, perguntou: — Você falou que Abel estava no mercado, mas ele está dormindo...

— E como vou falar isso! Não posso. Tenho que passar a imagem de que está disposto a enfrentar o trabalho. Falando nisso, vou acordá-lo.

Voltou em poucos minutos, puxando o filho pelo braço. O rapaz estava ainda sonolento, com o corpo dolorido, ainda sob o efeito da abstinência das drogas. O corpo pedia água, sentia uma leve dor de cabeça, e muita vontade de não estar naquela sala.

Mafalda estava no quintal, contando a novidade para Evinha, que, pendurada na escada, com os braços apoiados no muro, pôde ver Abel e foi logo elogiando:

— Parabéns, Abel. Dois trabalhos hoje em dia: conseguir um emprego e se manter nele. Juízo, viu? Nada de fazer bobagem.

— Fala de um jeito como se ele não tivesse ficado no emprego anterior por ter feito algo errado — reclamou Inês, com cara feia.

— Não foi isso que eu quis dizer, vizinha — remendou Evinha, já ciente dos motivos da demissão do rapaz. Abel havia desabafado com seu filho e ela logo soubera de tudo que acontecera com detalhes. — Tenho um jovem em casa, sei bem como é.

Inês não disse mais nada, estava feliz o bastante para ignorar os comentários da vizinha. Pediu licença para Evinha e puxou Mafalda, pelo braço, para dentro de casa. Depois, quando se certificou de que a vizinha havia desaparecido do outro lado do muro, foi logo dando bronca em Mafalda:

— Precisava contar pra ela, mamãe?

— Era segredo? Cada coisa que você tem, Inês! Era uma novidade boa, tinha que compartilhar! Já te disse que não sou um baú para guardar segredos. Não sou mesmo!

Abel estava naquele momento sentado no sofá, com uma xícara de café entre as mãos e com o olhar distante, assim como os seus pensamentos. O jovem estava tenso por conta da mensagem de Rose. Não admitia o fim do namoro, mas também não tinha forças para pensar em como reverter a situação. Agora, sua mãe e sua avó faziam festa pela conquista do emprego. Ele, no entanto, não demonstrava nenhuma emoção por ter conseguido o trabalho. Logo após a entrevista, na saída da empresa, Abel usou maconha, e com o passar dos minutos, sob o efeito da droga, se descobriu sorrindo, tomado por uma felicidade inexplicável. No entanto, como sempre ocorria, era um efeito efêmero, que, quando passava, deixava um vazio, uma sensação estranha, o corpo pesado, uma vontade de chorar, além da fome descontrolada.

Rose não saía dos pensamentos do jovem. Apanhou o celular e ligou para ela. A ligação caiu na caixa postal, então Abel deixou um recado. O rapaz, repentinamente, levantou-se apressado e caminhou em direção ao quarto. Apanhou uma camisa, uma calça, algumas roupas que estavam no cabide e as jogou sobre a cama. Inês, ainda tomada pela felicidade da notícia do novo emprego do filho, sem perceber a indiferença do rapaz, entrou sorrindo no quarto de Abel e foi logo perguntando:

— Meu filho, você vai sair?

— Sim, vou me encontrar com Rose.

— Meu querido, por que insiste? Acho que perdeu o emprego por causa dela, tem chegado tarde, agora se queixa do estômago...

— Não tem nada a ver...

— Ela é um estorvo na sua vida, um peso. Só te atrapalha. Livre-se dessa moça. Você é tão bonito, capaz de arrumar alguém à sua altura. Por que insiste em ficar na companhia dela? Uma mãe solteira!

— Que eu amo. Eu amo a Rose. Não entendeu ainda?!

— Meu querido, desde que começou a sair com essa moça vem se comportando de forma estranha. Aposto que é por influência dela! Não suporto...

— Eu que não suporto a sua intromissão. Não me interessa a sua opinião a respeito dela — gritou Abel, enquanto se trocava na frente da mãe, já terminando de abotoar a camisa e calçar os tênis. — Eu gosto dela, e o que você diz não vai mudar o que sinto — falou e foi saindo, sem olhar para trás.

— Os documentos, Abel. Precisa levar...

Inês saiu atrás do rapaz, fazendo recomendações e tentando ainda convencê-lo de que Rose não era mulher para ele. O rapaz passou por Mafalda e deu-lhe um beijo no rosto. Já no portão, Inês parou de falar e ficou em silêncio, vendo o filho sair pelo portão sem dar-lhe um beijo ou dizer-lhe uma palavra qualquer. Ela, com lágrimas nos olhos, foi quem falou, baixinho, tomada pela tristeza:

— Vá com Deus, meu filho.

Capítulo 14

Alex, depois de desligar o telefone, foi direto para o computador para acessar a internet. Ficou um bom tempo pesquisando o nome da clínica, mas não conseguiu descobrir nada. Aos poucos, começou a desanimar em meio às prateleiras de livros que forravam a biblioteca da casa. O lugar cheirava a livros. O lustre antigo remetia ao início do século passado, assim como as cadeiras de couro, as almofadadas, que, confortáveis, auxiliavam nas viagens proporcionadas pela leitura. Um dos cantos foi adaptado a itens da modernidade. Havia lá computador, impressora e mais alguns acessórios tecnológicos.

    O rapaz saiu desanimado da sala, com a certeza de que a clínica era clandestina, o que aumentava as chances de sua avó estar sendo mantida naquele lugar. Só de pensar que ela poderia estar passando por alguma necessidade, ele ficava enfurecido. Depois que saiu do cômodo, foi até a cozinha. Um lugar amplo, arejado, com design moderno. Lá, serviu-se de água. Enquanto bebia, lembrou-se da época em que a casa era servida por cozinheira, copeira, motorista e segurança. Era o auge da família Senhorine. Mas, com a morte do patriarca, aliada ao vício devastador de Lauro, tudo foi se esgotando, evaporando com o tempo, e só restaram as saudades.

    Subiu as escadas no intuito de descansar o corpo. Havia dormido mal, preocupado. Fora ao centro conversar com Márcia, depois dedicou um bom tempo à pesquisa de informações sobre a clínica. Tudo em vão.

A caminho do seu quarto, Alex passou pelo quarto de Lauro. Depois de bater na porta, entrou. O silêncio predominava. Tudo estava bagunçado, revirado. Uma parte dos móveis estava quebrada, revestida de pó, e as cortinas esta rasgadas. Teve a sensação de estar em outra casa, diferente daquela onde vivera um dia. Como se não bastasse a decadência da mobília, o cheiro de cigarro e álcool era forte o bastante para fazê-lo querer sair dali. Mas, quando deu as costas para sair do lugar, notou uma pasta no chão, em meio à bagunça das roupas, e abaixou-se para apanhá-la. Correndo os olhos pelo quarto, pensava em onde poderia colocá-la. Viu uma cômoda em estado lastimável, com roupas para fora da gaveta. Abrindo-a, arrumou as roupas e colocou a pasta sobre o móvel. Dentro da gaveta, notou um papel dobrado que chamou a sua atenção. Nele estava escrito o nome da clínica e o telefone. Alex sentiu um sorriso aparecer em seu rosto e, ao mesmo tempo, desaparecer, quando ouviu a voz de Lauro vindo da porta:

— Posso ajudar, sobrinho querido? Por que está mexendo nas minhas coisas?

***

— Preciso conversar com você.

— Agora? Nem pensar. Andréa está no banco e pode chegar a qualquer momento. Depois vê a gente assim, vai ficar especulando.

— O que me importa o que ela pensa? É com você que preciso falar.

— Não posso agora. Estou trabalhando, não vê? — respondeu Rose ríspida, arrumando as peças de roupa sobre o balcão, evitando olhar para Abel.

— Sei que está chateada comigo.

— Não deveria estar? — perguntou cortante, agora olhando para o rapaz. Havia lágrimas em seus olhos. — Descubro que o cara que amo é usuário de drogas e mentiroso...

— Não sou mentiroso.

— Não é?! E quando iria me contar essa novidade? Na festa de noivado, na lua de mel, em que ocasião especial me contaria? Abel, eu quero um homem ao meu lado, não um moleque.

— Eu te amo.

— Não basta! Será que não entende? Acho que não temos que continuar, vamos parar por aqui. Não leu minha mensagem? Fim. Acabou!

— Eu vou deixar as drogas. Foi só um lance de brincadeira...

— Brincadeira, Abel? Não se brinca com fogo e estiletes sem se ferir — fez uma pausa. — Brincadeira?! E, quando viu, estava dominado por isso. Não sou uma leiga no assunto. Tive amigos que se perderam, que morreram de overdose. Se ficar ao seu lado, posso acabar passando por isso. Não quero!

Abel, com a voz suave, deu a volta no balcão e abraçou Rose, que mantinha a cabeça baixa e chorava. Ele afastou os cabelos da moça e beijou levemente o seu pescoço. A moça sentiu o corpo estremecer diante do calor que sentia emanar do rapaz.

— Eu te amo, menina. Confie em mim.

A moça, tomada pelo que considerava ser o amor, retribuiu o carinho.

***

Alex conseguiu disfarçar sua preocupação diante de Lauro, que, rindo, sempre irônico, começava a se aproximar do rapaz. Alex, rapidamente, caminhou em direção ao tio, apanhou a pasta que estava sobre a cômoda e entregou a Lauro.

— Estava no meu quarto. Deve ser sua — o rapaz ficou observando Lauro analisar a pasta e, enquanto isso, aproveitou a distração do tio para guardar o papel com o telefone da clínica no bolso.

— São bobagens — disse Lauro, tirando os papéis da pasta e rasgando-os. Rindo, ele jogava os pedaços pelo quarto.

Alex logo percebeu que o tio estava sob efeito de álcool e possivelmente de drogas. E o que mais doía era imaginar que o dinheiro que usara para isso fora fruto da venda dos seus móveis.

Alex não disse mais nada. Saiu do quarto, ignorando os absurdos que Lauro falava. Já no corredor, pensando em sair da casa, Alex voltou e falou com Lauro, em tom amistoso, para passar confiança:

— A vovó deve estar muito bem no interior. Acho que faz bem ela ficar um tempo por lá.

— Finalmente! Aplausos para você, meu sobrinho! — falou, sem olhar para Alex, batendo palmas. Estava, naquele instante, deitado na cama bagunçada.

— Quem sabe não deseja morar lá? Acho que vai ser bom pra ela — finalizou, saindo do cômodo.

Satisfeito, Lauro convenceu-se de que o rapaz acreditara nele, na história que inventara sobre Aracy.

Alex saiu da casa a passos largos. Antes, ele teve o cuidado e tirar o fio do telefone da tomada. Apanhou o carro e parou quando se viu distante daquele lugar. Dentro do automóvel, com os dedos trêmulos, digitou no celular o número que tinha no papel amarrotado.

— Clínica de Repouso Santa Luíza, boa tarde — falou uma voz ríspida.

— Boa tarde — fez uma pausa, distanciou um pouco o aparelho da boca, e mentiu: — Meu nome é Lauro, sou filho da Aracy.

— Está dando trabalho. Tentou fugir daqui. Senhora rebelde. Não nos havia dito o quanto ela era difícil!

Alex sentiu um nó na garganta, uma vontade de chorar, mas continuou firme:

— Ela não é fácil mesmo.

— Dei uns remédios pra ela. Está dormindo desde ontem. Um sossega-leão daqueles. Vai sair caro, viu? Vai entrar na próxima diária.

— Pode deixar, será bem recompensada — Alex pensou que Lauro, com certeza, não tinha a intenção de voltar à clínica. — Preciso do endereço daí.

— Endereço? — perguntou seca, desconfiada.

— É, preciso mandar umas roupas pra ela. Não vou até aí. Ela não merece visitas. Está, pelo que falou, muito mal-educada — Alex pôde ouvir uma risada escandalosa, com a qual teve que comungar. — Vou mandar um portador.

A mulher do outro lado da linha nem o deixou argumentar mais. Foi logo passando o endereço, referências e tudo que ele precisasse para chegar ao local.

Alex desligou o telefone sorridente, tendo em suas mãos o endereço de onde estava Aracy. Iria, finalmente, poder salvá-la.

A moça, algum tempo depois de falar com Alex, sob o nome de Lauro, ligou para a casa dele, para avisar que Aracy não estava passando bem, tomada por uma febre repentina, que a preocupava. Não queria que ninguém morresse na clínica. Essa era a preocupação dos dirigentes do local. Depois de alguns segundos chamando, a ligação caiu. A mulher ficou tensa. Não desistiria, pois precisava falar urgentemente com Lauro. Decidiu que tentaria falar com o rapaz a qualquer custo até ser atendida. Estava muito nervosa.

E ficaria ainda mais nervosa se descobrisse, depois de anos ganhando dinheiro naquela clínica clandestina, que havia sido enganada.

***

Inês deixou o portão depois de perder Abel de vista e caminhou em direção ao interior da casa. Estava cabisbaixa, em um misto de felicidade pelo filho ter conseguido emprego e tristeza pela forma como vinha se comportando. Era um jovem bonito, animado, educado, mas, nos últimos meses, vinha se transformando. E Inês, sempre cismada, colocou na cabeça que Rose era o motivo da perdição do filho, responsável pela intolerância que o menino apresentava.

— Faz um chá pra ele, Inês! — sugeriu Evinha, do alto do muro, trepada em uma escada, como fazia de costume. — Eu vi como estava nervoso quando passou por aqui.

Inês nem ficou surpresa. Chegou, certa vez, a brincar com Mafalda:

— Mamãe, feche a janela do banheiro, porque tirei a cortina e é capaz da Evinha aparecer na hora do banho para fofocar.

Agora estava ali, no quintal, ouvindo conselhos da vizinha. Inês sentia-se sem forças para retrucar. Apenas riu. Estava dando as costas quando Evinha destilou:

— Menina, como as coisas estão perigosas. Estava ouvindo no rádio agora que um menino perdeu o emprego e começou a vender as coisas de casa por causa de drogas.

— Credo! Onde foi isso?

— Não sei os detalhes. Peguei a matéria andando — Evinha sorriu e começou outro assunto, desta vez sobre uma vizinha. — Soube da mulher do sobrado amarelo? — vendo a negativa de Inês, ajustou a alça da camiseta e continuou: — Fugiu de casa e deixou os filhos com o marido.

Inês não estava interessada naquelas histórias contadas pela vizinha. Seus pensamentos, sempre preocupados, estavam em Abel. Evinha sabia das armações do rapaz, porque o seu filho, que era amigo de Abel, contou em detalhes o que vinha acontecendo com o jovem. Por maldade, fazia insinuações. Não tinha a intenção de alertar a vizinha, que chamava de amiga, sobre o que acontecia com Abel. Queria apenas ver o circo pegar fogo, para assistir ao espetáculo do alto de sua escada.

— Parece que a mãe dele veio às pressas da Paraíba para ficar com os netos. Já pensou? Uma mulher deixar o marido com os filhos para fugir com outro?

Evinha era assim. Estava sempre preocupadíssima com a vida alheia e não se dava conta de que a sua estava naufragando.

Capítulo 15

Alex podia ver o seu sorriso refletido no retrovisor do carro, enquanto dirigia em direção à clínica onde Aracy se encontrava internada. Seus pensamentos também estavam fixos em Rose, naquele encontro, no beijo. Tudo aquilo o deixava fortalecido, ao mesmo tempo que não tê-la deixava-o triste. De fato, sabia onde a jovem morava, mas não trocaram telefone, não deixaram nada marcado. Na estrada, quando estava se aproximando do local onde funcionava a clínica, foi tomado pela ansiedade. Sentiu as mãos suarem e o coração aos saltos. Era como se sentisse Aracy cada vez mais próxima. Imaginar que ela poderia estar em perigo deixava-o triste.

Chegando lá, pensou estar no lugar errado. Depois de confirmar o endereço, viu, no entanto, que estava certo. A clínica, situada em uma chácara, parecia um imóvel particular. Na porteira estava escrito apenas Chácara Santa Luíza. Ao ter certeza do local, logo na portaria, pensou em se passar por um estudante de jornalismo, mas logo descartou a possibilidade. Se a clínica fosse mesmo clandestina, não seriam simpáticos em receber um estudante que poderia levantar suspeitas sobre o local. E nisso Alex estava certo. Por isso, decidiu passar-se por um portador de Lauro. Viu dois seguranças e pensou: "Meu Deus, como vou sair com minha avó daqui?". E, como um enviado de Lauro, recorreu ao porta-malas, onde havia umas sacolas de roupas remanescentes da avó, e disse na recepção que eram para Aracy.

— Pode deixar aqui comigo — disse uma mulher nada simpática, que, pela voz fina e antipática, o rapaz deduziu não ser a mesma com quem falara horas antes ao telefone. A mulher falou sem olhar para ele. E, ao percebê-lo ainda em pé, levantou a cabeça, dizendo: — O que foi, rapaz? Não ouviu?

Alex sentiu medo ao ver o seu rosto, mas, ainda assim, foi firme e começou a pôr em prática sua farsa para ter acesso à avô.

— Gostaria de vê-la.

A mulher estudou o rosto do jovem e recordou-se da indiferença de Lauro quando visitou a clínica para reservar uma vaga para a mãe. Era mais um daqueles filhos despreocupados, apenas interessados no dinheiro que a mãe poderia disponibilizar com a sua ausência.

— Sou primo do Lauro. Distante, mas gosto da Aracy — mentiu Alex, com cuidado para não ser descoberto, já que receava que Lauro tivesse preparado a clínica para uma provável visita do neto, o que estragaria seus planos.

A mulher acreditou na justificativa do rapaz e, sem falar nada, levantou-se e fez um gesto com a cabeça para Alex segui-la. O rapaz prontamente assentiu e, um passo atrás da mulher, que usava um avental amarelado e comprido, alcançando os joelhos, a acompanhou. Quebrou o silêncio ao chegar à porta de um dos cômodos que, como o corredor que os conduzia, carecia de reformas, visto que as paredes estavam mofadas e descascadas, o que deixava à mostra as camadas de tinta que já as haviam revestido.

Alex ficou enjoado com o cheiro que sentiu ao se aproximar do quarto, depois que a mulher que o recepcionara abriu a porta. Estava abafado, e seus olhos percorreram rapidamente todas as camas à procura de Aracy. Sentiu vontade de chorar ao ver o estado em que muitos ali se encontravam. Um senhor, ao vê-lo passar, levantou uma das mãos. Quando Alex ia se aproximar do homem, a mulher da clínica, que o acompanhava em cada passo, adiantou-se e bateu na mão do rapaz. O jovem teve vontade de empurrar a mulher, mas se conteve. Sentiu os olhos lacrimejarem ao ouvir um gemido do senhor ao se recolher na cama, virando o rosto para o travesseiro.

— Está ali. Olhe lá — apontou a mulher em um tom sério e sem emoção.

"Meu Deus! Minha avó!", pensou Alex, controlando a emoção. O rapaz, sem dizer nada, deu passos rápidos até a cama, onde Aracy estava deitada, e pegou a sua mão. A vontade que tinha era de beijar e abraçar a avó, de sair correndo daquele lugar horroroso, mas permaneceu por alguns segundos segurando as mãos de Aracy. Ela estava com os olhos abertos, mas, sob efeito de medicamentos, não conseguiu reconhecer o neto de imediato. Quando percebeu que era Alex, teve uma reação de alegria, mas, contida pelo medicamento e vendo o neto piscar o olho para ela, procurou se controlar. Ela sabia que estava ali por causa de Lauro. O rapaz, depois de um tempo, percebendo que a mulher da recepção bufava impaciente ao seu lado, notou que a avó estava quente.

— Ela está com febre. Está muito quente!

— Está. Estamos tentando falar com o Lauro, mas não conseguimos. Ela foi medicada. Espero que fique boa. Mortes sempre causam transtornos... — falou friamente. — A febre dela não cessa.

— Chamaram um médico?

— Está viajando — falou apressada.

Alex percebeu que a mulher mentia.

— Vou levá-la — Alex falou de imediato. Depois, diante do silêncio que se formou, o rapaz emendou. — Vou ligar agora para o Lauro. Acho que o meu primo não vai se opor em levá-la, diante dessa situação — falou, pegando o celular para simular uma ligação para o tio. — Lauro, como vai, meu primo? Estou aqui na clínica, trouxe o que pediu para a tia... — falava apressado, sentindo o suor escorrer pela testa. Temia ser descoberto a qualquer momento. Naquele instante, pensou na possibilidade de Lauro descobrir o telefone fora do gancho e alguém ter ligado da clínica para informar o estado de Aracy.

A mulher, que o acompanhava, permaneceu ao lado dele, com as mãos nos bolsos, o olhar superior, ignorando o chamado dos outros velhinhos, que também ocupavam o cômodo. Estava, assim como outros funcionários da clínica, preocupada com o estado daquela senhora. E se piorasse? Por isso aceitou facilmente que Alex contatasse Lauro.

— Ele pediu que a levasse.

A mulher sacudiu os ombros e do quarto mesmo gritou o nome de outra mulher, chamando-a. Segundos depois, ela apareceu. Aparentemente, era a mulher com quem Alex havia conversado pelo telefone. Ele reconheceu-a pelo tom de voz e pela estupidez. O rapaz, temeroso, falou pouco para não levantar suspeitas. O medo de ser descoberto aumentou ao vê-la entrar no quarto e mais ainda quando o olhou de cima a baixo. Depois, virou as costas e foi dizendo:

— Melhor assim. Não quero problemas.

Alex tratou de ajudar a avó a levantar-se. Aracy estava muito febril e quase desmaiou quando ele a levantou da cama. O rapaz, rapidamente, pegou as coisas de Aracy e saiu do lugar apressado e agradecido. Naqueles minutos, lentos assim como os passos da avó, o rapaz desejou que ela caminhasse mais rápido. Ele podia perceber os olhos desconfiados da mulher da recepção sobre ele.

Ele estava certo. A mulher da recepção achou o rapaz muito feliz ao tirar Aracy da clínica e nutriu-se de desconfiança. Estava na porta, vendo o jovem praticamente arrastar a senhora nos braços, e, quando o perdeu de vista, a outra mulher chegou gritando. Estava pálida.

— Acabei de falar com o Lauro.

— E daí? O rapaz também conseguiu. Fez a ligação na minha frente.

— Falei com o Lauro agora e...

— Diga logo, mulher! Desembuche! O que aconteceu?

— Fomos enganadas. Ele não autorizou a saída da Aracy da clínica.

A mulher da recepção parecia ter sido tomada pela ira. Ficou furiosa com a revelação. Falou diversos desaforos e saiu correndo pela chácara, pedindo ajuda para um dos seguranças do local.

— Peguem o moleque!

***

Rose desceu do ônibus e ajeitou a bolsa no ombro. Era fim de tarde e o sol, por conta do verão, estava quente e intenso. Era possível ainda sentir a sensação térmica do sol ao meio-dia.

Estava, como sempre, apressada para apanhar Silas na creche. Apesar de cansada, para ela era uma satisfação buscá-lo.

O menino era muito inteligente e sempre a surpreendia com perguntas que ela muitas vezes não conseguia responder. Vê-lo caminhando em sua direção, correndo, alegrava-a e fazia a moça esquecer seus problemas. O sorriso do menino era como um bálsamo. Lamentava que Arlete não tivesse paciência e carinho com a criança. Rose achava que a mãe tinha obrigação de ter afeto por Silas.

Rose encostou-se ao portão e esperou Silas chegar. Observava, enquanto isso, alguns pais, mães, tias, avós buscarem suas crianças e notava a alegria de uns e a indiferença de outros diante delas. Pais amorosos abraçavam e beijavam seus filhos, perguntando sobre seu dia, enquanto outros mantinham-se indiferentes. No máximo, saíam puxando-os pelas mãos, sem dar atenção às histórias que os pequenos contavam. Alguns, a passos curtos, corriam com a mochila nas costas para alcançar os parentes. Uma das crianças da escolinha saiu correndo para atravessar a rua, tentando alcançar a mãe, que já vinha ocupada com outros irmãos e com seus problemas, sem se dar conta de que o menino quase ia ser atropelado.

A cena que havia acabado de presenciar fez Rose recordar-se de Alex, da sua preocupação, do seu zelo em cuidar, abraçar a causa. A lembrança do rapaz fez brotar em seu rosto um sorriso, e, quando se deu conta disso, ficou surpresa com a situação. Lembrou-se também que Alex a fez sorrir diante das preocupações que vinha guardando nos últimos tempos, principalmente da relação de Abel com as drogas. Amava-o muito, ou pelo menos acreditava que o sentimento que tinha por ele era amor, por isso acabou aceitando reatar o namoro, acreditando na promessa do jovem.

Em meio a tudo aquilo, Rose foi despertada por uma das tias da creche. Era uma mulher habitualmente simpática, de cabelos crespos, soltos sobre a camiseta personalizada, com o nome da creche em evidência. Naquele dia usava calça jeans e um chinelo rasteiro, que arrastava pelo piso em um movimento irritante. A mulher, perto dos seus quarenta anos, era comumente sorridente e brincalhona, mesmo tendo que lidar com as dificuldades que passava em casa, sustentando a mãe doente, o irmão e a cunhada folgados. Naquele dia, no entanto, ela estava séria e foi seca ao cumprimentar Rose. Disse, de imediato, que precisavam conversar.

— É sobre Silas? Aconteceu alguma coisa? — perguntou em tom preocupado.

— Sim, é sobre o menino. Não se machucou, está bem. Ficou na sala com uma das tias. Pedi para que a gente pudesse conversar.

Rose concordou sem questionar mais. Minutos depois, após acompanhar a mulher da creche, a moça entrou em uma das salas da administração. Estava, além de curiosa, preocupada com o silêncio e o suspense que a mulher fazia. Temia que algo grave tivesse acontecido a Silas, ainda que já houvesse adiantado que o menino estava bem.

— Ele contou para os alunos da sala dele que não existe Papai Noel nem Coelhinho da Páscoa. Disse que foi a tia da sala quem pintou as pegadinhas do coelho pela creche.

Rose teve vontade de rir, mas respeitou a seriedade da mulher à sua frente.

— Como ele soube disso? Alguém deve ter contado. A televisão ensina...

— Foi a avó dele quem contou, a dona Arlete — interrompeu a mulher, aliviada em fazer a revelação. — O menino contou que a Arlete disse que o Papai Noel e o Coelhinho da Páscoa não existem. Quando perguntei quem era Arlete, pensando que era uma irmã ou uma prima, soube que se tratava da avó do menino. Fiquei surpresa e preocupada com a educação que vem tendo em casa. Como mãe, penso...

Sem questionar, tendo somente que concordar com tudo que ouvia, Rose ficou mais de quinze minutos com a mulher e saiu de lá puxando Silas pelo braço, com a promessa de que ia conversar com o menino. Seus pensamentos, no entanto, eram outros. Tinha mesmo que conversar com Arlete, e não passaria daquele dia.

Logo depois do jantar, ao ver Silas na companhia de Heleno, entretido com um desenho na televisão, Rose aproveitou para questionar a mãe sobre seus comentários. Fez isso na frente de Cleide, que ficou indignada ao tomar conhecimento do que a cunhada fizera com o neto.

— Menti? — foi o que disse, soltando uma baforada para cima, depois de ouvir as reclamações de Rose e Cleide. — Existe, por acaso?

— Mãe, não precisava falar. Por que tinha que falar isso para o menino?

— Para crescer bobo e descobrir na rua que todo mundo o enganou?

— Como você é fria! Um bloco de gelo e insensibilidade. Como pode ser assim? — questionou Cleide à cunhada.

Arlete deu de ombros.

— Deixasse o menino com a fantasia dele. Não precisava falar assim. O menino contou para os colegas de sala que Papai Noel e Coelhinho da Páscoa não existem, que é tudo mentira.

— Fiquei orgulhosa dele, Rosely.

— Deixe, Rose! Essa não tem mais jeito. O melhor é ignorar — sugeriu Cleide.

— Não gosto de mentiras — fixou os olhos na cunhada e lançou: — Ligaram para você da loja. Sua chefe ameaçou entregar sua fita métrica a outra moça. Com a sua idade, deveria estar preocupada em manter o seu emprego de vendedora de tecidos. Deveria me agradecer por não ter contado a ela que você foi viajar com a sua amiga para uma chácara.

— Como é amarga! Eu sei por que ficou assim. Acho que não é segredo para ninguém. Foi a rejeição do Antônio. Isso, sim, a fez amarga, seca.

— Cale a boca! — explodiu Arlete, apagando o cigarro no cinzeiro com força. Aquele nome fez a mulher ter que lidar novamente com o passado, com a ferida que tinha no peito e que não cicatrizava. Era como se um vulcão adormecido tivesse sido despertado por Cleide. — O que você sabe da minha história? Uma solitária sem eira nem beira, que mora de favor na casa do irmão... Deveria dar graças a Deus. Não tem amor nem conhece o que é ter um. Nem vai conhecer. Quem se interessaria por você?

— Você não sabe o que está dizendo!

— Como se não a conhecesse.

— Mãe, pare! — pediu Rose, já ao lado de Cleide, envolvendo-a com os braços, com a intenção de protegê-la.

— Não estou aqui por você. É por meu irmão e minha sobrinha. Você, Arlete, para mim, não existe. O meu ódio por você não é novidade e hoje se torna público.

Arlete começou a rir. E, ao ver a cunhada encolhida nos braços de Rose, comentou:

— Deve doer saber que Antônio a deixou. Ele preferiu a mim.

— Se fosse você, teria vergonha de dizer isso. Já era casada, esqueceu? — Cleide viu a cunhada voltar e a enfrentou com os olhos.

Arlete abaixou a cabeça, acendeu um cigarro e, quando ergueu a cabeça, havia lágrimas em seus olhos:

— Você não sabe o significado do amor, você só existe, cunhada — respondeu e saiu.

Rose ficou paralisada por alguns segundos, depois abraçou a tia, que se desmanchou em lágrimas no ombro da sobrinha.

***

Lauro andava de um lado para o outro da casa, com o telefone em uma das mãos. Tentava falar com a clínica, mas a mensagem de que estava indisponível no momento era constante. Estava em seu quarto, com a televisão ligada, envolto pela fumaça do cigarro que tomava conta do cômodo.

Estava nessa aflição quando viu Alex passar pelo corredor. O jovem usava fone nos ouvidos e estava sorridente, cantarolando a música que ouvia. Lauro, percebendo que não estava sendo ouvido, seguiu o sobrinho e, a passos largos, alcançou-o. Puxando-o pelo braço, fez com que Alex, pacientemente, tirasse o fone do ouvido.

— Onde está minha mãe? — perguntou Lauro visivelmente aborrecido.

— Viajando! Isso até onde sei. Por quê? Aconteceu alguma coisa?

— Não brinque comigo, moleque!

— Se tem algum moleque aqui, esse alguém é você. E abaixe o tom! Não sou surdo e, se percebeu, já tirei o fone de ouvido. Agora venha cá... Que história é essa de perguntar pela vovó?

— Não está com você?! — perguntou em tom desconfiado, pois tinha certeza de que ele era o rapaz que havia tirado Aracy da clínica clandestina. A mulher, que cuidava de tudo por lá, o seu contato, descrevera com detalhes o rapaz e, para ele, só podia ser Alex o responsável pelo resgate. Agora ele vinha com essa novidade para deixá-lo maluco.

— Ela está viajando. Não foi o que disse? — Alex interpretou, deixando Lauro ainda mais confuso. Depois, ergueu o tio pela camiseta, que, por estar muito magro por conta do consumo excessivo de drogas, se deixou levantar do chão. — O que você fez com a minha avó? Vamos, diga logo! Você havia dito que ela estava viajando, que estava no interior!

— É isso, está no interior — Lauro, temendo o sobrinho, confirmou a mentira.

— Eu quero falar com ela. Qual é o telefone?

— Não tem. Ela liga da casa da vizinha. Não quis dizer onde... — improvisou Lauro desnorteado.

E assim Lauro prosseguiu com a mentira, dando corpo àquela história que havia criado. Na verdade, por conta da droga que usara horas antes, sua mente estava confusa e seu corpo encontrava-se em êxtase. À medida que aumentava a dosagem da substância, o prazer resultante diminuía, e essa busca incessante pelo que sentiu da primeira vez foi o que o conduziu ao vício.

Alex, vendo o tio confuso, assustado e totalmente perdido, resolveu deixá-lo de lado. Antes, pegou-o ainda mais uma vez pelo colarinho, encostando-o à parede. Segundos depois, soltou-o, proferindo a ameaça de que perderia a cabeça se ele não desse conta do paradeiro de sua avó. Lauro mais uma vez confirmou a informação de que ela estava viajando. E ficou assim, encostado à parede, assustado, olhando para os lados, repetindo que Aracy estava viajando.

— Ela está viajando, pode acreditar — falou, levantando-se com dificuldade. Depois, seguiu Alex pelo corredor que o levava ao seu quarto.

Alex, ao entrar no cômodo, ligou a televisão, ignorando a presença do tio. Tirou a camiseta e debruçou-se na janela. Era bom sentir a brisa suave da tarde no rosto, tocando delicadamente sua pele.

Lauro tentava convencer o sobrinho do paradeiro de Aracy, enquanto Alex se deixava levar pela natureza. Estavam assim quando o som da televisão tornou-se ainda mais alto, evidente:

— A clínica clandestina, nomeada de Santa Luíza, foi fechada hoje, após uma denúncia de maus-tratos. Lá viviam cinco idosos, sofrendo com os maus-tratos de três funcionárias, duas delas irmãs. Somente duas mulheres foram presas. Foi descoberto que o local fazia uso de medicamentos controlados, que não eram ministrados por profissionais. O pagamento da internação de alguns pacientes era feito, muitas vezes, pelas famílias dos internos com o próprio cartão de benefício das vítimas...

Os dois homens ficaram paralisados. Alex quebrou o silêncio, ao ver o rosto de Lauro lívido ao reconhecer as duas mulheres sendo algemadas.

— Um absurdo! — disse isso ao desligar o aparelho. — Como pode existir gente assim? Acho que a família que faz isso, que joga seus entes em um local desses, merecia ser presa também! — fez uma pausa e finalizou mentindo: — Estava na academia há pouco, quando vi a matéria sobre esse caso. Parece que algumas vítimas foram transferidas para outras clínicas antes de a polícia chegar.

Isso deixou Lauro ainda mais confuso, a ponto de sair do quarto quase correndo. Alex, ao perdê-lo de vista, fechou a porta do cômodo e jogou-se na cama sorrindo.

Já na sala, Lauro, tomado por uma dor de cabeça incontrolável e uma sede habitual, que se manifestava após o efeito da droga, pegou o telefone e insistiu no número da clínica.

Sem resposta. Caixa postal.

Capítulo 16

Inês fazia três coisas ao mesmo tempo: lavava louça, olhava as panelas no fogo, enquanto pensava no corte do vestido de uma cliente, que tinha que entregar dali a dois dias. Não tinha a paciência de Mafalda, que também se encontrava na cozinha, sentada e hipnotizada pela televisão, ignorando os comentários da filha. No entanto, em certo momento, rompeu o silêncio e disse:

— Você se preocupa demais! Relaxe, mulher!

— Mamãe, o Abel saiu aborrecido de casa. Não gosto disso. Já liguei para o celular dele e não atende — comentou enquanto secava a louça.

— Também não atenderia... — resmungou Mafalda ainda de olho na televisão.

— O que disse, mamãe? — vendo a senhora com os olhos fixos na novela, continuou com suas lamentações: — E a casa está desocupada! Sem aluguel. Até conseguir alugar, vai um tempo... Se bem que precisava fazer umas reformas lá. Acho que está do jeito que o meu marido fez — sentiu os olhos pesados ao recordar-se do marido.

— Não é a primeira vez que fica desocupada. Logo você conseguirá alugar. Tem o dinheiro da pensão, suas costuras, minha aposentadoria, a feira...

— Vai fazer falta!

Mafalda tirou os olhos da televisão e, com um tom bravo, com a intenção de sacudir a filha, retrucou:

— Deveria agradecer o fato de Abel ter arrumado um novo emprego, que tem freguesas todos os dias atrás dos seus serviços e que tem saúde para trabalhar. Mas não! Prefere se apegar ao que perdeu, ao que não tem como consertar. Pare com isso!

— Já estava pensando em usar o dinheiro para pagar um curso para o Abel. Pensei num cursinho preparatório — falou, avessa aos comentários da mãe. — Quero que ele entre em uma boa faculdade. Já pensou, mamãe? Abel advogado?

— Ele quer fazer Direito?

— Vou convencê-lo a fazer!

— Inês, profissão não é como uma roupa que você pode tentar convencer o Abel a usar! Ainda assim, acredito que seja difícil ele querer. Deixe o seu filho livre! Não prenda tanto o rapaz! Essa pressão vai fazer esse menino fugir para bem longe de você!

Retrucou e saiu de perto da filha. Estava injuriada com a manipulação de Inês em relação ao filho e ficava ainda mais triste por vê-la sofrendo.

Inês nem se deu conta de que o rosto da mãe demonstrava sua contrariedade e continuou com suas lamúrias, pensando em Abel e preocupada por não ter notícias dele. Foi quando o telefone tocou. Ela então correu para atender a ligação. Havia um sorriso em seu rosto. Pensou que poderia ser o filho e estava disposta a tratá-lo bem para cativá-lo. Mas aquele sorriso, estampado de início em seu rosto, durante os cumprimentos, rapidamente se dissipou diante do que ouvia. Logo sua expressão transformou-se, tornando-se pesada. Ao desligar, deixou o telefone cair sobre a mesa. Depois, foi a vez de o seu corpo deixar-se cair sobre o sofá e de as lágrimas brotarem em seu rosto. Mafalda apareceu na sala naquele momento e correu para junto da filha, tentando entender o que estava acontecendo.

— Mamãe, o Abel... — fez uma pausa, respirou fundo para aliviar a tensão da notícia, e continuou: — Ele está no hospital. Ligaram de lá.

***

Márcia chegou do trabalho exausta. Entrou tirando os sapatos de salto alto e, depois de mais alguns passos, lançou-os ao canto da sala. Tinha por hábito tirar as roupas e entregar-se a um banho demorado, mas preferiu naquele dia sentar-se no sofá, jogar a cabeça para trás e relaxar. Lembrou-se da filha e fez uma ligação para ouvir um pouco a voz da garota. Revitalizava-se ao ter contato com a menina, que já era, na verdade, uma mulher, formada, casada, independente, que vivia em outro estado.

Falavam-se sempre que possível. Não passavam mais de três dias sem trocar uma palavra. O contato entre as duas era quase diário por meio de e-mails também. E foi por e-mail que a filha lhe deixou um recado diferente do usual, dizendo que precisava lhe falar algo sério. Márcia então ligou para a jovem. Não foi uma surpresa. Ficou triste ao saber o que acontecia. Lamentou, mas soube disfarçar. Pacientemente, Márcia desligou a ligação sorrindo, tentando dar esperanças à filha.

Ficou ali paralisada após o telefonema. Não desejava que a filha passasse por aquela situação. Já havia passado por aquilo e ver a jovem daquela forma era o mesmo que sentir tudo de novo.

Márcia levantava-se do sofá para tomar banho, quando notou a falta da peça que tinha sobre o móvel. Aproximou-se do lugar onde estava o objeto, que fora subtraído por Abel, olhou mais uma vez, examinou o chão, assim como também toda a sala. Fez isso em um giro, com o olhar atento aos detalhes. De imediato, lembrou-se do sobrinho e sentiu-se mal por ter aquele pensamento, por ter julgado Abel como sendo o autor do desaparecimento da peça. Fez votos de que não estivesse certa sobre suas suspeitas, fechou os olhos e fez uma prece para o sobrinho. De repente, foi interrompida pelo telefone. Márcia atendeu a ligação, pensando ser a filha a procurá-la. Não era. Do outro lado da linha, ouviu um choro compulsivo. Era Inês.

— Calma, minha irmã. O que aconteceu? Respire fundo, me diga o que...

— Abel está no hospital. Parece que o encontraram na rua, desmaiado, e levaram o menino para o hospital.

— Estou indo para aí agora — Márcia procurou os sapatos e ia calçando-os enquanto conversava com a irmã, tentando acalmá-la.

***

    Se pudesse definir Arlete naquele momento com uma palavra, esta seria aborrecida. E muito. Sentia uma raiva incontrolável da cunhada com os seus comentários sobre o passado. Além disso, Cleide havia transportado a mulher a um tempo de que não tinha saudade. Daquele tempo, só sentia saudade de Antônio, seu grande amor.

Fechou os olhos, respirou fundo e deixou a mente ser tomada pelas lembranças de Pernambuco, do sítio onde foi criada, das terras da família. Podia ver sua mãe na cadeira de balanço, bordando e dando conselhos. Tinha uma voz franca, mais experiente e, portanto, carregada de bom senso quando dizia:

— Se afaste dele, minha filha. Não é homem pra você. É um aventureiro, como foi o seu pai, seu avô... — sem tirar os olhos do bordado, continuou após uma pausa: — Um cabra desajustado. Um espírito perdido em busca de conserto.

Arlete era menina quando o viu pela primeira vez. Já ouvira falar dele porque foram vizinhos e tinha algumas lembranças do rapaz. Sabia que estava em São Paulo e, cada vez que ouvia uma história dele, sentia-se participante de suas aventuras.

— A senhora vai ser minha sogra — afirmava a pequena Arlete à mãe do rapaz, que ria da inocência da apaixonada.

Quando chegou, Antônio atraiu os olhares das mulheres por onde passou. Bem-vestido e trazendo várias histórias da cidade grande, o moço nem percebeu o interesse da menina descalça, vestida de chita e de olhos apaixonados. Era mais velho e havia sido prometido em casamento a prima que morava em um sítio em outra cidade. Arlete, na primeira oportunidade, tratou de desfazer o compromisso. Em uma missa, notou que os olhos da moça estavam voltados para outro rapaz e então fez com que os dois se encontrassem e que Antônio os visse. Naquele momento, o moço deixava de ser comprometido e passava, em sua imaginação, a ser somente da menina. A pequena, sem atrativos de beleza e ainda tomada pela meninice, passou então a acreditar, ainda mais profundamente, ser a mulher ideal para Antônio.

O rapaz, após a decepção com o flagrante armado por Arlete, deixou o tempo passar e envolveu-se com outras moças. Quando a menina descobria os romances, fazia de tudo para desfazê-los. Escrevia cartas, inventava calúnias e espalhava-as pela cidade, dizia isso e aquilo e o rapaz, cada vez mais, se via só e ela sempre ao lado, certa de que o moço a notaria como mulher. Diante das sucessivas decepções, Antônio ausentou-se da cidade para reencontrar parentes em um município vizinho. Arlete, ousada, ofereceu-se para acompanhá-lo.

— Minha filha gosta de histórias, por isso se afeiçoou tanto a ele — afirmava a mãe da menina ao marido, tentando convencê-lo da inocência da garota, mesmo já temendo o que ela seria capaz de fazer.

Voltando para a cidade, Antônio trouxe para a menina um presente. Ela pensou, ao pegar o embrulho malfeito, que passou despercebido pelos seus olhos, que era uma camisola ou um vestido florido, como aqueles que via as moças vestirem nas missas de domingo. Apalpou o embrulho e percebeu que era uma caixa. Abriu um sorriso e deduziu, então, que se tratava de um par de sandálias para cobrir seus pés empoeirados e rachados pela combinação da terra árida com o sol escaldante do Nordeste. Finalmente, diante da plateia que se formava à sua volta, a menina abriu o pacote que lhe fora dado. Enquanto todos aplaudiam e riam diante do presente, Arlete deu mostras do seu gênio difícil. Era uma boneca. Ao deparar-se com a boneca de plástico, malvestida como ela, de cabelos louros e escorridos, a menina jogou o presente em Antônio e saiu correndo.

Ali, o rapaz notou o que ninguém, exceto a mãe e o pai da menina, tinha ainda percebido: Arlete era apaixonada por ele. Paciente e lisonjeado, considerando-se ainda mais bonito e desejado, Antônio foi conversar com a menina depois de um tempo. Encontrou-a chorando à beira do rio com o olhar perdido no horizonte, onde as águas escuras se encontravam com o céu.

Antônio sentou-se ao lado da garota e permaneceu ali em silêncio. A menina, então, encostou a cabeça no ombro do rapaz, e aquele silêncio, para ela, foi como um pedido de desculpas pelo acontecido. Arlete sentia-se a namorada do moço, que, em meio aos devaneios da garota, despreocupado com o que poderia causar à menina, soltou ácido:

— Vou embora amanhã para São Paulo. Depois que provei daquela água não vejo mais graça por aqui. Vejo que não é mais o meu lugar — desabafou à menina como se esperasse dela compreensão diante daquela revelação.

— Me leva com você. Eu vou!

Ele riu alto, o que a deixou nervosa.

— É uma menina. Seus pais não deixariam.

— Se quiser, eu quero! Eles não vão dizer nada.

— Acha que vou levar uma criança comigo? Onde vou deixar você enquanto estiver trabalhando? Vou para trabalhar...

Arlete ficou furiosa e enraiveceu-se ainda mais quando tentou beijar Antônio e ele rapidamente se esquivou. Rindo, o rapaz ameaçou contar aos pais da garota as suas insinuações. Arlete, temerosa e envergonhada, saiu correndo, deixando Antônio rindo à beira do rio.

No dia seguinte, a garota acordou cedo e socou em duas sacolas suas poucas roupas, uma cabaça, a boneca, presente de Antônio que havia dispensado, e foi para o pé do juazeiro, árvore típica na caatinga, onde a camionete passava para pegar os passageiros para conduzi-los até a cidade vizinha, de onde saíam os ônibus para São Paulo. Ela estava disposta a se encontrar com o jovem e partir com ele naquela viagem.

Algum tempo depois, Antônio apareceu sozinho. Havia se despedido da família e, para evitar a tristeza, pediu que ninguém o acompanhasse. Quando a viu descalça ao lado da árvore, com uma sacola na mão e um vestido encardido, que parecia sua segunda pele, ele riu e perguntou para onde a garota estava indo.

— Para São Paulo. Vou com você — disse tão convicta que o fez rir.

O rapaz disparou a rir, mas, notando-a séria, cessou o riso. Depois de pensar um pouco, conversou com a garota, tentando convencê-la de que iria para São Paulo, mas voltaria para ela. A mocinha acreditou. Mas, ainda assim, ao vê-lo embarcar no pau de arara, entre a poeira, Arlete foi tomada por um choro compulsivo. Quem a via, pensava estar diante de uma viúva. Ele, acomodado entre duas mulheres, uma delas com uma criança no colo, ainda pôde ver a menina mirrada e de pés descalços correr, perdida em um vestido surrado, com a numeração duas vezes maior, tentando alcançar o transporte e perdendo-se na poeira que se levantava.

O tempo foi passando, e a saudade de Arlete só aumentava. Foi assim que se aproximou de Heleno, amigo de Antônio. Ela já o conhecia das festas da cidade e vinha notando os olhares do rapaz, dois anos mais velho, dirigidos a ela. Apesar de tudo, desprezava-o. Era fiel a Antônio, como sempre dizia. Nesse ajuntamento dos dois e diante da ausência de Antônio, ela aceitou namorar Heleno com o consentimento de seus pais. Não gostava dele. Sentia pelo rapaz apenas uma atração, pois era um jovem forte, acostumado com a roça, a colher mel na mata seca, a puxar água no poço, e tudo isso era visto como qualidades que deixavam as moças fascinadas. E Arlete, para sentir-se superior, aceitou posar ao lado dele como sua namorada.

Exatamente dois anos após o início do namoro, o pai de Arlete marcou um almoço para comemorar o noivado da filha, exigindo, inclusive, que fosse marcada a data do casamento.

— O bode, a casa e a bebida são por minha conta. Pode ajeitar os convidados que o noivado será no próximo sábado — festejava o pai de Arlete, mais feliz do que a própria noiva.

No meio da festa, entre os vários convidados, após os noivos trocarem as alianças e anunciarem a data do casamento, Antônio, ainda mais bonito, bem-vestido e sorridente, chegou abraçando Heleno.

Arlete só tinha olhos para o rapaz, tanto que não percebeu a moça que o acompanhava e suas mãos enlaçadas às do moço. Logo, no entanto, Antônio fez questão de declarar:

— Essa aqui, para quem não conhece, é a minha noiva. É a irmã de Heleno — fez uma pausa enquanto a jovem abraçava o irmão, emocionada. — Ela vem morando nos últimos anos na casa dos avós, na serra, para cuidar deles.

Arlete viu toda sua alegria ir embora a cada palavra de felicidade proferida por Antônio. Tanto que só ouviu o final e foi o bastante para sentir seu mundo acabar. Estavam noivos e felizes. Antônio então se aproximou de Arlete e apertou a sua mão, desejando-lhe felicidades e complementando:

— Vamos ser uma só família. Você vai se dar muito bem com a Cleide.

A moça não sentiu vontade de soltar a mão de Antônio. Sentia o seu coração acelerar, enquanto seus olhos mantinham-

-se fixos nos dele. Como o amava!

Arlete abriu os olhos, voltando da recordação da sua juventude no interior de Pernambuco. Havia lágrimas em seus olhos. O tempo havia passado, anos, mas ainda tinha recordações daquele amor.

— O carro dos ovos chegou. Ovos fresquinhos direto da granja. Venha dona de casa, traga a vizinha. Venha conferir os ovos fresquinhos para o seu bolo, gemada...

O carro de Heleno percorria o bairro e Arlete, ao ouvir o megafone, tampou os ouvidos com as mãos e abaixou a cabeça. Ao levantar-se, ergueu o queixo e, indiferente à perua do marido, acendeu um cigarro e os seus olhos perderam-se em meio à fumaça que soltou.

Capítulo 17

Inês estava visivelmente agitada no carro, sentada ao lado de Márcia, que dirigia de acordo com o fluxo, tomado pelo trânsito típico da cidade em horário de pico. Ainda assim, Inês, chorosa, pedia à irmã que se apressasse.

— Meu Deus! Meu menino assim, agora no hospital, nas vésperas do novo emprego.

— Não é nada grave. Confie em Deus! — recomendava Márcia, vendo a agitação da irmã se contorcendo no banco ao lado, apertando a bolsa.

— Tem chegado tarde, com dores no estômago. Está até mais magro! Tenho percebido. Tudo por causa daquele veneno chamado Rose. Depois que começou a se envolver com essa moça, meu filho não foi mais o mesmo.

— Não acredito nisso.

— Márcia! Ele vive com os olhos vermelhos, sonolento. Está certo que não é viciado em video game, mas fica até tarde ao telefone com aquela...

— Ninguém influencia ninguém. Se tem costumes e hábitos é por vontade própria.

— Não entende que ele gosta demais dela, a ponto de aceitar praticar coisas que não fazia antes? É uma manipuladora. Gosta das coisas do jeito dela, por isso faz o meu filho sofrer. Está com dores no estômago porque fica comendo lanches com ela. Rose aproveita que meu filho gosta muito dela...

Márcia argumentou mais, na tentativa de livrar Rose daquela responsabilidade. Lembrou-se do sobrinho, do que fora capaz de fazer na empresa onde trabalhava, do roubo, da agressividade quando foi falar com ele. E, ainda assim, não via Rose como uma pessoa manipuladora, como Inês dizia.

Assim que passaram pela porta de acesso ao hospital, Inês adiantou os passos até o balcão, deixando Márcia para trás, que chegou a tempo para assistir ao desespero da irmã.

— O meu filho, por favor, Abel, meu Abel....

Márcia, percebendo a indiferença da moça da recepção, tratou de conversar com Inês, tentando convencê-la a pegar água no bebedouro, pedindo que respirasse, para que ela pudesse cuidar do resto tranquilamente. Foi então que Inês, como se estivesse sob o efeito de um controle remoto, foi tomar água. Márcia cumpriu o combinado. Tentou obter notícias do sobrinho com a moça da recepção, que não se deu ao trabalho de levantar a cabeça para ouvi-la. Assim que soube que era parente de Abel, tratou de comentar com a amiga, em um tom de voz baixo, mas o suficiente para Márcia ouvir algo que a deixou chocada.

— Chegou o parente do drogado. Essa família até que veio rápido — depois se levantou de onde estava sentada, com as fichas na mão, e foi conversar com Márcia. A moça era alta, tinha os cabelos curtos, o que alongava ainda mais o seu pescoço. Usava aparelho nos dentes, e os ferros que o enlaçavam não podiam ser vistos devido ao gesticular lento dos seus lábios ao falar. — Ele está sendo medicado, o leito dele...

Antes que a moça concluísse, Inês juntou-se às mulheres, adiantando-se diante da pouca vontade da moça de dar as informações de que precisava:

— Meu filho, onde está? Qual o quarto dele, o que teve?

— Ele está no leito 45, na primeira porta à direita. Siga pela linha azul e logo irá encontrá-lo na maca... — orientou a moça para Márcia, ignorando o desespero de Inês.

Inês sentia as pernas bambearem, por isso colou a mão ao braço de Márcia e juntas seguiram a linha azul, conforme as instruções da moça. Ficaram chocadas com o que viram.

Abel não estava em um quarto, mas sim em uma maca no corredor, sem camisa, com calça jeans, tênis e a mochila, que posicionaram na parte inferior daquela cama improvisada. Estava recebendo soro, e aparentava sonolência.

— Abel, meu querido. O que aconteceu? — debruçou-se Inês sobre o filho.

De Márcia, o moço recebeu um beijo afetuoso. Ela ainda segurou a mão do rapaz por alguns segundos e ficou assustada com o que via: várias pessoas eram também assistidas no corredor do hospital.

Foi quando encostou uma mulher, com crachá, que logo elas identificaram como uma auxiliar de enfermagem. Foi rápida, pois deixou claro ao falar com uma colega que passava no momento que estava ansiosa para trocar de plantão. Curtiria uma folga de dois dias. Ela, com o mesmo tom de voz, sem cerimônia, pegou a prancheta que tinha fixada aos pés da maca de Abel e, depois de uma leitura rápida, disparou com desprezo:

— Usuário de drogas. Está de alta.

— Drogas? — murmurou Márcia.

— O consumo excessivo o trouxe para cá — comentou a enfermeira indiferente.

— Quero falar com o médico. Eu exijo! Isso é negligência, trocaram os prontuários — gritou Inês.

— Aqui estão os papéis. A senhora pode apresentá-los na recepção. Tem uma consulta marcada com o psicólogo. É um procedimento nesses casos — disse a enfermeira, entregando os papéis para Márcia, completamente avessa ao que Inês falava. Não era a primeira mãe que, no desespero, agia daquela forma.

— Eu não sou usuário de drogas — disse Abel completamente nauseado pelos medicamentos e pelos procedimentos médicos a que havia sido submetido.

— Não é o que os exames de sangue revelam, rapaz. Sempre é tempo de mudar — falou a enfermeira pela primeira vez, fragilizada diante da beleza de Abel, tão jovem e envolvido com drogas. Naquele momento, pensou nos seus filhos e entendeu Inês. Pensou em falar mais alguma coisa, mas sentiu que seria jogar palavras ao vento, por isso apenas se despediu e, ao sair, apertou o braço de Inês em um gesto de solidariedade.

O silêncio foi interrompido pelo choro de Inês. Márcia ficou ali, entre as lágrimas da irmã e as justificativas infundadas e contraditórias de Abel.

— Mãe, eu não usei. Alguém colocou no meu copo. Eu estava no restaurante, almoçando, pedi refrigerante e, depois de sair de lá, andei um pouco à tarde. Passei mal, senti um calor dominar meu corpo, as vistas escurecerem e acordei aqui. Colocaram no meu copo, acredita?

— Sim, meu filho, eu acredito em você. Sei que você não mentiria para sua mãe. Seria o mesmo que mentir para Deus.

Abel ficou quieto, abaixou a cabeça e sentiu os olhos pesados.

— Vamos embora — sugeriu Márcia, pegando a mochila do rapaz.

Inês ajudou o filho a se levantar. O moço, depois de dois passos, sentiu-se confiante para prosseguir sem ajuda. Pediu para ir ao banheiro. Enquanto isso, Márcia e Inês esperaram pelo jovem no corredor.

— Não acredito nisso. Drogaram o meu filho.

Márcia, pelo histórico de Abel, não acreditou naquela versão, e estava certa. O uso constante das drogas vinha mostrando suas consequências. Conversaram por mais alguns minutos, enquanto esperavam Abel. De repente, em tom de revolta, Inês soltou:

— Não tive a sua sorte com filho. Você que é feliz. Deus a presenteou com uma filha de ouro, estudiosa, casada, realizada profissionalmente...

— Ela não vive esse mar de rosas, minha irmã — revelou Márcia, sentida. — Falei com ela hoje, pouco antes de você me ligar. Está passando por uma crise no casamento. O marido fez as malas, disse que vai deixá-la, justo agora que suspeita estar grávida. Não quer contar isso ao marido, pois teme que ele fique com ela por pena. Isso se tornou pequeno diante da instabilidade no trabalho. Só não pode ser demitida por estar grávida, por isso não se sente confortável.

Inês sentiu-se envergonhada. Pousou sua mão sobre a da irmã e, logo depois, envolveu-a com um abraço. Márcia então falou:

— Ninguém está livre de aflições na vida, minha querida.

***

Andréa estava sozinha na loja quando o telefone tocou. Estava tão ocupada que atendeu apressada à ligação sem olhar para o visor e ver que era Igor. Reconheceu-o pela voz. Ficou preocupada com a própria aparência, começou a arrumar os cabelos, tirou as sandálias rasteiras que tinha nos pés e, sem parar de falar, colocou os saltos altos. Fazia, enfim, tudo como se ele pudesse vê-la através do aparelho celular. Depois, colocou-se diante do espelho minúsculo que tinha no provador e arrumou os cabelos com a mão desocupada. Foi então que percebeu, pelo reflexo do espelho, que Igor estava diante da loja. Desligou o celular toda sem jeito.

— Como me descobriu aqui?

— Você me falou! — disse, ao beijar a moça depois de apertá-la em seus braços.

— Não me lembro — resmungou, sendo sufocada pelos carinhos do jovem.

De fato, não havia falado, mas ele, muito atento, reparou quando a moça saíra da galeria para o encontro. Então ligou em seguida, tomando cuidado para reparar nas lojas, e não foi difícil encontrá-la pela voz ofegante, alta, vindo de uma das lojas.

— Bem, conheceu o meu mundinho. A loja onde trabalho.

— Comigo você vai ser dona, menina.

Andréa derreteu-se toda.

— Está quente aqui. Tem água?

Ela rapidamente se prontificou a pegar água para o amado. Pediu para esperar e saiu correndo pela galeria, rumo à lanchonete para comprar água gelada. Não queria lhe oferecer a do garrafão, posicionado ao lado do vestiário, no chão, que também servia de apoio para as bolsas. Não! Para ele oferecia o melhor.

Enquanto ela foi, toda faceira, buscar a água, Igor aproveitou para estudar a loja e, ao encontrar o caixa, tirou algumas notas e colocou-as no bolso.

A moça voltou rebolando com seus saltos altos, tomada pela felicidade daquele reencontro. Notou-o diferente, com uma roupa mais simples, mas nem desconfiou de nada quando ele disse:

— Estou sem carro, está no mecânico — mentiu, pois na verdade não conseguira o carro emprestado para ir ao centro pagar uma prestação de uma loja para a mãe. Ficou até tentado a mexer no dinheiro, mas não conseguia passar a mãe para trás.

— Estava pensando... A gente podia dar uma esticada... O que acha, Simone?

Ao ouvir o nome da prima falecida ser pronunciado, foi como se estivesse assumindo um personagem. Seu semblante mudou, tornou-se ainda mais altiva e seus olhos pareciam mais expressivos ao aceitar a proposta.

Igor pensou em usar o dinheiro que havia pegado minutos antes na loja, mas resolveu reservar para outros negócios mais tarde, por isso reclamou que haviam roubado sua carteira e todos os seus cartões, e estava sem dinheiro para curtir em um lugar legal, à altura dela.

Andréa não pensou duas vezes. Lembrando do cartão de crédito com que Kleber havia lhe presenteado, a moça foi logo dizendo:

— Tenho um cartão. Vamos agora aproveitar a vida! — abriu um sorriso, jogando-se nos braços de Igor, sem se importar com a possibilidade de serem vistos juntos na loja. — Já está no fim do expediente mesmo. A Rose já saiu para pegar o Silas, então fiquei responsável por fechar o boxe — ela deu mais um beijo no rapaz e nem percebeu os olhos atentos de Igor estudando o lugar, as roupas, a forma que a moça fechava a porta de aço da loja e o segredo do alarme.

De mãos dadas com Igor, Andréa não se preocupou em ser vista. Estava tão apaixonada que não se incomodaria com os comentários. Se escutasse algum, diria que era inveja da sua felicidade. Naquele momento, lembrou-se de Abel aconselhando-a a se afastar de Igor, que era traficante. Por mais que tentasse, não conseguia vê-lo como o monstro que Abel pintou. Por isso, Andréa riu alto ao abraçar Igor.

Simone sentia-se feliz, vinculada às energias da Terra, ao prazer da carne, do sexo, dos vícios. Não conseguia se livrar de tudo que sufocava o seu espírito e a distanciava da paz que precisava para seguir sua trajetória. E sua energia ainda tinha uma profunda conexão com as de Igor. E como tinha!

Com relação à falta do dinheiro, Andréa fora questionada por Rose. Ligeira, Andréa, embora não admitisse, em pensamento relacionou a visita de Igor com a falta de dinheiro no caixa, por isso se ofereceu para o fechamento do caixa. Rose confiava o serviço para a amiga, enquanto se preocupava com a arrumação da loja, das peças sobre o balcão. Como na loja não havia controle de estoque, emissão de notas fiscais, pois tudo era feito de forma manual, num caderno de brochura, Andréa manipulava a venda das peças, colocando e tirando da relação de vendas para ajustar com o caixa. Rose não comungava com essa falta de caráter.

***

Rose ficou parada na porta da creche esperando Silas aparecer com seu sorriso aberto, como era de costume. Também temia ouvir alguma reclamação sobre o menino, mas não ouviu. A tia da creche logo apareceu com o garotinho, que se desprendeu da mão da moça e prontamente correu na direção de Rose.

A moça tirou da bolsa um saquinho de balas e deu algumas para o menino, recomendando que só poderia chupá-las após o jantar. Obediente, o menino apertou os doces em uma das mãos e deu a outra para Rose.

No caminho de casa, Rose perguntou ao menino como havia sido o seu dia, se havia se divertido com as histórias infantis, e sobre os pequenos contratempos do dia, que o garotinho acreditava que fossem os maiores problemas da vida. "Como a infância é mágica", pensava a moça ao ver o misto de simplicidade e ingenuidade de Silas ao descrever sua vida na creche.

Durante o percurso, Rose parou em uma lanchonete e comprou um sorvete para o garotinho. Gostava de fazer isso às vezes, para ver a alegria do menino transbordar a ponto de contagiá-la. Nesses momentos, longe de casa, a moça aproveitava para conversar com Silas e para ouvi-lo também. Como vinha fazendo, explicou-lhe o episódio do Papai Noel e do Coelho da Páscoa. O garotinho já estava grande e inteligente o bastante para tentar convencê-lo de que tudo que Arlete dissera era mentira. Rose então apenas o convenceu de que não era justo contar o segredo para os amiguinhos, pois cada um tem um tempo para descobrir isso. "Uma avó também deveria saber contar algumas coisas no tempo certo, sem traumas...", a moça pensou, enquanto se recordava da confusão que Arlete havia criado. Em meio à conversa, Silas cortou-a, dizendo:

— O super-herói que me salvou esteve em casa te procurando. Super-herói não... — corrigiu-se, colocando a mão na cabeça de forma engraçada, o que fez Rose sorrir, ainda que curiosa com a tal visita. — Não existe super-herói. Era o moço do hospital.

Rose já havia se dado conta de que se tratava de Alex, mas não conseguia entender a visita.

— Em casa?
— Sim, perguntou de você. A vovó que atendeu.

Minutos depois, na cozinha, enquanto preparava o jantar, cortando cebolas com a habilidade de um chef de cozinha, Arlete falou, sem parar o que fazia:

— Sim, esteve aqui. Um rapaz bonito. Falei que estava com seu namorado.

— Mãe!

— Não era para dizer? Vou eu lá saber que é? — fez uma pausa e despejou a cebola na panela com óleo quente, enquanto um chiado tomava conta da cozinha. — Era cobrador?

Rose não deu mais importância aos comentários de Arlete. Sorriu ao saber que ele a havia procurado. Pelo que apurou, soube ainda que estivera em sua casa antes do encontro. "O destino está aproximando nós dois...", pensou. De repente, notou que passava as mãos pelos lábios. Com os olhos fechados, pôde ainda sentir a maciez e a delicadeza do beijo do rapaz.

— Está passando bem, Rosely? Machucou a boca? Tem pomada na primeira gaveta. Depois...

Mais uma vez, Rose desligou-se de tudo. Viu-se beijando Alex, mas, ao abrir os olhos, era Abel que estava à sua frente. Sentiu-se confusa e culpada, pois respeitava o namorado, principalmente diante de tantos problemas que ele enfrentava naquele momento.

O celular de Rose estava no quarto, tocando. Caixa postal. Era a voz de Márcia apresentando-se como tia do jovem e, em um resumo, contando que ele estivera no hospital, que agora estava bem, em casa, e pedia pela sua presença.

Segundos depois, o celular, como se desse seu último suspiro, descarregou.

Capítulo 18

— E Abel, como está? — perguntou Márcia ao cumprimentar a irmã e a mãe. A maquiagem leve disfarçava bem a noite maldormida, preocupada com a filha e o sobrinho. Em um dos momentos de insônia, fez preces, pediu pela paz em sua família e, assim, adormeceu.

— No quarto. Está bem melhor. Tirei tudo dele — informou Inês.

— Celular, video game. Quando acordar, a primeira coisa que vai pedir é o celular. Essa juventude não vive sem esses aparelhos... — resmungou Mafalda.

As três acabaram rindo, o que fez diluir um pouco a tensão que viviam naquele momento. Inês correu para a cozinha, onde aguardava a fervura do leite, e Mafalda foi preparar a mesa para colocar o café. Nesse momento, Abel apareceu na sala e deu um beijo em Márcia. As mulheres praticamente o sufocaram com perguntas: se ele estava bem, se sentia algo, se precisava de algo.

— Estou bem! Gente, estou bem, podem acreditar. Um pouco zonzo, com sede.

— Os olhos estão vermelhos de sono. Vou buscar o colírio — falou Inês.

— Vou buscar o seu café — Mafalda disse, já correndo para a cozinha.

Abel e Márcia ficaram sozinhos, conversando, quando, em meio à conversa, a tia sentiu não estar mais com o sobrinho. Ele aparentava outra feição. Deixou a testa vincada e o jeito de falar diferenciava-se da forma como Abel, sempre carinhoso, falava:

— Feliz em me ver assim, Márcia?

— Não é o Abel. Me diga, quem é você? — perguntou Márcia, notando que aquela era a mesma voz que ouvira antes.

O jovem desatou a rir. Estava bem diferente, despojado, parecia menor também, pois tinha uma postura encurvada e gesticulava muito.

Nesse momento, ouviram alguém batendo palmas no portão. Era Rose. Mafalda, que estava na cozinha, passou sorridente pela sala para recebê-la, pois simpatizava com a moça. Fez Rose entrar, ofereceu um lugar para a moça se sentar, e depois ficou a assistir, ao lado de Márcia, a garota apaixonada, preocupada com o namorado, tentar justificar o tempo em que esteve ausente.

— Se soubesse tinha vindo antes — virou-se para Márcia e, com um sorriso, agradeceu o recado. Depois continuou: — Meu celular descarregou. Só hoje de manhã vi a mensagem.

— Bela desculpa. Não queria perder a noite de sono, isso sim — falou Inês, chegando naquele momento com o rosto transformado, deixando claro que não gostava da moça e que sua visita era indesejada. Nem cumprimentou Rose quando ela lhe deu bom-dia, nem sorriu em correspondência à educação da moça. Foi ríspida, distante e, em meio à conversa, dava suas alfinetadas.

— Mãe, já te falei que a Rose desenha muito bem? Precisa ver os cortes que ela faz. O sonho dela é ser estilista, ver seus modelos nas passarelas.

Foi Márcia, que permanecia em silêncio, ainda incomodada com a transformação do sobrinho, quem salvou Rose da situação constrangedora e do mal-estar que Inês provocou ao fazer pouco caso do sonho da moça.

— Deus lhe deu um talento, minha querida. Trate de aproveitá-lo. Precisa estudar, aprimorar. O talento sozinho não traz a realização. Deus lhe deu um presente, agora é importante fazer por merecê-lo.

— Obrigada, dona Márcia. Nossa, fiquei até emocionada!

Inês ficou estática, incomodada com a presença de Rose. Claro que via que a moça, mesmo diante da limitação financeira que tinha, vestia-se muito bem, com bom gosto, mas foi incapaz de admitir.

— Agora me diga, rapaz, o que aconteceu para parar no hospital?

— Colocaram droga no copo do meu filho. Não sabia?

— Não, não sabia — disse Rose preocupada e com o rosto modificado, visivelmente triste, pois Abel havia prometido que não se drogaria mais, e aquela história de que colocaram alguma coisa em seu copo não era real. — Abel, como foi isso? — fez a pergunta ignorando Inês, com a voz firme e com os olhos fixos nos de Abel.

O rapaz não teve coragem de repetir a mentira. Sentiu-se envergonhado e sabia que não tinha como sustentar aquela farsa para a namorada.

— Bem, preciso ir. Mamãe, Inês, vamos até o portão comigo. Acho que os dois precisam conversar — pediu Márcia, já distribuindo beijos ao sobrinho e a Rose.

Inês acompanhou a irmã contrariada, e Mafalda seguiu pelo quintal repreendendo o comportamento da filha. Não concordava com a hostilidade que Inês dirigia a Rose.

— Estou indo embora também — disse Rose quando se viu só com o rapaz. Enquanto caminhava em direção à porta, depois de uma pausa, falou sentida: — Disse para eu confiar em você...

— Disse sim... Pode confiar em mim — retrucou, puxando a moça pela mão, impedindo-a de sair.

— Assim, mentindo? Abel, eu notei o olhar da sua mãe sobre mim. É como se ela estivesse me culpando pelas suas escolhas, pelos seus tropeços.

O rapaz fez um silêncio, como se estivesse procurando palavras. Rose retomou:

— Não me vejo ao seu lado assim, em uma história cheia de mentiras. Pede tanto para eu confiar em você, mas só me dá provas contrárias...

— Eu te amo — Abel interrompeu a namorada de forma suave e contraditória às cobranças de Rose. — Quero você ao meu lado, sendo feliz.

— Com o que vem fazendo, sinceramente, não me vejo ao seu lado. Tchau, a gente se fala depois.

Rose pegou suas coisas e saiu. Sentia os olhos pesados enquanto caminhava em direção ao portão. De repente, ouviu um cumprimento e tomou um susto quando viu Evinha debruçada sobre o muro. A mulher tratou de apresentar-se, toda sorridente. Rose, na medida do possível, mostrou-se simpática e saiu.

— Nossa, como essa moça é linda, Inês. Seus netos serão bonitos!

Foi o que Inês ouviu ao retornar para casa. Como estava nervosa com aquela surpresa, falou brava:

— Se depender de mim, esse romance está com os dias contados!

***

— Rose acordou cedo. Hoje ela saiu antes da Cleide — falou Heleno, enquanto passava manteiga no pão. Estava tão entretido que nem percebeu que Arlete, sentada à sua frente, também saboreando o café, fazia caretas ao ouvir o nome da cunhada. — Parece que ia até a casa do namorado antes de ir trabalhar. Cleide levou Silas à creche hoje. Fico triste por minha irmã não ter constituído uma família. Está tão sozinha. Ainda assim, é muito carinhosa com o meu neto. Eu a vi ajudando o menino a se vestir, fazendo o laço do tênis, ajeitando o lanche na mochila. Teria sido uma excelente mãe.

— Acordou inspirado hoje, hein? — resmungou. — Como fala!

— Não tenho culpa que já acorda mal-humorada. Aliás, vive mal-humorada, fumando esse cigarro — enquanto Heleno falava, Arlete ignorava os comentários do marido, tanto que nem deu atenção ao próximo assunto que ele trazia à mesa. — A dona Leila, lembra dela? Que morava aqui na rua? Então, está morando no bairro vizinho. Encomendou duas caixas de ovos para o bolo de casamento da filha.

— Vai ser bolo de quindim? Pra que tantos ovos?

Heleno esperava que, como ele, a esposa comemorasse a venda, mas Arlete era crítica, ácida. Não combinava com ela celebrar uma conquista do marido.

Ele ainda falou mais algumas coisas sobre despesas, deixou o dinheiro para o gás, e partiu dizendo um tchau seco. Arlete, então, ficou por ali, sentada à mesa, acendendo um cigarro após o último gole de café frio que restava na xícara. Ficou olhando o marido sumir pelo quintal e, minutos depois, começou a ouvir o que a deixava ainda mais de mau humor:

— O carro dos ovos chegou! Venha, dona de casa, venha conferir e chame a vizinha! Ovos fresquinhos, direto da granja. Venha reservar o seu, para seu bolo, sua gemada...

Arlete saiu da cozinha aflita com aquele comercial. Instantes depois, a voz do marido, amplificada pelo megafone, foi se distanciando. Enquanto ela começava a imaginar Heleno desaparecendo por uma das ruas, a casa foi tomada por um silêncio momentâneo, até o cachorro da vizinha começar a latir e Arlete ter vontade de sair correndo.

Depois, Arlete pegou uma vassoura para varrer a casa, a começar pelos quartos, quando parou diante do cômodo onde dormiam Rose, Cleide e Silas. Lembrou-se da cunhada e foi tomada por um impulso. Abriu a janela com força, e a claridade do sol invadiu o quarto. Com uma força represada pela raiva, abriu o guarda-roupa na parte de Cleide e começou a jogar as roupas da cunhada no chão. Enquanto isso, falava sozinha:

— Não quero mais você aqui na minha casa. Chega! Vive me afrontando. Não sei como pude suportar essa humilhação! E vai começar pelas roupas! Não é tão caridosa? Então vou começar a ser também! Vou doar suas roupas, todas elas!

Arlete pensava que com isso a cunhada tomaria finalmente a decisão de ir embora por vontade própria. Já havia mandado Cleide ir embora diversas vezes em meio às brigas, mas nada funcionava. Heleno tomava as dores da irmã, colocava-se entre as duas e sempre a defendia. Cuidava dela como quem cuida de um bebê órfão. E tudo aquilo irritava ainda mais Arlete. Agora seria diferente. Jogaria as roupas fora e tinha por certo que a cunhada partiria.

Depois de jogar alguns cabides sobre a cama, puxou uma gaveta, que tinha um fundo falso, e lá viu várias revistas de novelas, horóscopo e simpatias. A mulher, divertindo-se com aquilo, arremessou tudo no chão e começou a pisar nas revistas. Sentia satisfação em estragar o que a cunhada tanto gostava.

— Ela foi capaz de fazer isso comigo, com o meu coração. Rir do meu amor...

Pisou ainda mais forte em uma revista e pôde sentir que havia dentro dela alguns envelopes. De repente, um deles escorregou para fora da revista. Parou na hora e, abaixando-se para apanhar a revista, descobriu vários envelopes. Ficou tão fascinada com a descoberta que foi caminhando de costas até alcançar a cama, onde finalmente se sentou.

Seus olhos, ansiosos como suas mãos, percorriam as linhas. Aos poucos, o sorriso, que despontava em seu rosto à medida que lia o conteúdo daqueles papéis, foi se transformando em uma gargalhada e, por fim, ao concluir a leitura, acomodou os envelopes no mesmo lugar. Um ar de riso preencheu seu rosto ao olhar em volta e ver as roupas da cunhada espalhadas pelo chão, mas achou que aquilo era pequeno perto do que havia descoberto.

— Não posso acreditar nisso — falou sozinha. Segundos depois, apalpou o bolso da camisa e pegou um cigarro. Acendeu ali mesmo, ignorando as recomendações de Rose para que não fumasse dentro do quarto. — Ela está em minhas mãos — soltou uma risada e depois, tragando o cigarro, soltou uma baforada capaz de esconder o seu rosto.

***

Alex despertou com a luz do sol, que se infiltrava pelas frestas da janela do seu quarto, e foi levantando preguiçosamente. Estava feliz em saber que Aracy se encontrava em um lugar tranquilo, sendo bem tratada e, o melhor, longe das armações de Lauro.

Depois do banho, ele se vestiu e pegou o carro para ir trabalhar. Estava tão tranquilo que não percebeu que Lauro o seguia em outro automóvel.

Lauro achou que o sobrinho estava muito tranquilo diante da ausência de Aracy. Mesmo drogado, Lauro estava cada vez mais convencido de que Alex sabia do paradeiro de sua mãe, por isso resolveu seguir o sobrinho. Ficou frustrado quando o viu entrar em uma loja de departamentos e não o viu sair. Deduziu que o sobrinho trabalhasse ali. Resolveu dar umas voltas e calcular o tempo que precisava para voltar ao local e continuar seguindo os passos do jovem.

Alex, antes de entrar no trabalho, fez uma ligação para o hospital onde sua avó estava internada. O rapaz abriu um sorriso ao saber que a recuperação de Aracy estava superando as expectativas. Ela havia sido resgatada da clínica completamente dopada pelos medicamentos, que foram administrados em doses elevadas, o que causou um desequilíbrio em seu organismo. Por isso, Alex resolveu levá-la ao hospital onde realizava trabalhos voluntários.

Além do trabalho voluntário no hospital, Alex exerce a função de operador de caixa em uma loja. De início, assim como os demais funcionários, o chefe do jovem estranhou ao vê-lo sempre bem-vestido e ficou ainda mais surpreso ao saber que o rapaz se locomovia de carro, pois o salário que recebia não era condizente com o padrão de vida que exibia. O chefe do moço, um homem perto dos cinquenta anos, arriscava toda semana um jogo na lotérica, desejando antecipar a tão sonhada aposentadoria. O homem chegou a solicitar ao setor de Recursos Humanos da empresa todos os documentos de Alex, para investigar a situação do rapaz.

Formado, mas sem experiência, e sem querer se utilizar da influência do nome Senhorine, referência no ramo de construção civil, Alex optou pelo emprego em uma loja de departamentos na função de caixa. Queria, sim, um cargo à altura da sua inteligência, ganhar bem, mas já estava adaptado à realidade crua. Havia passado por diversas entrevistas, dinâmicas, e, quando foi selecionado, não hesitou em aceitar a oferta. Sua beleza cativou as entrevistadoras, mas foi sua desenvoltura nas entrevistas e a informação de que nas horas vagas era voluntário em um hospital que fizeram com que ele fosse escolhido em uma seleção entre trinta candidatos.

Alex acabou aceitando o emprego, pois estudou bastante o perfil da empresa. O rapaz avaliou se a companhia oferecia um plano de carreira, se reconhecia o trabalho dos funcionários, quais eram os benefícios oferecidos por ela, e enxergou também naquele emprego uma chance de conseguir tirar a avó das garras de Lauro e se manter sem precisar contar com o dinheiro da herança. Não que ele não precisasse do dinheiro, mas queria ser adverso ao que via Lauro fazer, um parasita agarrado ao dinheiro da família, que não se movimentava para conquistar seu próprio sustento.

Por tudo isso e pelo exemplar serviço que o rapaz prestava, o chefe de Alex não tinha argumentos contrários ao jovem. Inclusive pensava nele como um sucessor, quando se aposentasse dali a alguns anos.

Alex cumpriu o expediente de seis horas e saiu dali direto para o hospital. Lauro já o esperava havia trinta minutos. Estava angustiado, tomado pelo efeito das drogas que usava, suava muito e tinha muita sede.

Lauro o seguiu e abriu um sorriso quando o viu entrar no hospital.

"Ele a trouxe para cá. Sabia! Ele resgatou minha mãe e a trouxe para este lugar", Lauro pensou.

Entrou no hospital e foi fazendo o mesmo percurso que viu Alex fazendo, mas foi barrado por um segurança, que notou o seu comportamento estranho e logo o questionou sobre o que procurava. Lauro foi pego de surpresa. Achava que, como o sobrinho, teria acesso livre ao hospital. O que não sabia era que o rapaz também fazia trabalho voluntário no local. Minutos depois, Lauro estava na rua, encostado no carro, de braços cruzados, esperando o sobrinho para tirar satisfação.

Alex entrou no quarto sorrindo, mas procurou não fazer barulho, pois Aracy estava deitada na cama com os olhos cerrados.

— Meu querido, você veio — falou Aracy com um tom de voz mais forte em comparação ao que tinha quando fora deixada lá.

— Vovó, como se sente? Pergunto por perguntar, vejo que já está ótima! — brincou Alex num sorriso que tornava o seu rosto ainda mais bonito.

Conversaram por mais alguns minutos, e Alex ainda questionou Aracy sobre o seu estado, ficando feliz ao saber que tudo estava sob controle. O jovem, durante a visita, ainda ajudou a avó a se alimentar e, quando a viu adormecer, foi fechar a janela para impedir a entrada do sol no quarto. Foi então que viu, através da janela do quinto andar do hospital, Lauro andando em volta do carro, agitado, passando as mãos pelos braços, olhando fixamente para o hospital. Alex ficou em pânico e se perguntava como o tio teria chegado até ali, sem se dar conta de que havia sido seguido durante todo o dia. Percebeu então que teria que pensar rápido em alguma saída para aquela situação.

Capítulo 19

Rose chegou ao trabalho muito triste. Seu descontentamento era tão perceptível que até Andréa, sempre distraída com os seus romances, isolada em seu mundo, foi capaz de perceber que algo havia acontecido à moça. Quando a jovem entrou na loja, Andréa pensava em Igor e em seu último encontro com o rapaz. O primeiro, para ela, havia sido realmente bom, porque o jovem havia arcado com as despesas do jantar e do hotel. Já no segundo, a moça tivera que arcar com as despesas do hotel, utilizando o cartão de crédito que ganhara de Kleber. A moça ainda acelerou Igor para irem embora porque, se passasse mais uma hora naquele hotel, mergulhada na hidromassagem, teria que pagar uma conta alta no fim do mês.

— Flor, o que você tem? — Andréa perguntou.

Ouvir o questionamento da amiga foi o suficiente para Rose se desmanchar em lágrimas, se abrir com Andréa e contar tudo o que vinha acontecendo em sua vida. Estava se sentindo sufocada por aquela situação. Não podia contar com Arlete, porque ela era fria e egoísta o bastante para pensar só nela; o pai era um homem bom, mas sabia que os anos que os separavam era um abismo entre eles. Cleide, sim, era a pessoa ideal para conversar. Ela poderia aconselhá-la ou dar-lhe ombro e silêncio, tão necessários naquele momento. No entanto, em meio ao turbilhão de acontecimentos que se sucediam, Andréa mostrou-se uma boa amiga.

— Estou chocada, flor! Ele é usuário de drogas?! — fez uma pausa enquanto observava Rose balançar a cabeça positivamente, tentando represar as lágrimas que desciam pelo seu rosto. — E a louca da sua sogra acha que é você quem está dando isso para ele?

— Não é bem assim. Ela insinuou isso porque não gosta de mim. Não gosta e nunca entendi o porquê. Não faço ideia do que ela pode ter visto de errado para não gostar de mim.

— Desculpe-me, amiga, mas, pelo que fala dela, só pode ser por causa do Silas.

Rose começou a chorar ainda mais, e Andréa tentava abraçar a amiga.

— Ele usa droga, mente pra mim, não sei quem são os seus amigos, seus planos, se estou neles, mas ainda assim eu gosto dele. Como gostaria de não sentir isso...

Andréa segurava a mão da amiga, como se aquele gesto pudesse passar energias para revitalizá-la. Foi quando se lembrou do que Abel dissera sobre Igor.

Andréa ficou em silêncio de repente.

— O que aconteceu? — perguntou Rose.

— Sabe esse cara com quem estou saindo?

— Acho desrespeitoso isso que faz com o Kleber, um cara do bem, trabalhador...

— O Igor é traficante. O Abel me disse isso — revelou rapidamente.

Depois de uma pausa, ainda tentando se recuperar da surpresa, Rose questionou:

— E ainda assim quis sair, ficar com ele?

— Pensei que fosse implicância do Abel, pois você vive dizendo que eu não deveria trair o Kleber. Achei que ele soubesse e tivesse inventado isso. Igor me falou que era empresário. Na primeira noite, me levou a lugares que em anos, estando com Kleber, não tive a oportunidade de conhecer. Não consegui ver nele o que Abel apontou. Não! Era um empresário bonito, bem-vestido, charmoso...

Foi quando Rose juntou os pontos, lembrando-se da contradição de informações entre Andréa e Abel. Agora sabia que os dois estavam realmente escondendo algo.

— Acha que ele pode estar fornecendo drogas para o Abel? — perguntou Rose, como se já soubesse a resposta.

— São amigos, pelo que entendi. Só isso. Abel deve saber dele.

Rose não tinha essa certeza. Começou a pensar que Abel e Igor estavam no mesmo barco, do qual ela pensava em saltar, pois não tencionava seguir aquela viagem. Não era o que queria para sua vida.

***

Lauro cansou de esperar pelo sobrinho na porta do hospital. Estava muito impaciente. Andava na frente do prédio grande, largo, sem tirar os olhos da portaria. Pensava que, assim como ele entrara por ali, também sairia por ali. Comeu cachorro-quente, pipoca, balas, o que pôde comprar nas barraquinhas em frente ao hospital, mas o sobrinho simplesmente não aparecia. Lauro só resolveu mudar seus planos quando um carro da polícia chegou, estacionou, e de dentro dele saltaram três policiais. Quando viu que estava sendo observado por um deles, disfarçou e entrou no carro, acelerando sem olhar para trás. Se a polícia tivesse revistado seu carro, provavelmente encontraria algo que o incriminasse.

Já em casa, Lauro chegou chutando tudo o que via pela frente. Estava certo de que o sobrinho escondera Aracy no hospital, mas não conseguiu entrar no prédio nem surpreender Alex como planejava, para descobrir o que estava acontecendo. Ora se sentia seguro de suas suposições, mas, em outro momento, confuso e judiado pelas drogas, não conseguia entender o que de fato estava acontecendo. Pensava que a mãe pudesse estar entre os velhinhos que haviam sido remanejados para o hospital da região, mas no jornal não lera o nome de Aracy. Então tudo se confundia de novo e ele continuava a acreditar que Alex havia sido responsável pela fuga de sua mãe.

Foi durante essa confusão de pensamentos de Lauro que Alex entrou em casa. Forçando o sorriso, o rapaz deixou à mostra uma de suas mãos, mais precisamente um de seus dedos, que estava enfaixado.

— Estava no hospital. Machuquei o dedo — adiantou-se diante dos olhos curiosos de Lauro. Alex, encenando, ainda disse o nome do hospital onde esteve, o endereço, tudo para que Lauro acreditasse que a sua presença naquele lugar era por conta do machucado no dedo e não por Aracy.

Lauro, ainda mais confuso, acreditou no sobrinho.

— E a vovó, deu notícias? Queria ir visitá-la. Não sabe mesmo onde ela está?

— Não, não sei — em um misto de confusão e surpresa diante da veracidade da fala de Alex, Lauro estava a ponto de enlouquecer. Chegou a pensar que sua mãe tivesse morrido e que a clínica havia dado um fim ao seu corpo. Pensou nessa possibilidade porque, no último contato com o local, soubera que a mãe estava doente e febril quando saiu da clínica acompanhada. Suas dúvidas só aumentavam.

Alex sorriu ao subir a escada, satisfeito por conseguir confundir Lauro. Causar confusão ao tio era pouco diante de tudo que ele havia feito a família sofrer. Pouco. Subiu assim, rindo, sem olhar para trás, enquanto Lauro afundava-se na poltrona, confuso, com os olhos vidrados e perdidos em algum canto da casa.

***

Cleide estranhou quando chegou em casa e foi recebida de forma simpática pela cunhada. Não era comum ver Arlete daquele jeito, feliz, sorrindo. A mulher cumprimentou a cunhada sem esperar resposta, como sempre acontecia quando se encontravam após uma briga. Diferente disso, Arlete sorriu e a cumprimentou. Chegou até a perguntar como havia sido seu dia na loja. Cleide pensou que aquela aproximação era por conta da presença de Heleno na cozinha, que fazia sua refeição.

Depois de Cleide desaparecer na cozinha e ter tomado o corredor que a levava a seu quarto, Arlete permaneceu rindo. Pouco tempo depois, quando Cleide chegou ao seu quarto, ouviu-se na casa o grito da mulher.

Arlete ficou parada onde estava, agora séria, como se soubesse o que acontecia na casa. Preocupado, Heleno correu para o quarto da irmã. Logo viu Cleide quase em lágrimas, lamentando-se pela bagunça em seu quarto. Arlete apareceu depois. Veio caminhando lentamente, parou na porta, segurando o riso ao ver a cunhada tentando recolher as roupas amassadas pelo chão.

— Heleno, vá tomar seu banho. Deixe que eu ajudo a Cleide.

— Eu já estou indo. Pode ser o gato que você falou, Arlete. Cheguei a ver, é grande. Se viu a janela aberta, deve ter entrado e feito tudo isso.

— Pode ser — ratificou Arlete com um olhar altivo, acompanhado de um ar de riso. Depois, impaciente, como costumava ser com o marido, repetiu: — Vá tomar seu banho, homem.

Heleno saiu sem olhar para trás, o que deixou Cleide ainda mais irritada. Não gostava do tratamento que Arlete dispensava a seu irmão. Achava um absurdo.

Arlete sentou-se na beira da cama e ficou assistindo a cunhada recolher, dobrar e guardar as roupas. Com as pernas cruzadas, a mulher não moveu uma palha, ou melhor, uma peça de roupa para ajudar Cleide. Não, preferiu vê-la resmungar, condenando o suposto gato, enquanto armazenava suas roupas no armário novamente. Algumas peças, inclusive, Cleide separou para lavar, pois estavam sujas. Depois de tudo finalmente acomodado no guarda-roupa, Arlete comentou com a cunhada:

— Perfeito. Acho que precisamos colocar uma tela na janela... — fez uma pausa enquanto pegava uma revista recheada de envelopes, que havia guardado em uma sacola, e depois, arremessando-a aos pés da cunhada, disse: — Não está esquecendo nada? Que gato esperto, cunhada. Só mexeu na sua parte.

Cleide fuzilou Arlete com os olhos. A princípio, tomada pela raiva, avançou em direção à cunhada, que, esperta, se afastou a tempo de deixar Cleide cair sobre a cama. Rindo, fazendo pouco caso da mulher, Arlete encostou a porta do quarto e, com o seu porte altivo, encarou a cunhada. Cleide, refazendo-se da queda, concluiu:

— Logo vi... Devia ter desconfiado dessa história de gato.

Você mexeu nas minhas coisas.

Arlete, debochada, começou a bater palmas.

— Pensei que fosse deduzir mais rápido.

— Você me odeia e sei o motivo. Antônio é a razão desse ódio.

A outra ficou desconcertada. Era como se tivessem acertado o seu ponto fraco, por isso desconversou:

— Fico imaginando a cara do Heleno quando vir isso... Uma coisa é certa: você não mora mais aqui. Tradicional como é o meu marido, duvido que ele vá aceitar isso. Debaixo do teto dele? Não acredito.

— Não fale sobre o que você não sabe. Vocês são muito preconceituosos!

— Eu o conheço o bastante para saber sua opinião. Não vivo com Heleno há dias, vivo há anos. Você, como irmã, já sabe disso, prova que fez segredo desse assunto. Bom, guarde suas lembranças e vamos mudar de assunto.

— Saia do meu quarto.

— Só para constar... O seu quarto está na minha casa, portanto não recebo ordens para sair do que é meu. Você sim... Dê um jeito de sair daqui. Se bem que deve estar esperando a hora para isso, suponho.

— Eu te odeio.

— Não posso dizer que tenho amor por você, mas não tenho ódio. É muito forte e não combina comigo, não cabe no meu coração — ironizou. Depois, já de saída do quarto, voltou o rosto para trás e viu a cunhada chorando. Ainda assim continuou: — Vou deixar você ficar, por enquanto. Não se anime. E só você, se é que me entende...

— Saia da minha frente, Arlete.

— Pode me trazer umas roupas da loja onde trabalha...

— Como?!

— Uma blusinha, uma calça combinando. Confio no seu bom gosto, cunhada. Acho que o Heleno vai adorar ver a paz entre a esposa e a irmã.

— Está fazendo chantagem comigo?

— Não! Que horror! — dramatizou, colocando a mão na altura do peito. — Apenas sou uma amiga que guarda com carinho um segredo. E mereço um mimo por essa gentileza.

Cleide pegou o travesseiro e lançou-o na direção de Arlete, que saiu fechando a porta. Segundos depois, voltou a abri-la e disse:

— Ah! Dois números a menos do que você usa.

Com a porta fechada, Cleide permaneceu em seu quarto muito triste e em lágrimas por ter sua vida invadida.

***

O tempo passa. Deus, generosamente, presenteou-nos com o tempo, porque o tempo cuida de tudo. Com amor e fé, ele ameniza as dores, distancia-nos dos momentos difíceis, fortalece o nosso espírito para que possamos suportar a jornada e lidar com questões delicadas, que são postas diante de nós no decorrer da vida. É o tempo que ajuda o indivíduo a se recuperar de um estado precário de saúde ou a pensar na melhor alternativa diante de um caminho estreito e repleto de inimigos. É ele, o tempo, que faz também uma mãe acreditar na recuperação de um filho, que escolheu peregrinar por caminhos tortos.

— Abel saiu do emprego?! — perguntou Evinha do alto da escada, debruçada com os seios fartos sobre o muro que divide os terrenos das duas casas. Uma das mãos trabalhava rápido, como a língua, em ajeitar a alça da camiseta regata, já sem cor e com um furinho minúsculo. — Me conta com riqueza de detalhes.

— Não! Graças a Deus está firme no emprego. Estão gostando dele lá. Já falam até em promoção!

— Nossa, já?! Meu filho, coitado, teve a sorte do Enfeite. Jogaram o homem naquela mesinha no escritório e só aumenta o trabalho do pobre. Do que adiantou beleza? Até lá na empresa é um enfeite, um porta-pó — depois de se lamentar, especulou:
— É que fui levar o lixo na rua e o vi saindo mais tarde...

— Ele foi até a casa da Márcia pegar o carro emprestado. Depois que minha mãe caiu... Lembra que te contei? Ela está com dores, já a levamos ao médico, está tomando remédio, mas ainda sente alguma coisa. Então... Abel vai levar minha irmã ao trabalho e depois virá de carro para levar mamãe ao médico, ao banco e, na hora do almoço, vai devolver o carro para minha irmã.

— Entendi — disse revirando os olhos.

— Agora preciso correr! Vou arrumar a casa, fazer o almoço e à tarde terei que trabalhar. Tenho umas costuras para entregar ainda.

— Depois quero que você faça uma saia pra mim, igual a que fez da última vez. Vou à casa da minha cunhada, irmã do Enfeite... Aquela mão de vaca vai fazer aniversário e o meu cunhado vai fazer uma festa surpresa pra ela. Até estranhei, porque ela lava o quintal com a água da máquina! O quintal dela é cheio de baldes, e ela faz até promessa para chover. Acredita que a mulher desliga a geladeira durante o dia, porque disse que gasta mais?!

Inês divertia-se com a vizinha. Sabia o quanto Evinha era fofoqueira, especuladora, mas ainda assim gostava dela. Depois de ouvir as conversas fiadas da vizinha, Inês entrou. Consultou o relógio e achou que o filho estava demorando. Ia ligar, quando Abel finalmente chegou em casa, com os olhos vermelhos, mais magro, agitado, e com um comportamento que muito se distanciava do jovem bonito que Inês sonhava ver formado, constituindo família, vindo nos fins de semana com a esposa e os filhos para visitá-la. Rose não cabia nesse sonho de Inês. A moça ainda era alvo de brigas entre mãe e filho. Tudo que de errado acontecia, Inês atribuía a Rose a responsabilidade.

— Já começou, mãe?! — reclamou Abel quando questionado sobre a demora para chegar em casa. — Trânsito, já ouviu falar nisso? Fica aqui, socada dentro de casa, envolvida com essas costurinhas, ouvindo essas mulheres que você chama de clientes, que nem se dá conta do mundo que tem lá fora. Sua vida não ultrapassa o bairro, mãe.

— Menino! Mais respeito comigo. Além de ser sua mãe, eu comprei muita coisa pra você com o dinheiro do meu trabalho como costureira, que, inclusive, me dá muito orgulho. A casa que seu pai nos deixou está desocupada, não consegui alugar ainda. E é com o dinheiro das costuras que você tem se vestido e se alimentado. Inclusive o dinheiro para a passagem, para a gasolina que vai colocar no carro da sua tia. Então...

— Tá bom, mãe. Já deu. Cadê a vovó? Tenho que levar o carro para a tia na hora do almoço.

— Filho, vi você descendo do carro, tão bonito, de óculos escuros — comentou Inês, sem ressentimentos pelos desaforos proferidos por Abel. — Vamos tirar uma foto até sua avó se arrumar.

O jovem, também atraído pelo carro, não rejeitou a ideia e fez diversas poses diante do carro, com e sem óculos escuros. Inês, divertindo-se, dirigia o filho, dizendo o lado que podia vê-lo melhor, sem interferência direta do sol.

Mafalda chegou logo depois, toda arrumada, perfumada e com a bolsa em uma das mãos. Abel e Inês brincaram, perguntando aonde ela iria tão bonita, e a senhora, vaidosa, adorando os elogios, deu duas voltinhas com dificuldade por conta das dores que ainda sentia em uma das pernas.

Abel, sorrindo, tratando Mafalda como se fosse uma rainha, abriu a porta do carro e, depois de fechá-la, correu e deu um beijo rápido no rosto da mãe. Deu a partida no automóvel e ainda pôde ouvir as recomendações de Inês. Pelo retrovisor, Abel viu a mãe em um vestido florido, acima do joelho, com o pano de prato no ombro, distanciando-se em um aceno, que o fez ficar triste.

O jovem, paciente, levou a avó para uma consulta marcada, que transcorreu mais rápido do que imaginava. Depois seguiu para o banco, onde parou no estacionamento e ouviu as instruções de Mafalda.

— Não sou mais a mesma depois do tombo. Sinto o corpo todo doer. O médico disse que vou ficar boa, e tenho fé, mas agora, depois dos poucos degraus que subi, sinto-me cansada — abriu a bolsa e tirou o cartão, entregando-o ao neto com a senha. — Vá lá, meu querido, retire o dinheiro da pensão. Decorou a senha?

Os olhos de Abel, avermelhados e cansados, pareciam saltar ao ver o cartão em suas mãos.

— Vá logo e não demore. Está muito quente aqui e, se acontecer algo, vou alegar abandono de incapaz — divertiu-se Mafalda.

O jovem riu com a avó. Depois desceu do carro e caminhou apressado para o interior do banco. Minutos depois, ele apareceu e Mafalda pôde, ainda que com a vista turva, vê-lo sair do banco pela porta giratória. Ao aproximar-se, a senhora viu o sorriso no rosto do jovem e ficou feliz, pois vinha analisando o comportamento rebelde de Abel e também sofrendo com Inês por causa daquela transformação.

Abel entrou no carro, e Mafalda pôde sentir o calor que o jovem trazia para dentro do automóvel. Ele suava muito, deixando a camiseta praticamente molhada. Enquanto o jovem tomava um pouco de água, que tinha à disposição no carro, Mafalda, pacientemente, guardou o cartão na bolsa e depois começou a conferir o dinheiro. Abel viu o rosto sério da avó e foi tomado por um frio na barriga ao ouvir:

— Abel, você conferiu na hora que recebeu a pensão? Está faltando dinheiro aqui.

Capítulo 20

Andréa, cada vez mais, envolvia-se com Igor. Para a moça, o relacionamento tornara-se quase uma religião, tanto que estabeleceu os dias para seus encontros. Ela, apaixonada, aguardava ansiosa pelo convite do rapaz para viverem juntos. Andréa ainda morava com Kleber, pois com o que ganhava mal conseguia se sustentar, muito menos pagar um aluguel. Tinha carinho por ele, mas não sentia mais o amor que um dia os uniu. Vivia aquele relacionamento e, paralelamente, mantinha encontros com outros homens, até conhecer Igor e se sentir muito atraída pelo rapaz. O desejo que tinha por ele era tanto que a garota nem notava mais os sinais do comportamento hostil do amante. Muitas vezes, Igor portava-se de maneira grosseira, pouco falava e, em diversos momentos, depois de se satisfazer sexualmente, saía e mal se despedia de Andréa. A moça interpretava que os negócios não estavam bem e, por isso, com medo de perdê-lo, não falava sobre o que sentia, sobre seu distanciamento e sua frieza. Igor compensava a moça sexualmente. Amavam-se intensamente, pois era isso que fascinava o rapaz: estar com Simone.

Apesar do turbilhão que envolvia seu relacionamento com Igor, Andréa o amava. Era forte, obstinado em conseguir o que queria, e isso fascinava a moça. Ao contrário da personalidade marcante do amante, Kleber, até para escolher uma roupa, pedia a opinião de Andréa, que se aborrecia.

Um dia, quando estava de saída para o trabalho, perdida em seus pensamentos, comparando os homens que ocupavam sua vida, Andréa teve sua atenção chamada por Kleber, que parou à sua frente com um envelope nas mãos. A moça, como era habitual nos últimos tempos, não se atentava mais ao que Kleber falava, mas, ao vê-lo chacoalhando um papel, tratou de prestar atenção ao assunto.

— Chegou a fatura do nosso cartão de crédito... Viu o valor?

— Não, mas é normal... A gente tem que comprar algumas coisas que não temos e com crédito acabamos gastando um pouco mais. Vamos rever no próximo mês.

O jovem parecia não ouvir Andréa. Checando item a item as compras realizadas, Kleber, de repente, se deparou com uma compra que o deixou encabulado.

— Não me lembro dessa compra — indicou o item para Andréa.

— Foi da farmácia. Você comprou para sua mãe — afirmou Andréa secamente, pois se lembrava perfeitamente daquela noite. Achou um absurdo Kleber comprar o remédio para a mãe, já que tinha o pai para isso. O rapaz nem se importou e contrariou Andréa ao comprar o medicamento.

— E isso aqui?! Jantar e hotel no mesmo dia. Veja o absurdo da conta. Vou ligar para reclamar, isso não é nosso.

A moça sentiu o sangue sumir do rosto. Depois de alguns segundos, respondeu finalmente ao namorado, pois conhecia perfeitamente a origem daquelas cobranças. Eram do dia em que saiu com Igor.

— Esqueceu-se, amor? — começou Andréa, tentando convencê-lo. — Aquele dia da greve do metrô... Acabei indo para um hotel, achando que não teria como voltar para casa. Jantei por lá porque estava com fome, mas acabei indo embora porque liguei a televisão e soube que a situação havia sido normalizada.

Kleber acabou convencido, mesmo tendo certeza de que, naquele dia, não havia acontecido a greve de que a namorada falava. O amor que sentia pela moça fazia com que ele acreditasse em suas justificativas cegamente.

***

Lauro passava os dias entregue à inércia, como era a sua vida, e respondia de forma vaga às perguntas do sobrinho quando o assunto era Aracy. De fato, não estava mentindo, pois desconhecia o paradeiro de sua mãe e também já acreditava que Alex, como ele, também não sabia que destino teria tido sua mãe. Certa vez, diante do calendário, contou o tempo que não tinha notícias de Aracy. Chegou então a pensar em consultar um advogado sobre a herança e sobre o tempo necessário para confirmar a morte de uma pessoa juridicamente. Ele, indiferente ao fato de se tratar de sua mãe, riu em pensar que seus planos acabaram por ter um desfecho ainda melhor do que havia planejado. Concluiu que a mãe pudesse ter falecido em virtude dos maus-tratos que sofrera e que a equipe da clínica clandestina, provavelmente, teria desaparecido com o corpo. Tudo isso povoava a imaginação de Lauro.

Ele parecia, pelo uso constante das drogas, bem mais velho, e suas roupas, soltas no corpo magro, revelavam o quanto estava doente. Quem conheceu a casa da família Senhorine, anos antes, poderia perceber o estrago feito ali. Quadros, móveis, objetos de arte, que estavam na família há gerações, desapareciam nas mãos de Lauro, que vendia os objetos para arcar com as despesas do vício em drogas, mulheres e jogos. Também por causa do seu vício, Lauro começou a construir laços de amizade com pessoas semelhantes, e todos eles eram cercados por espíritos que, quando na Terra, usufruíam dos mesmos costumes e que, por conta do apego a essas experiências, nutriam-se por meio de usuários de drogas e viciados em jogos e sexo.

Lauro havia perdido o bom senso, a ponto de dar festas durante o dia, na ausência ou não do sobrinho. As festas eram promovidas por alguns amigos que se apossavam da casa, com exceção do quarto de Alex, que era trancado e cuja chave Lauro não possuía.

Foi em uma dessas festas, com a casa tomada por fumaça, pelo cheiro de bebida alcoólica e por roupas espalhadas, que Alex teve uma surpresa ao atender a campainha. Diante da porta, bem-vestida e disposta, estava Aracy.

— O que significa isso na minha casa?! — Aracy gritou alto depois de passar por algumas pessoas, e alcançar o aparelho de som e desligá-lo, conquistando assim um silêncio momentâneo. O ambiente, além da péssima energia, estava escuro, pois as janelas e cortinas eram mantidas fechadas.

Alex auxiliou a avó abrindo as cortinas e janelas. O que viram causou-lhes um misto de tristeza e medo. Eram pessoas abatidas, ainda jovens, que caminhavam pela casa como zumbis, algumas com garrafas na mão e cigarros. Aracy pôde ouvir, com o silêncio estabelecido na sala e com a movimentação ligeira dos que ali estavam, como se fossem baratas, a movimentação da sala ao lado. No local estava acontecendo uma rodada de jogos valendo dinheiro, drogas, roupas, o que tinham.

Aracy encostou-se à porta para ver melhor o cômodo. Em segundos, lembrou-se do quanto o local fora alegre um dia, bem decorado, arejado, com cortinas longas e de cores intensas, mesas de madeira maciça, móveis bem cuidados e sempre limpos, decorados com cristais. Tudo havia mudado. Ela olhou para o teto e viu um buraco onde um dia houve lustres finíssimos. As cortinas ainda estavam lá, mas em estado precário, rasgadas e malcheirosas. E era nesse cenário que Lauro vivia ultimamente. Ele não havia ainda notado a mãe ali perto, então se comportava como um bárbaro. Estava sob efeito de drogas, falava alto, virava uma garrafa na boca deixando a bebida escorrer pelo peito desnudo, pois havia perdido a camiseta em uma das rodadas do jogo.

— Lauro! Você tem um minuto para colocar toda essa gente para fora da minha casa — ordenou Aracy. Alex, mais uma vez, ajudou a avó a clarear o ambiente. Quando abriu as cortinas e janelas, a devastação do lugar, que fora no passado palco de tantos encontros, cafés após almoços, jantares, de debates sobre a economia e a política do país, ficou ainda mais evidente, provocando lágrimas em Aracy e muita tristeza. — O que estão olhando? Vamos, tomem os seus rumos e não voltem aqui. Vão esperar eu chamar a polícia?

Alex admirou a coragem da avó. Ela havia deixado o lugar por não suportar o comportamento de Lauro, pela agressão, por estar farta de ver o império que a família construiu se perder devido aos vícios desenfreados do filho caçula.

Em minutos, Alex e Aracy conseguiram esvaziar a casa. Alex ainda percorreu os cômodos do andar superior para checar se todos realmente haviam ido embora e pôde presenciar cenas deploráveis. Rapidamente, conseguiu identificar um grupo e tirá-lo da casa.

Lauro estava aturdido, sem camisa, descalço, com a voz rouca e completamente confuso com a presença de Aracy, chegando a pensar que estava tendo uma alucinação. Então ria e falava coisas desconexas. Alex viu o estado de Aracy, em choque por encontrar o filho e a casa destruídos, e saiu arrastando Lauro pelas escadas. Do andar superior, Alex viu a avó desmoronar em lágrimas no centro da sala. E, como Aracy, o rapaz reviveu por alguns segundos uma cena de quando ainda era pequeno, vestido com um terninho, sendo conduzido pela mãe pelas escadas. Aracy, sempre muito bem-vestida, posava ao lado do marido, formando o casal Senhorine, que era alvo dos elogios da sociedade paulistana. Tudo se modificou. A família se desfez, o vício do tio criou força o bastante para ruir o patrimônio, e os amigos distanciaram-se.

Alex jogou o tio na cama e, depois de abrir a janela, com o intuito de liberar o ar fedido que ali estava represado, foi ao banheiro, que Lauro tinha em seu quarto e que também não estava apresentável, e ligou o chuveiro. Depois, Alex puxou o tio pelos braços, que, contrariado, se calou ao sentir a água fria do chuveiro cair pelo seu corpo. Alex deixou-o ali e foi até a janela do quarto, onde se debruçou. Fechou os olhos e sentiu o vento suave envolver seu corpo, revitalizando-o. Queria fugir dali, daqueles problemas, estar em outro lugar, mas pensou em sua avó. Durante aqueles minutos em que esteve desconectado da realidade, Alex lembrou-se de Rose, dos encontros, do quanto havia sido ríspido com a bela moça, que não encontrava força para rebater suas críticas. Lembrou-se também, com um sorriso no rosto, do beijo que os uniu no bar. Abriu os olhos e focou o jardim maltratado, e isso o fez voltar à realidade.

Lauro começou a reclamar no banheiro, então Alex foi até lá, desligou o chuveiro, pegou uma toalha, que não era das mais limpas, mas a única disponível, e jogou sobre o tio. O homem, sonolento, secou-se a seu modo. O sobrinho, vendo seu estado, conduziu-o até a cama, onde o homem praticamente caiu desmaiado. Alex fechou apenas o vidro da janela e finalmente saiu do quarto.

No térreo, em silêncio, Alex sentou-se ao lado da avó e a abraçou. Ela, carinhosa, retribuiu o carinho e, naquele momento, fez uma prece em agradecimento por estar viva. Estava engasgada com Lauro e esperaria o tempo que fosse preciso para falar ao filho o que tinha para ser dito.

***

— Abel, está me ouvindo? — insistiu Mafalda diante do silêncio do neto. — Está incompleto, faltando dinheiro!

— Vó, deve ter tido algum desconto. Deve ser isso — argumentou o jovem, colocando os óculos escuros no rosto e dando partida no carro.

— Não! Está errado. Se foi descontado algum valor, quero saber o motivo. Pare o carro! Vamos, pode parar o carro. Vou eu mesma conversar no banco. Me diga quem te atendeu — o silêncio do neto fez com que Mafalda ficasse ainda mais nervosa: — Quem te atendeu?

— Uma moça.

— Qual é o nome dela?

— Não vi, vó, não vi! — gritou Abel, alterado a ponto de assustar Mafalda.

— Abel, se essa menina fez algo errado, poderá lesar outras pessoas. Ela pode até perder o emprego.

O jovem parou o carro e, diante da insistência da avó, estacionou o automóvel em outra vaga. Houve um silêncio, que foi quebrado por Abel. O rapaz estava muito tenso e sentia o suor escorregar ainda mais pelo corpo.

— Deixe comigo, vó. Eu vou lá dentro resolver isso para a senhora — o jovem pediu que a avó o esperasse e saltou do carro.

Dessa vez, o carro estava mais próximo da entrada do banco, por isso Mafalda, mesmo com dificuldade e convencida de que a moça errara na entrega do dinheiro, resolveu tirar satisfação com ela. Tomou essa decisão depois do neto entrar no local. Por essa razão, Abel não notou que estava sendo observado por Malfada, que viu quando o rapaz tirou duas notas do bolso e colocou-as no monte que tinha na outra mão. A mulher ficou surpresa e chateada com a cena. Ali tivera certeza de que o neto não só a havia roubado como também mentido para ela.

Mafalda voltou apressada para o carro, para não ser vista pelo neto. Ficou tão desconcertada, que não conseguia pensar no que dizer. Entrou no carro, sentou-se, e só naquele momento, quando sentiu o corpo relaxar no banco, suas dores recomeçaram.

Abel apareceu minutos depois. Fizera hora no interior do banco para dar a impressão à avó de que estava resolvendo o problema. O rapaz apareceu e, sorrindo ao abrir a porta do carro, acomodou-se no banco do motorista.

— Aqui está, vó. Tudo certo.

Desta vez, Mafalda pegou o dinheiro e guardou-o na bolsa. Em silêncio.

— Não vai conferir?

— Confio em você — disse olhando para o jovem, que, encabulado, olhou para o retrovisor e deu partida no carro.

Mafalda agradeceu em um tom seco, disse que estava com dores e a viagem prosseguiu em silêncio, tornando-se excessivamente longa.

Em casa, Abel deixou Mafalda no meio-fio e, sem dizer mais nada, deu a partida no veículo e foi embora.

— Cadê o Abel, mamãe?

— Já foi devolver o carro para Márcia — disse isso séria e murmurou: — Deus queira que ele não faça nenhuma bobagem.

Inês não entendeu o comentário da mãe e perguntou o que ela havia dito, mas Mafalda desconversou. Entrou quieta em casa e não correspondeu ao entusiasmo da filha.

— Como o Abel dirige bem, mamãe! Viu só? Se Deus quiser, vai se firmar nesse emprego, entrar na faculdade, largar a Rose, claro — Inês percebeu o olhar contrariado de Mafalda quando citou o nome de Rose, mas ainda assim prosseguiu: — Vou ajudá-lo. Quem sabe quando eu alugar a casa, eu possa fazer um empréstimo para pagar o carro.

— Pode ser. Minha filha, me desculpe, mas estou cansada. Vou me deitar um pouco.

— Mamãe, fiz o almoço...

— Estou sem fome — interrompeu-a Mafalda, indo para seu quarto. Estava pensativa sobre o comportamento de Abel e também muito triste. O que fazer?

Capítulo 21

Cleide abriu a janela e deixou que o sol invadisse o cômodo. O brilho do dia fez com que a mulher sorrisse ao fechar os olhos. Quando os abriu novamente, viu Andréa passar em frente da casa. Animada, acenou para a moça e depois, quando a moça desapareceu, Cleide voltou-se para o quarto e não deixou de comentar com Rose o que sentira ao ver a vizinha e também amiga.

— Nossa, tive a sensação de ter visto a Simone agora.

— A prima da Andréa?

— Sim, era a Andréa, mas o jeito de andar, de acenar ao me ver, o estilo das roupas... Está cada vez mais parecida com a prima.

— Ai, tia, pare com isso — pediu Rose, enquanto terminava de se vestir.

— E não é de hoje que percebo isso. Outro dia, aqui em casa, por vezes parecia que estava conversando com a Simone. Fisicamente eram muito parecidas, mas tinha a diferença de idade, pouca, é verdade, mas agora que Andréa está mais velha... — Cleide, impressionada com a semelhança, citou ainda mais algumas situações em que a moça lembrava Simone, mas, vendo a sobrinha assustada, decidiu mudar de assunto: — E o Silas, cadê ele?

— Está com o tablet que ganhou. Não larga. Antes de desejar um bom-dia, ele já corre para pegá-lo. Comprei em dez vezes, tia. Ele merece, é um menino tão bom. Aproveitei e tirei um tênis pra mim também. Veja que lindo — disse ao pegar a caixa no armário.

— Lindo mesmo. Gostei do detalhe. Já usou?

— Vou usar hoje à noite. Vou sair com o Abel. Ele vem fazendo umas burradas, mas preciso ajudá-lo a superar isso. Ou pelo menos tentar — murmurou isso e disparou animada para que a tia não tivesse oportunidade de especular o assunto:

— Pensei em usar também aquela camiseta que me deu, vai combinar com o tênis. O que acha?

As duas começaram a rir, divertindo-se com os planos.

Foi no meio dessa conversa que a porta se abriu e Arlete apareceu falando:

— Cunhada, pode trocar, ficou apertado — reclamou ao jogar a camiseta no colo de Cleide.

— Mãe, poderia bater na porta antes de entrar? Já ouviu falar em privacidade?

— Rosely, estou na minha casa. Entro e saio daqui como e quando eu quiser. Onde já se viu isso. Agora tenho que pedir licença para circular na minha casa!

Cleide levantou-se sem dizer nada, mas com a cara fechada, fazendo com que Rose logo percebesse o clima estranho entre elas. Cleide resmungou:

— Deixe aí, vou trocar — pegou a bolsa e, ajeitando-a no ombro, despediu-se: — Tenho médico e já estou atrasada. Tchau.

Arlete e Rose despediram-se dela e a primeira, sorrindo, se jogou na cama. Tal alegria deixou a moça incomodada.

— Mãe, não entendo o porquê desses presentes que a tia vem trazendo pra você.

— Não pode? Tem que ter razão, Rosely?

— Já vi a tia Cleide trazer roupas e entregar...

— Vai implicar com isso, menina? É pouco por morar de graça nesta casa.

— De graça? Ela ajuda com as despesas, ajuda a limpar a casa, a passar as roupas, tudo para não se sentir uma folgada. Como você ainda diz isso?

— Como dona da casa, mereço alguns mimos. Não vejo problema nisso.

— Se aproveita da boa vontade dela...

— O que é, Rosely? Vou ser franca: por mim ela nem estaria mais aqui. Tenho os meus motivos para querer a irmã do seu pai longe desta casa, bem distante...

— Se a tia for embora, eu vou junto.

— Faça suas malas, então. Porque se eu contar um segredo de sua tia, vai explodir a Terceira Guerra aqui em casa. Se seu pai descobrir esse segredo, ele a coloca para fora com a roupa do corpo — acendeu o cigarro mesmo diante das caretas da filha. — Se quiser ir junto, que vá. Já é hora mesmo de você procurar o seu rumo. Na sua idade, eu já estava casada.

— Até um filho já arrumou pra mim, então não estou tão parada assim — falou em um tom irônico, como nunca havia falado antes, de forma que deixou Arlete apreensiva.

Houve um longo silêncio, como se tivesse tocado em um assunto proibido. Havia cumplicidade e respeito entre as duas, apesar de tudo.

— Digo isso para o seu bem, minha querida. Para o seu bem. Até quando vai viver essa vidinha de eterna namorada?

— Tudo tem o seu tempo.

— O tempo nunca está a nosso favor, Rosely. Quando a gente percebe, ele já escorreu por entre os dedos, passou pela nossa vida, e com ele vai a nossa juventude — disse com o olhar perdido, soltando fumaça pelo quarto. Depois, tomada por uma alegria que Rose não conseguiu entender, Arlete saiu cantarolando.

Rose colocou-se diante do espelho e pensou que sua mãe, de fato, embora não fosse delicada ao lançar as palavras, estava certa. O tempo estava passando e se sentia desnorteada por amar um rapaz que parecia não querer levar a vida a sério. A moça passou o batom nos lábios bem devagar, ajeitou os cabelos com as mãos, pegou a bolsa e cruzou a alça pelo tronco, deixando marcar a camiseta justa no corpo. Antes de sair, fechou os olhos e, sem entender o porquê, pensou em Alex. Um sorriso brotou em seu rosto.

***

— Mamãe?! — foi o que Márcia falou ao ver Mafalda em sua porta.

— Belo jeito de me receber! — reclamou a senhora bem-vestida e perfumada. Beijou a filha e foi entrando sem ser convidada.

Diferentemente das outras vezes em que estivera no apartamento de Márcia, Mafalda, desta vez, não entrou admirada no imóvel, apreciando o bom gosto da filha nem elogiando as suas últimas aquisições. Desta vez, seu semblante deixava claro que o assunto que a levara até ali era grave.

Márcia, antes de fechar a porta, ainda olhou para o hall do elevador parado, supondo que Inês ou Abel estivesse acompanhado Mafalda.

— Vim sozinha, minha filha. Não achou que pudesse pegar um táxi e vir sozinha aqui?

— Não, mamãe, adorei a surpresa. Podia fazer isso mais vezes — Márcia divertiu-se, expondo sua sinceridade.

— Se vocês me deixassem voar, ou melhor, andar com minhas próprias pernas... Só porque já não sou tão jovem me tratam como uma incapaz.

— Uma jovem senhora! — brincou Márcia, abraçando a mãe enquanto riam.

De repente um tom sério voltou à voz de Mafalda, assim como o seu rosto pareceu exibir preocupação. Sem muitos rodeios, a senhora contou tudo o que havia acontecido no banco com Abel. Márcia permaneceu em silêncio, perplexa, mas acreditando no que ouvia.

— Acredito que o Abel tenha feito isso mesmo.

— Minha filha, como eu gostaria que você falasse que é coisa da minha cabeça — lamentou Mafalda com lágrimas nos olhos. — Não podia falar sobre esse assunto lá em casa. Fico triste porque não temos segredos entre nós, mas esse assunto me aborreceu. Sinto minhas mãos atadas. Tenho certeza de que, se contar a Inês, ela ficará a favor do filho. Falaria que estou vendo coisas, que minha idade...

— Ele roubou a empresa onde trabalhava, por isso foi demitido. Lembra-se daquele dia em que fomos buscá-lo no hospital? A internação foi por conta de drogas.

— Meu Deus! Meu neto tão querido está perdido...

— Sumiu um objeto aqui de casa e tenho comigo que foi ele. Que Deus me perdoe, porque não tenho como provar, mas...

Márcia, delicadamente, pegou a mãe pelo braço e a conduziu à cozinha. Lá, conversando, preparou um chá e serviu-o com bolachas.

— Não sei como falar com a Inês sobre isso. É capaz até de ficar brigada com a gente. Ela ama muito o menino para enxergar os defeitos dele — fez uma pausa, como se tivesse se lembrado de algo importante, depois prosseguiu eufórica: — Agora me veio uma coisa na cabeça. Inês tem brigado comigo porque estão sumindo mantimentos lá de casa.

— Ela comentou isso comigo também. Disse que a senhora estava dando para os pedintes — observando o rosto de Mafalda, notou que chegaram à mesma conclusão: — Ele está vendendo ou trocando por drogas.

— O que vamos fazer, minha filha? Precisamos ajudá-los.

— Bem, primeiro vamos avisar a Inês sobre o seu paradeiro. Tenho certeza de que deve ter dito que iria logo ali. Sabe como ela é preocupada — viu Mafalda rindo, como se estivesse adorando ter feito aquela visita escondida. — Depois vou levá-la para casa, mas se quiser dormir aqui...

***

Abel chegou do trabalho faminto, mexendo nas panelas, o que deixou Inês irritada.

— Menino, você já chega da rua destampando as panelas, provando a comida. Vá tomar um banho que daqui a pouco vou servir o jantar.

Abel, antes de sair da cozinha, deu um beijo molhado no rosto de Inês. A mulher apenas riu do filho. Como gostava de vê-lo assim, animado, brincando.

— Vou sair daqui a pouco.

— Fique em casa! Aonde vai a essa hora? Tome um banho, jante e vá dormir. Precisa descansar para amanhã.

— Preciso ver a Rose, mãe.

— O seu vício! — reclamou Inês, fechando a cara. Depois, mudou de assunto: — Vá logo. Hoje vamos jantar só você e eu. A mamãe foi para a Márcia, parece que vai dormir por lá.

Acredita nisso? Danadinha a sua avó! Saiu sem me dizer nada! Enquanto eu achava que ela estava aqui por perto, já estava na casa de sua tia.

Abel ficou quieto. Lembrou-se do episódio do dinheiro e sentiu-se envergonhado, principalmente ao imaginar que a avó pudesse ter percebido que havia sido ele quem tirara o dinheiro da sua pensão. Resolveu mudar de pensamento e concluiu que ela não acreditara na desculpa que dera.

Depois do banho, o jovem vestiu-se em seu quarto. Quando se preparava para sair, passou pelo corredor com a mochila nas mãos, olhou para o quarto da sua mãe e viu que estava fechado. Aproveitando a oportunidade, apressou os passos até a cozinha e foi até o armário, de onde rapidamente tirou um pacote de açúcar e um de feijão, colocando-os na mochila. Enquanto fazia isso, abriu um sorriso, pois já pensava nos mantimentos como moeda de troca na compra das drogas.

— Abel?! O que está fazendo?

Era Inês, posicionada logo atrás do rapaz, que, por estar agachado e distraído em acomodar os pacotes na mochila, não percebeu a aproximação da mãe. Sem jeito, ele disfarçou e deu à mãe a mesma desculpa que dera um dia para Rose:

— É doação, mãe. Não queria falar nada porque sei o que pensa disso. Estou ajudando uma família.

— Meu querido — disse Inês comovida —, que bom coração você tem. Seu pai ficaria orgulhoso de você — depois de um breve silêncio, reclamou: — Só que não gostaria que você fizesse doações assim, sem falar comigo. Estou controlando os gastos. Você sabe, a casa está desocupada, não podemos contar com a pensão da sua avó, esse mês ela gastou muito com remédios e eu ainda ajudei...

— Vai se importar com isso agora? Por isso não falei nada. Nem perceberia se não tivesse visto — falou já alterado, fechando a mochila e colocando-a nas costas. — Reclama demais!

Inês tentou argumentar em vão. O rapaz saiu a passos largos, Inês logo atrás, chamando pelo filho, esperando ter dele compreensão. Quando o viu no portão, saindo quase correndo, questionou:

— E o jantar, meu filho? Fiz o prato de que você tanto gosta... — finalizou em um tom baixo, pois já não alcançava o jovem que desapareceu em uma das ruas.

***

Tudo agora parecia mais claro para Rose. A constante falta de dinheiro de Abel na verdade se devia ao fato de ele ser direcionado para as drogas. Quando saíam juntos, ela sempre arcava com as despesas diante do rosto tímido do namorado. Ela sempre o animava, considerando que, sendo eles um casal, assim que ele pudesse, faria às vezes com as despesas. Por fim, aquele passeio não foi diferente, tudo foi pago por Rose. A moça ainda acreditava que seu sentimento, que interpretava como amor, era o bastante para relevar a situação não cobrá-lo a respeito do seu vício em drogas.

Abel e Rose, depois do cinema, saíram abraçados, sorrindo, como se os problemas não existissem em suas vidas. Foram fazer um lanche e, entre beijos e comentários do filme, começaram a falar de suas vidas, decepções e sonhos.

— Desde que o conheço, ouço você falando do seu sonho de ser músico, mas não o vejo fazer nada para isso acontecer — disparou Rose enquanto saboreava uma batata frita.

O rapaz olhou surpreso para a namorada e nada disse, mas se atentou ao ponto de vista da moça:

— Você trabalha e mal tem dinheiro para aplicar no seu sonho. Eu só não faço isso, investir no curso de moda, porque levo minha família nas costas. Não reclamo, é só uma constatação.

— Minha mãe "pesa" na minha. Ela implica com tudo que seja relacionado à música, porque sabe que gosto mesmo disso. Ela sonha em me ver cursando uma faculdade e depois trabalhando em uma empresa grande como minha tia e minha prima, que está no Sul.

— Mas é o sonho dela, Abel. Nossa, se ela me ouvisse falando isso pra você, com certeza ficaria com mais ódio de mim — carinhosa, pegou uma batata frita, mergulhou-a no molho, levando-a à boca do namorado e dizendo: — Ela está certa em querer vê-lo em uma faculdade. Eu também me sentiria orgulhosa de ter um namorado na universidade — os dois riram e, apaixonados, deram um selinho. — Acho até que pode fazer uma graduação e seguir com o curso de música em paralelo, como lazer, nos fins de semana, para aliviar a agitação da semana. Só que tem que ser algo que agrade o seu coração.

Rose ficou ouvindo Abel falar, pensou nos momentos que passaram juntos, e não conseguia ver o namorado como um usuário de drogas. Era bonito, tinha uma família simples, mas de princípios, honesta. Vinha analisando o comportamento do jovem e considerou que aquela fase tivesse passado. Pelo menos era nisso que queria acreditar. Ela também falou da sua vida e do difícil convívio com a mãe.

— Não chegamos a brigar, nos machucar com palavras, nos desrespeitar, mas somos diferentes e não gosto da forma como ela trata meu pai e tia Cleide.

— E com o Silas? — Abel viu a moça abaixar a cabeça como se, com aquele gesto, pudesse mudar de assunto.

— Gosto demais dele. A gente se dá muito bem.

— Eu sei. Ele sempre pergunta de você. Ela parece que não tem amor pelo menino. Se tem, não sabe demonstrar. Quanto a você, ele o adora. Já conquistou o coração de Silas.

— E o da mãe dele, já é meu? — brincou sério com os olhos fixos no rosto da jovem.

Rose nada disse e apenas aproximou-se do rosto de Abel. Ficou por alguns segundos com o olhar fixo no namorado e depois o beijou.

Ao sair da lanchonete, Abel falou sobre uma sorveteria, que deixou Rose com água na boca. O lugar ficava próximo à casa do moço, e ela, curiosa e encantada por ter a companhia do namorado por mais alguns momentos, não recusou o convite. Resolveu acompanhá-lo, depois de olhar no relógio e calcular quanto tempo ainda poderia ficar fora.

Estavam andando naquela noite gostosa e quente, de mãos dadas, quando uma voz chamou por Abel. O rapaz, que pareceu reconhecer aquela voz, tratou de acelerar os passos, puxando Rose pela mão. Então a voz tornou-se ainda mais forte e próxima. Era Igor:

— Não achou que aquela mixaria que deixou seria o

bastante para pagar o que deve, não é?

Abel tentou falar, mas Igor estava tenso e falava com o rosto quase colado ao seu. Continuou:

— É o seguinte: não tenho filho barbado, manja? Se não tem dinheiro para o leite, então trate de parar de tomar — logo começou a rir, deixando o clima tenso.

Rose mantinha-se ao lado de Abel, sentindo que a mão do namorado suava. Ela estava amedrontada com a abordagem de Igor, com seu jeito hostil e ríspido. Era possível ver que o jovem estava fora de si e que as veias do seu pescoço pareciam explodir ao cobrar o dinheiro de Abel.

— Moço, deixe a gente em paz.

— Arrumou uma advogada, Abel? — ironizou ao medir Rose dos pés à cabeça. — Jeitosa sua mina. Bem-vestida. Tem grana?

— Cai fora — ordenou Abel tomado pela raiva. Ao mexer com Rose, Igor acabou por encorajar o rapaz a enfrentá-lo.

Igor não se deixou intimidar. Partiu para cima de Abel, pegando-o pelo colarinho, mas o jovem, que era mais forte, conseguiu se desvencilhar da violência. Igor não queria ficar no prejuízo. Fizera de Abel um de seus escravos, sempre pronto para servi-lo. Sabia do vício do rapaz em drogas, então oferecia pequenas quantidades a Abel e cobrava dele o triplo pela dose. E isso havia se tornado um ciclo vicioso.

— Vamos embora, Rose.

— Não! — Igor olhou mais uma vez para Rose, que sentiu um arrepio misturado ao medo, que fez o seu corpo tremer. — O tênis fica.

— O quê? — perguntou Abel nervoso.

— O tênis dela fica. Já falei.

Abel estava propenso a correr, mas Rose, querendo se livrar de Igor, cedeu à sua ordem. Tirou os tênis e entregou-os ao rapaz, que, sorrindo, saiu com os calçados nas mãos.

Descalça, Rose começou a chorar nos braços de Abel. Ela fechou os olhos e, ao abri-los novamente, pôde ainda avistar Igor longe, correndo por uma rua mal iluminada. Pouco depois, Rose teve a sensação de que o jovem estava voltando em sua direção e, desta vez, armado.

Capítulo 22

— Mãe!

Inês tivera uma péssima noite. A começar que, pela primeira vez, realmente estava sozinha. Nem quando se descobriu viúva se sentiu daquela forma. Mafalda dormia no apartamento de Márcia, Abel saíra nervoso, sem dizer para onde ia e a que horas voltaria. Por isso, Inês fez sua refeição sozinha e ligou a televisão para tentar se distrair. Sua atenção, no entanto, estava toda voltada à sua família, ao seu filho, por isso desligou o aparelho e resolveu dormir. Virou de um lado para o outro, tensa, sem conseguir fechar os olhos. Queria ver o filho de volta, em seu quarto.

Abel estava abraçado a Rose, que ainda chorava. De repente, enquanto afagava os cabelos da moça, ouviu-se um tiro, um grito e, posteriormente, Abel estava caído no chão.

Inês acordou assustada, com os olhos espantados no quarto com pouca iluminação. Levantou-se agitada, passando a mão na altura do coração, que estava disparado. Consultou o relógio e viu que já era tarde. Saiu do quarto e foi direto procurar Abel, mas não havia sinal do rapaz. Fechou os olhos e pediu a Deus proteção para o seu menino.

— Mãe!

Inês abriu um sorriso. Era Abel. Acendeu a luz do quintal e apanhou as chaves para abrir a porta para o filho.

— Esqueceu a chave, filho? — foi falando pelo quintal, apenas iluminado pela luz que vinha da rua. — Ainda bem que tenho o sono leve... — parou de falar assim que viu Abel acompanhado por Rose, que estava com o rosto deitado no ombro do rapaz.

— O que é isso, Abel? Não gosto que traga ninguém para dormir em casa. Já pedi isso a você...

— Fomos assaltados, mãe. Levaram o tênis da Rose — o rapaz fez uma pausa esperando a compaixão de Inês, e, enquanto isso, era possível ouvir o choro assustado da moça. Abel então prosseguiu: — Vim buscar um calçado da senhora para emprestar para ela. Não vou deixar Rose voltar para casa assim, descalça.

— E você, meu filho, como está? — perguntou ao examiná-lo.

— Estou bem, mãe — disse impaciente. — Só levaram o tênis da Rose...

Inês nada disse nem esboçou reação. Virou as costas e desapareceu no interior da casa, voltando rapidamente com receio de o filho entrar com a nora. Trouxe com ela uma sandália de borracha bem surrada e na outra mão um copo de água com açúcar. Junto com a oferta, a curta recomendação:

— É bom se apressar, menina. O último ônibus sai daqui a pouco. Se ficar fazendo hora, vai acabar perdendo a condução. Tem dinheiro para o táxi? — perguntou e, diante da resposta negativa da moça, emendou: — Então corra, porque também não temos.

Rose virou o copo, e pôde sentir o açúcar escorrer do copo para boca. Isso a fez recordar-se da infância, quando pedia doce para a mãe e ela lhe oferecia um copo de água com açúcar para passar a vontade. Essa lembrança fez com que a moça voltasse a chorar. Abel a envolveu num abraço e ela se sentiu forte.

— Obrigada, dona Inês — foi o que disse ao entregar o copo. — Vamos, Abel?

Se Rose tivesse olhando para o rosto de Inês, teria visto sua cara de contradição com a proposta da moça. Por isso, ouviu da sogra:

— Vá, Abel, mas volte! Amanhã é dia de batente. Tem que começar o expediente logo cedo. Onde já se viu! Se encontrar na semana, como se não tivessem horário, compromissos. Isso é coisa de gente desocupada.

— Tá bom, mãe. Chega! — disse Abel saindo com a namorada.

Já estavam a alguns passos distantes dos olhos de Inês quando Rose questionou:

— Por que disse que fomos assaltados?
— Não fomos?!
— Era conhecido seu. A forma como ele o abordou... Era como se estivesse cobrando algo. Falou em códigos, mas percebi.
— É um amigo, ou melhor, foi. Ele cobra uma grana que já paguei...

Abel bolou uma história sem pé nem cabeça, e Rose se fez de convencida porque estava muito cansada com os últimos acontecimentos. Já no ônibus, sentada no lado da janela, a moça acenou para Abel, que ficou parado no ponto, esperando o ônibus se distanciar.

No interior do veículo, depois de virar em uma das ruas e não ver mais Abel, Rose olhou para os pés, vermelhos por ter andado uma boa distância descalça e agora protegidos pela sandália de Inês, e não conseguiu controlar suas lágrimas.

Já chegando ao seu bairro, se estivesse olhando pela janela, teria visto Alex na rua. Mas não quis o destino que naquela noite esse encontro acontecesse.

***

Andréa havia sido encarregada de abrir a loja naquele dia. Cleide fora até a casa da moça para entregar as chaves da loja e dar o recado de Rose:

— Rose está com dor de cabeça, irá mais tarde pra loja. Eu fiz um chá pra ela, que acabou adormecendo. Vai acordar mais disposta e irá para o trabalho. Aqui estão as chaves da loja. Sei que você costuma chegar mais tarde, mas faça um esforço para chegar mais cedo no trabalho. Faça isso pela sua amiga — recomendou Cleide sorridente.

— Lógico, tia. Pode deixar comigo.

Falou isso e saiu rebolando, ajustando a saia que insistia em subir a cada passo. Cleide, como de hábito, ficou observando a menina partir e comparou-a com Simone. Cada dia mais tinha a sensação de estar diante da falecida.

Na galeria, Andréa sentiu-se poderosa por estar com as chaves da loja. O procedimento, que levava apenas poucos minutos, levou o dobro do tempo naquele dia, pois a moça fez questão de se exibir para as colegas de porta da loja.

Depois de abri-la, diferentemente de Rose, que procurava organizar o local, arrumar as roupas que estavam espalhadas sobre a gôndola de vidro, fazer a limpeza do lugar, Andréa apenas puxou o banquinho e sacou da bolsa uma revista, que prontamente começou a folhear, observando somente as fotos, desinteressada nos textos.

— Simone!

A moça nem levantou os olhos e já abriu um sorriso. Era Igor.

Ele aproximou-se e agachou de forma a ficar da mesma altura de Andréa sentada. Delicadamente, algo que não era da sua natureza, mas que vinha desenvolvendo com a moça, o rapaz tocou o queixo de Andréa com o indicador, levantando-o. Na sequência da troca de olhares, beijaram-se.

— Que surpresa boa, você aqui logo cedo.

— Eu vim visitar uns clientes aqui perto e resolvi te ver — ele não mentiu. Tinha ido fazer algumas entregas de drogas na região.

Andréa beijou Igor novamente. Ao lado dele, sentia-se importante. Um empresário! A jovem fechava os olhos para a possibilidade de o rapaz ser realmente um traficante, como Abel sinalizou. Era o *seu* empresário.

Igor trazia em uma das mãos uma sacola e entregou-a para a moça, como um presente.

— Um par de tênis! — admirou-se Andréa ao pegar o calçado em suas mãos. Depois de consultar o número, deu um grito: — Meu número! Como você conseguiu descobrir sem me perguntar?

— Fui discreto. Tinha que ser seu — falou com ar de malícia, que deixou Andréa excitada. — Desculpe por ter trazido os tênis sem a caixa, é que amassou. Então achei melhor trazer sem... — parou de falar ao ver Andréa limpando um detalhe do solado e logo se justificou: — Desculpe, foi a minha prima. Foi o tempo de ir tomar banho, e ela pegou os tênis e ficou desfilando com eles...

Andréa interrompeu-o com um beijo. Estava tão feliz que foi incapaz de desconfiar de qualquer uma das desculpas que o rapaz lhe disse. Ela provou os tênis na frente de Igor e depois, diante do espelho, ficou se exibindo para o namorado.

— Sabe que outro dia fui com minha amiga na loja e cheguei a experimentar esse modelo?

— Que bom que gostou.

Ainda que Simone já estivesse ali, prendendo Igor pelo desejo, pela posse, o rapaz ensaiou sair da loja.

— Como é bom te reencontrar — disse Andréa.

— Você gosta? — murmurou o rapaz diante dos beijos e abraços da moça.

O rapaz conseguiu se desvencilhar de Andréa e saiu acenando. A moça então tirou os tênis e guardou-os na sacola ao lado da bolsa. Poucos minutos depois, Rose entrou na loja.

— Oi, amiga. Está melhor? Sua tia me contou que não estava bem, por isso...

— Tive uma noite péssima — comentou com a amiga. Ao sentir a mão de Andréa em seu braço, deixou uma lágrima descer pelo seu rosto e revelou: — Fui assaltada.

— Como, flor? Agora?!

— Não, ontem à noite. Estava com o Abel, no bairro dele, quando um cara chegou e nos assaltou.

— Meu Deus! Que horror, amiga!

— O pior é que ele conhecia Abel. Quando chegou para nos abordar, chamou Abel pelo nome. Agora, de cabeça mais fresca, consigo lembrar um pouco da conversa entre os dois. Era uma dívida do Abel. Ele devia para o outro. O cara acabou levando meus tênis. Na hora, fiquei tão desesperada que, se ele tivesse pedido, eu teria dado até a minha carteira, mas ele acabou levando apenas meus tênis.

— Tênis?!

— Sim, levou meus tênis...

A partir daquele comentário, Andréa já não acompanhava os relatos de Rose. Sentiu o coração em saltos, enquanto olhava para a sacola perto da bolsa ao lado da amiga, onde havia guardado os tênis. Por alguns segundos, ela pensou que pudesse ser apenas uma coincidência, mas, de repente, se lembrou de Abel recomendando que Andréa se afastasse de Igor, que era traficante. A moça respirou fundo e pensou que, para ela, Igor era um empresário.

— Meus tênis eram tão lindos... São aqueles que a gente viu na loja, que eu estava namorando há uns dois meses. Comprei em dez vezes!

— Com detalhe rosa?! — falou ao se lembrar que o par que havia ganhado de Igor tinha as mesmas características dos tênis de Rose.

— Sim, aquele. Lembra que a gente até experimentou? Você chegou a brincar que podíamos comprar os tênis em sociedade por calçarmos o mesmo número.

— Flor, não esquente com isso. Ainda bem que não foi algo grave. Material se recupera — disse isso ao abraçar Rose, enquanto seus olhos se encontravam fixos na sacola.

— Que bom ter você como amiga. Que bom! — retribuiu Rose ao abraçá-la.

***

Quem visse Aracy servindo o filho e o neto no café da manhã pensaria que a paz tivesse finalmente retornado àquela casa. Era um sonho concretizado após brigas, lágrimas, e entre os mais variados sentimentos.

O silêncio parecia a música mais suave e ideal para aquela manhã. Cada um estava imerso em seus pensamentos e desejos. Aracy pedia pela paz da família, Alex desejava que a discórdia cessasse, e Lauro arquitetava uma forma de conseguir extrair mais dinheiro da família.

Alex ainda estava cansado da noite anterior. Aracy expulsara o filho de casa, e o rapaz saíra perambulando pelas ruas. Arrependida, ela pediu ao neto que fosse procurar Lauro e o trouxecesse de volta. Isso rendeu algumas horas de aventura a Alex. O rapaz circulou de carro pelos bairros próximos, mas não conseguia encontrar o tio. Algum tempo depois, estacionou o veículo para decidir que caminho tomar à procura de Lauro. A imagem de Rose veio logo às suas lembranças como bálsamo naqueles momentos intensos. Foi então que pegou o carro e seguiu para o bairro onde havia morado com sua avó quando fugiu de Lauro. Lá, pensou em procurar a moça, mas o horário o impediu. Desceu do veículo e começou a observar o movimento da rua. O ônibus passou, e ele desejou que Rose estivesse nele. E ela estava. Rindo do seu desejo e estando já muito cansado, Alex, por fim, decidiu voltar para casa.

O rapaz ainda deu mais uma volta pela redondeza em busca do tio, mas não o viu. Checando o relógio de pulso, percebeu que as horas tinham passado rapidamente e não havia conseguido encontrar Lauro. Já estava seguindo para casa quando o viu sentado no meio-fio, com a cabeça entre os joelhos. Saltou do veículo e foi correndo em direção ao tio.

— Levante daí e venha comigo — falou serenamente ao estender a mão para o tio.

Lauro levantou a cabeça e, ao ver o sobrinho, estendeu uma das mãos. Houve sinceridade nas palavras dele:

— Me tire daqui, por favor. Não quero mais voltar a mergulhar nisso.

Alex, ao sentir a mão fria de Lauro, teve vontade de fazer algo a mais para auxiliá-lo. O rapaz colocou o tio de pé, que, em lágrimas, o abraçou agradecido. Lauro, então, começou a recapitular acontecimentos do passado, do tempo em que eram crianças, e confessou o ciúme que tinha do sobrinho quando seu pai, avô de Alex, o privilegiava.

— Coisas de sua cabeça. Nunca houve distinção entre nós. Temos quase a mesma idade, mas o vovô nunca deixou de vê-lo como filho e me ver como neto.

— Ele era ríspido comigo. Começou a implicar com os meus amigos, a controlar minhas bebidas, proibir minhas saídas à noite, limitar minha mesada...

— Porque ele te amava e não queria ver o filho perdido, escolhendo mal os caminhos. Só por isso, por amor.

Lauro fez silêncio e depois começou a chorar.

— Se ele não gostasse de você, não se preocuparia, mas não foi isso que ele fez. Não adianta agora você querer achar culpados para suas escolhas. Você teve, desde o início, uma família exemplar, de recursos, que poderia lhe proporcionar tudo do bom e do melhor. Mas agora chega, vamos para casa.

— Ela não me quer lá — havia ressentimento em sua voz.

— A vovó pediu para vir buscá-lo.

Minutos depois, estavam na sala. Aracy, sem conter a emoção, abraçou o filho como havia muito tempo não fazia.

Agora estavam ali, no café da manhã, encenando o cotidiano de uma família feliz, até um novo atrito acontecer.

— Tenho um negócio em vista, mamãe. Preciso do dinheiro da loja, por isso acho justo vendê-la e me dar a minha parte.

— Não! — interferiu Alex.

— Por quê não?! O dinheiro é meu! — irritou-se Lauro.

— Assino a venda — disse Aracy.

— Vovó, é mais um bem que vai colocar nas mãos dele para queimar. Mais uma propriedade da família que vai virar pó. Está permitindo que o patrimônio da família desapareça ao aceitar os pedidos dele.

— Viu, mamãe, Alex está preocupado apenas com o futuro dele.

— Não, estou preocupado com a vovó. Vários bens já foram vendidos e o dinheiro evapora em suas mãos. O que fez com o que já recebeu alegando ser sua parte?

— Não tenho culpa que os negócios não deram certo — e, como um filho mimado e confiante de que a mãe, com remorso pelo último acontecimento, cederia, voltou a insistir na venda do imóvel.

— Ok. Vou conversar com o advogado.

— Não pode fazer isso, vovó.

— Pode, sim!

— Posso e farei — fez uma pausa e observou o rosto preocupado de Alex e a satisfação de Lauro. — No entanto, parte desse dinheiro será usado para o seu tratamento. Quando sair da clínica, poderá colocar a mão no dinheiro. Eu deveria ter pensado nisso antes...

Lauro revoltou-se, começou a falar alto, dando espaço à sua face agressiva, puxando a toalha da mesa e derrubando tudo no chão. Alex tentou conter o tio, jogando-o contra a parede. O silêncio voltou a tomar conta do lugar, até Lauro quebrá-lo como uma criança arrependida ao dizer:

— Desculpe, mamãe. Eu fiquei nervoso.

Aracy fitou-o de onde estava, com o coração aos saltos,

tensa com a cena que presenciara, vendo ali, diante do pedido de desculpas do filho, o garoto adolescente que fazia suas traquinagens e recorria à mãe para aliviar a bronca com o pai. Talvez ali fora um dos seus erros, o de acobertar e omitir do marido os erros do filho.

Capítulo 23

— O carro dos ovos chegou! Ovos fresquinhos, direto da granja. Corra, criançada, avise a mamãe...

Arlete ouvia a voz do marido à distância, modificada pelo megafone, enquanto provava no quarto a blusa que Cleide, a contragosto, trouxera para ela. Sentiu-se bela diante do espelho e, ao ver-se assim, abriu um sorriso de satisfação. No entanto, a voz do marido transportava-a a uma realidade de que não gostava e a qual repudiava. Por conta disso, fechou os olhos e voltou anos atrás, à época de sua juventude, exatamente ao dia em que ficara noiva de Heleno.

Para Arlete, o acontecimento maior daquele dia não havia sido a troca de alianças, muito menos marcar a data do casamento, momentos de grande alegria para uma noiva apaixonada. Para ela, o grande momento daquele dia foi rever Antônio depois de tantos anos e constatar que o tempo tornara aquele homem ainda mais bonito e atraente.

— Você é aquela menina que ficava me cercando, querendo fugir comigo? — provocou Antônio quando se viu sozinho com a moça, que, distante dos convidados, entrara na casa para tomar água. — Cresceu e tornou-se bela.

Arlete sentiu o coração disparar com as palavras ditas por Antônio e, diante do comentário do rapaz, sem pensar nas consequências, beijou-o e foi correspondida. Depois, envergonhada, com receio de que alguém pudesse ter presenciado a cena, a moça saiu apressada, deixando o rapaz com ar de riso na cozinha. Já no quintal, despistando os convidados, alguns deles querendo cumprimentá-la, conseguiu refugiar-se atrás de um pé de juazeiro. Ficou ali rindo, controlando a respiração. Havia também, em meio a tudo aquilo, uma preocupação com as consequências daquele ato. Focando o horizonte, pôde ver as poucas criações de gado restantes do pai. Pensava em como aquele lugar havia sido farto um dia, mas a seca, aos poucos, vinha comprometendo a fonte de renda da família. Depois, olhou para o outro lado e viu o sol alto, queimando ainda mais a vegetação que insistia em se firmar naquelas terras. Estava ali, buscando na paisagem força para voltar para a festa, quando Cleide se aproximou festiva:

— Fico muito feliz em conhecer minha cunhada. Heleno fala muito bem de você e Antônio também, sempre em tom divertido.

Arlete ficou feliz ao saber que Antônio, em algum momento, pensara nela.

— Seremos uma grande família. Eu com o Antônio, você com o meu irmão.

— É... — falou friamente, ao pensar que, naquela disposição de família, não teria Antônio em sua vida. — Melhor a gente voltar para junto dos outros. Estou aqui há algum tempo.

O resto da festa foi marcado por muita dança, comida, bebida e cumprimentos. Todos celebravam o noivado de Heleno e Arlete. Ela dançava com o pai e com o noivo, mas os olhos sempre procuravam os de Antônio. Era tão intenso quando seus olhares se encontravam que até Cleide percebeu. Naquele instante, no entanto, pensou ser coisa da sua cabeça e não se deixou afetar por aquela suspeita. O auge da festa, então, aconteceu. Heleno, para surpresa dos convidados, dos pais da noiva e mais ainda da noiva, anunciou finalmente o casamento para dali a um mês.

Os pais de Arlete ficaram, além de emocionados, muito felizes com a notícia, pois o casamento não só daria à moça um marido, mas também um aliado ao pai da noiva para salvar suas terras, que estavam em declínio por conta da seca. Heleno já havia planejado, inclusive, investir dinheiro nas terras do pai de

Arlete, o que resultaria em um ótimo negócio. Todos ficaram felizes com aquela união ou com aquele acordo, mas Arlete nem tanto.

— Fujo com você — a moça disse a Antônio, dias antes do casamento. Contou-lhe seus planos em meio a abraços e beijos que trocava com o rapaz no galpão de seu pai. — Fujo agora mesmo, se você quiser.

— Faria isso? Me ama a ponto de deixar tudo pra trás? — perguntou Antônio com um sorriso malicioso, instigando os planos da moça.

Ela, audaciosa, desceu a alça do vestido que usava. Antônio, sério, beijou o ombro dela levemente, sentindo o perfume de sua pele, mas depois, fitando-a, em um silêncio em que apenas era possível ouvir a respiração dos dois, subiu a alça do vestido de volta ao ombro da moça. Ela fechou os olhos ao sentir o calor da mão de Antônio em seu ombro, e o rapaz, por fim, saiu sem dizer nada.

— Antônio... — chamou Arlete e, ao vê-lo dar um passo para trás, completou: — Nunca vou amar alguém como eu te amo.

Ele saiu sem dizer nada, deixando a moça ali, com os olhos emocionados, repetindo para si mesma que não seria capaz de sentir amor igual àquele por ninguém mais.

Tudo isso foi assistido por Cleide, que, discreta, já usava na mão direita uma aliança também. A moça foi incapaz de dizer qualquer coisa, pois temia perder o noivo e ficar conhecida na cidade como a moça rejeitada. Lembrou-se de sua mãe e das frases proferidas por ela ao pé do fogão:

— Ele corre por esses matos como um cabrito desesperado, mas é para minha cama que volta para dormir. As outras pensam que têm ele, mas o compromisso dele é comigo.

"É isso, Antônio é meu", pensou Cleide convicta, procurando afastar da mente a cena que presenciara no galpão.

Cleide, no entanto, não conseguiu segurar aquela informação por muito tempo. E ver Antônio sentado com o olhar distante, pensativo, tirando e colocando a aliança no dedo, causou na moça muitas preocupações. Por isso, com a intenção de salvar aquela relação, pediu a Antônio para deixar a cidade, começar uma nova vida em outro lugar, onde pudessem constituir uma família.

— Tenho negócio com o seu irmão. Não posso deixar ele agora. Depois, como ele vive dizendo, somos uma família — respondeu ao pedido da noiva e saiu.

Cleide sentia-se angustiada, sufocada por aquele segredo, e, em outros momentos, uma intrusa na vida de Antônio. Pensou em falar com Heleno, mas desistiu, pois, ao sondá-lo, percebeu o quanto ele era fascinado por Arlete, a ponto de esquecer-se de que eram irmãos e destratá-la.

Foi então que resolveu ter uma conversa com a futura cunhada. Tomou a iniciativa ao perceber que Antônio andava cada vez mais distante, já quase tomando a decisão de deixá-la.

— Você está sendo egoísta.

— Do que está falando? — questionou Arlete, já entendendo que a outra sabia do seu plano de fugir com Antônio.

— Você sabe do que estou falando. Pense no seu pai. O Heleno é a salvação dessas terras. Acha mesmo que meu irmão fará algum negócio com o seu pai depois do desgosto que está prestes a provocar?

Foi um diálogo assim, curto e intenso, que fez a alegria e os planos de Arlete desaparecerem. Gostava muito de Antônio, mas não era egoísta a ponto de deixar seus pais amargurados e mergulhados em um sofrimento causado por ela.

***

— Combinado. Hoje à noite a gente desaparece daqui. Vamos para São Paulo — anunciou Antônio, sério, diferente do homem descontraído que conhecera. Propôs a fuga a Arlete na véspera do casamento. — A gente se encontra na estrada, na altura da sua casa. Estarei lá te esperando... Vamos magoar muita gente, mas não teremos espaço para viver nossas vidas na cidade após essa revelação. Vivendo longe, o tempo se encarregará de distanciar os acontecimentos — dizia isso para Arlete como se também quisesse se convencer daquilo.

Arlete sorriu emocionada. Era tudo o que mais queria. Não disse nada e já saiu correndo apressada, fazendo paradas bruscas de levantar poeira. De vez em quando, olhava para trás e via Antônio parado, encostado a uma árvore.

À noite, Antônio, friamente, deixou Cleide em casa após darem uma volta pela cidade. Estava frio e distante quando rompeu com a moça. Cleide chorou muito, mas não era valente para lutar por aquilo que queria, e isso a distanciava de Arlete, que era corajosa e atraía Antônio por isso. Arlete era impetuosa e obstinada. Não era morna. Havia nela muita vivacidade, a vivacidade que faltava em Cleide, que se entregava a um romantismo do século passado, resignada, capaz de afundar suas dores nas lágrimas. A moça sabia o real motivo do rompimento, por isso desconsiderou os argumentos dados pelo rapaz, mas estava disposta, no dia seguinte, a contar tudo para o irmão.

Horas depois de terminar com Cleide, Antônio arrumou suas coisas e foi para a estrada, onde ficou esperando por Arlete.

A moça não conseguiu dormir naquela noite. Em alguns momentos, sorria ao ouvir a proposta de Antônio, em outros, vinha à sua mente as palavras de Cleide sobre em que resultaria sua decisão. Foi quando, decidida, se levantou, tirou a camisola e pôs um vestido florido, alegre, para trazer-lhe coragem. Já havia arrumado suas coisas em uma bolsa. Não levava muita coisa. Pegou o volume e jogou pela janela, que caiu como uma pedra no terreno ressecado que margeava a casa. Depois, descalça e no escuro, para não ser ouvida, Arlete abriu a porta e escutou, logo em seguida, uma voz chamá-la:

— Aonde vai, minha filha?

— Papai? — perguntou ao ouvir a voz do pai. Desconsertada, disse: — Vim tomar um ar. Não consigo dormir.

Ele aproximou-se da filha e falou:

— Não sabe como estou feliz com seu casamento. Essa união me faz muito gosto. Ele é um homem muito bom, respeitoso... — fez uma pausa e observou a filha ainda de costas, com a respiração ofegante, apreciando o céu azul e repleto de estrelas. — Ele está disposto a investir as economias dele aqui em nossas terras. Tenho certeza de que vamos conseguir reverter essa situação em que estamos vivendo. Não vou precisar dispensar os moços que nos ajudam aqui, que dependem da nossa produção para manter suas famílias...

— Egoísta! — foi isso que soou em seus ouvidos. Era Cleide falando. Arlete já não ouvia mais seu pai, somente o fim da fala do homem, quando se despediu.

A moça ficou parada na porta, as lágrimas descendo pelo rosto, incapaz de encarar o pai. Pensou em Antônio, no quanto o amava, e que àquela hora já estaria à sua espera. Desceu os dois degraus lentamente e, descalça, foi até a janela do seu quarto, onde havia jogado a sacola com roupas, e finalmente voltou para o interior da casa. Depois de fechar a porta do quarto, sua mãe, que estava por perto, escondida, fechou os olhos e respirou aliviada. Sabia que a filha ouviria o pai.

Antônio permaneceu no local combinado até adormecer. Com a claridade, surgiu o barulho do caminhão que transportaria as pessoas para a cidade, e ele, desnorteado, acabou por apanhar o transporte e partir.

O casamento aconteceu como havia sido marcado. Arlete foi uma noiva séria, mas bonita também. Ali começou a mudar seu comportamento. As pessoas vinham cumprimentá-la, e oferecia o rosto para ser beijada, incapaz de retribuir um beijo. Modificou-se. Não era mais aquela menina de beijos e sorrisos.

Cleide seria uma das madrinhas do casamento ao lado de Antônio. Heleno acatara as desculpas de que o homem tivera um assunto de família inadiável, por isso não estava presente na cerimônia. Então um primo acabou por ocupar o seu lugar ao lado de Cleide no altar.

— Nem meu nem seu — foi o que Cleide disse ao ouvido da noiva quando foi cumprimentá-la.

Arlete puxou a cunhada pelo braço, pois já sabia que Antônio a deixara, e disse secamente:

— Era a mim que ele queria. Que você guarde isso pela sua vida.

E o tempo passou. Cleide, após o término do noivado com Antônio, mudou-se para outra cidade. Heleno seguiu feliz ao lado de Arlete, não dando importância à ausência de amor da mulher. Já Antônio, ninguém sabia do seu paradeiro.

Heleno cumpriu sua promessa, para a felicidade do pai de Arlete, que fora tão grande que acabou por provocar-lhe um infarto fulminante. Coube a Heleno, então, conduzir os negócios da família após a morte do sogro. O rapaz, no entanto, não tinha tato para o negócio, e o tempo seco não o ajudou no projeto de cultivo das terras. Por conta disso, perdeu o dinheiro investido. Como líder daquela casa e das terras, Heleno pegou um empréstimo com um fazendeiro poderoso das redondezas. Almejava com o dinheiro pagar as dívidas e voltar a investir em gado, para, com o lucro, pagar o empréstimo. Tinha tudo planejado.

 Ele comprou alguns porcos e resolveu criá-los. Encarregou Arlete de tratar dos porcos, para depois matá-los e vender sua carne. A mulher odiava aquela atividade. Ao dormir, sentia-se suja, cheirando a porco, pois passava o dia tratando deles, dando-lhes comida e correndo pelo chiqueiro para pegá-los.

 Foi nesse cenário que Antônio voltou à cidade e acendeu novamente em Arlete o desejo, assim como a vontade de viver intensamente. Agora, diferentemente de antes, não teria Cleide nem os conselhos do pai para interferir em sua vida. Por outro lado, devia agora respeito ao marido e cuidados à mãe, visto que, com a morte do patriarca, sua saúde tornou-se frágil.

 Heleno recebeu o amigo de braços abertos. Era um homem de bom coração e cego para o envolvimento entre Antônio e sua esposa. Tanto que não tocou no assunto do rompimento entre o amigo e sua irmã, Cleide. Como ele mesmo dizia: "O passado está no passado, de nada adianta trazê-lo para o presente, já que não dá futuro".

 Antônio confidenciou a Arlete sua situação atual, oferecendo um cigarro à moça, que o tragou e começou a tossir. Ele pegou o cigarro de sua mão e ensinou-a a fumar, depois de possuí-la no mesmo galpão que havia sido palco dos seus planos. Foi intenso, verdadeiro e vivo como o encontro das águas.

 — Estou com muitas dívidas. Não tenho de onde tirar dinheiro. Já conversei com o Heleno, mas ele contou que também não está em boa situação...

 A moça não aguentou vê-lo assim, sofrendo, por isso, sem consultar o marido, pegou num saco da despensa, onde Heleno armazenava o dinheiro do empréstimo, uma quantia, guardando-a no bolso do vestido. Minutos depois, decidida, sem temer as consequências daquele ato, entregou o dinheiro a Antônio.

 Quando descobriu a falta do dinheiro, Heleno desesperou-se. Um dos homens de sua confiança, que trabalhava na roça, contou-lhe que vira Arlete mexer no saco onde guardava a quantia do empréstimo. A mulher, então, foi firme:

 — Não! Eu não peguei. Ele está mentindo!

Por fim, Heleno decidiu dispensar o delator. Não que acreditasse na mulher, mas para impor respeito. Na noite da ocorrência, ele questionou a esposa, que, não suportando mais guardar o segredo, acabou por confidenciar que entregara o dinheiro para Antônio. Heleno nada disse. Saiu atrás do então amigo, mas soubera que ele havia partido sem deixar rastro.

— Era seu amigo, pensei que pudéssemos ajudá-lo.

— Pensou errado, mulher. De onde vamos tirar dinheiro para pagar nossas dívidas, para aliviar o empréstimo? E agora? Me diga! — gritou desnorteado, a ponto de assustar a sogra que estava no outro cômodo, deitada, já dando sinais de que a doença a consumia. Ele completou, diante do silêncio da esposa: — Ele não é meu amigo! Se assim fosse, não aceitaria o dinheiro, pois sabia da nossa situação, da dificuldade que estamos enfrentando.

Sem saída, cada dia mais sufocado pelas dívidas, Heleno decidiu vender a fazenda, com o consentimento da mãe de Arlete, que vinha demonstrando sinais de declínio da saúde.

— Vendemos a fazenda e vamos para São Paulo — decidiu em um impulso, certo de que estava fazendo o melhor pela família. — Com o dinheiro, pagamos nossas dívidas, e, com o que sobrar, procuramos algum lugar para viver lá. É a terra do dinheiro, não é o que dizem? Então vamos para lá. Será melhor também para a sua mãe, podemos procurar um atendimento melhor...

Depois de venderem a fazenda, de pagarem as dívidas e de comprarem as passagens, a mãe de Arlete partiu. Ela havia dito para a filha que não se adaptaria a São Paulo. Queria morrer ali, naquelas terras, e permanecer ao lado do marido. Deus atendeu a seus pedidos.

Assim, Heleno e Arlete deixaram a fazenda e suas histórias e partiram para São Paulo. Na terra da garoa, Heleno e a esposa ficaram alguns meses em uma pensão. Ele conseguiu, através de um dos moradores do local, emprego na construção civil. Em menos de dois anos, deu entrada em um terreno e lá construiu dois cômodos, para onde levou a mulher grávida. O local, em formação, não tinha luz nem água encanada, mas, com o tempo, as melhorias foram aparecendo.

Com os anos, Heleno foi ampliando a casa, tornando-a mais confortável na medida do possível. Como os acontecimentos não vêm sozinhos, ele acabou por perder o emprego e descobrir que havia perdido o pai. Com isso, ele mandou dinheiro para Cleide vir morar em sua casa.

— A Cleide? Você mandou dinheiro para ela? — perguntou Arlete acendendo o cigarro, visivelmente nervosa. — Onde você vai acomodar essa mulher, Heleno? Sem me consultar!

— Sim, mandei. Você já fez muita coisa sem me consultar e que me levou a perdas irreparáveis. Preciso lembrá-la disso? Ela vem, sim. Está tudo certo. Vai dormir no quarto da Rose. Ela é uma boa menina, já lhe falei da chegada da tia e ela ficou feliz por isso. Só a conhece por foto e cartas — comentou e foi saindo, mas parou na porta e disse, sem olhar para trás: — Mais respeito. Essa mulher, como a chama, é minha irmã.

— Não venha, não. Não temos como acomodá-la.

Arlete tragou o cigarro e soltou fumaça pela cozinha. E assim o assunto foi finalizado e a palavra final fora dela. Não aceitaria de forma alguma a cunhada sob o seu teto. Heleno ligou e pediu para a irmã um tempo, pois não passava por uma boa fase. Enfim, as justificativas foram aceitas por Cleide e Arlete comemorou a vitória.

Os meses foram passando. Heleno não ficou muito tempo desempregado e logo conseguiu um trabalho de auxiliar em uma fundição. E foi em um desses dias, quando estava ausente, assim como Rose, que na época era adolescente e estava na escola, que Arlete, sozinha e reclamando da vida, ouviu alguém bater palmas no portão. Ela, com um cigarro aceso entre os dedos, já com um discurso pronto para desfazer do suposto vendedor, atendeu finalmente a porta:

— Olá, Arlete. Ainda se lembra de mim?

Arlete deixou o cigarro cair dos dedos ao reconhecê-lo.

— Antônio...

Arlete voltou do passado assim, de repente, com a voz de Heleno atrás dela.

— Arlete! Não está me ouvindo, mulher?! Parece que está dormindo na frente desse espelho — esbravejou Heleno.

De repente estava ali, diante do espelho, ouvindo o marido fazer suas recomendações. Ela, como se estivesse anestesiada, olhou para o marido e levou o cigarro à boca. Nas suas lembranças, ainda que os anos já tivessem passado, estava o sorriso divertido de Antônio diante do seu portão.

***

— Não dormiu em casa? E você fala com essa tranquilidade? — perguntou Inês para a vizinha, que estava, logo cedo, já pendurada no muro.
— Não. O Enfeite deve ter ido dormir na casa da irmã, porque tinha um exame para fazer e lá da casa da mão de vaca fica mais perto — relatou Evinha despreocupada. E, vendo o rosto de Inês indignada com a notícia, rebateu: — Não me olhe assim. Ele avisou o meu filho e hoje de manhã recebi o recado. Sabe que nem percebi que o Enfeite não estava em casa?
— Evinha, você vai acabar perdendo o marido agindo dessa forma.
— Ele que está agindo errado, não eu. Não durmo fora de casa. Ele pode vir aqui a qualquer hora do dia que, se eu não estiver no mercado, no açougue ou na farmácia, estarei em casa, cuidando do lar.
— No muro! — murmurou Inês, que se recusou a repetir a frase quando questionada pela outra. — Não é só estar em casa. Tem que fazer as coisas dentro de casa, fazer o almoço, o jantar, conversar com ele. Você precisa cultivar o casamento, mas, dessa forma relaxada, ele vai acabar indo embora.
— E encontrar alguém como eu?! — perguntou com a autoestima nas nuvens, como era o seu perfil. — Duvido! — depois, incomodada por ser o alvo do assunto, algo que a desinteressava, Evinha pediu licença e, despedindo-se da vizinha, desceu as escadas apressada.
Inês, do seu quintal, ainda pôde ouvir a vizinha cantarolar enquanto arrastava a escada. Foi nesse momento que Mafalda chegou acompanhada por Márcia.
— Trouxe a fujona?
— Que brincadeira é essa? Lembre que sou sua mãe. Assim como a Márcia é minha filha e também posso visitá-la de vez em quando — disse Mafalda descontraída ao abraçar e beijar Inês.

Márcia vinha logo atrás e fez o mesmo, cumprimentando sorridente a irmã. Depois perguntou por Abel e soube que ele já havia saído.

— Pena, queria tanto falar com ele.

— Ligue para o celular dele, Márcia — Inês, animada com a presença da irmã e da mãe, depois mudou de assunto: — Acabei de fazer café. Vamos para a cozinha!

Na cozinha, em meio à conversa, Inês perguntou pela sobrinha.

— Está na casa dela. Presa ao trabalho, não quer vir para cá. Acho triste minha filha estar grávida e sozinha lá. Tenho conversado com ela, tentado convencê-la a voltar para São Paulo, ficar perto da gente...

— Menina, ontem o Abel e a Rose foram assaltados.

— Assaltados?! — perguntou Mafalda assustada. — Eles estão bem?

— Calma, mãe! Estão bem, sim. Não fizeram nada com o Abel.

— E com a Rose? — perguntou Márcia.

— Daquela lá roubaram os tênis. Como lamento que o Abel ande com essa moça! Se soubesse escolher suas amizades... Quando algo de ruim acontece a ele, pode ver... Ele está com ela.

— Fala com tanta convicção... — comentou Márcia.

— Não vejo outra explicação. Essa moça não presta. Pobre do meu filho...

Márcia trocou olhares com Mafalda, mas resolveram não discordar de Inês. Embora Abel fosse seu parente, elas estavam certas de que Rose não era culpada como Inês achava.

Capítulo 24

Abel aproveitou a hora do almoço para se encontrar com Rose. Cuidadoso, o rapaz queria saber como ela estava e achou que perguntar apenas por telefone era pouco. Não queria só ouvi-la. Necessitava também de seus carinhos, de seus beijos. E assim fez. Foi buscar a namorada na loja, e foram almoçar. Foi um encontro amistoso. A moça entregou para o namorado um pacote onde havia guardado as sandálias de Inês.

— Entregue para sua mãe e agradeça a ela por ter me emprestado as sandálias. Seria constrangedor voltar para casa descalça.

O rapaz, com o horário restrito, despediu-se da moça na porta do restaurante. Depois caminhou quase correndo para o metrô, pois trabalhava em um bairro vizinho e o transporte o levaria mais rápido até lá. Foi quando ele sentiu o celular que estava no bolso da calça vibrar. Pôde ver, antes de atender, escrito: tia Márcia.

— Oi, tia!
— Abel. Oi, meu querido. Pode falar? Está no trabalho?
— No almoço, posso falar, sim.
— Acabei de sair da sua casa. Fui levar a mamãe até lá. Como Rose e você estão depois do assalto?

O rapaz contou sua versão sobre a ocorrência e ficou feliz por ter Márcia como aliada em seu namoro com Rose. A tia, diferentemente de Inês, era sempre gentil ao referir-se à moça. A conversa fluía bem até Márcia tocar no assunto do banco, quando ele acompanhara Mafalda no dia do pagamento.

— O que foi? Não acredita que a moça do banco tenha me dado o valor a menos? — perguntou exaltado. — A vovó já foi encher sua cabeça de coisas, é isso? Vai entrar no time dela e começar a desconfiar de mim?

— Calma, Abel! Não fique assim. Na verdade, eu gostaria de ter essa conversa com você pessoalmente, mas vivemos nos desencontrando...

— Acho melhor ficarmos por aqui.

— Não estou entendendo o seu tom. Parece que não foi bem assim que as coisas aconteceram.

Houve um silêncio do outro lado da linha, a ponto de Márcia começar a chamar pelo sobrinho e conferir no aparelho se a linha não havia caído.

— Márcia, chega!

— Como?

— Você é manipuladora, fica aí querendo controlar a vida de todo mundo. E o que tem feito de sua vida? Sua filha está se separando, grávida e sozinha, como vem se lamentando...

— Abel? — perguntou Márcia, estranhando a voz e a forma como o sobrinho falava. Logo desconfiou de que não se tratava de Abel, como vinha acontecendo algumas vezes.

— Quem está falando?

— Alguém a quem você fez muito mal. Eu morri naquele incêndio por sua causa. Demorou, mas eu te achei.

— Pare com isso, Abel. Você sabe em quê acredito e eu sei que você fica brincando com minhas crenças.

A ligação foi desligada. Do outro lado da linha, Márcia deixou o aparelho descansar sobre a mesa onde trabalhava. Respirava fundo tentando compreender aquele contato com o sobrinho.

Do outro lado, no metrô, Abel voltou à consciência e, sentado no chão, foi abordado por um funcionário da companhia, que perguntava se estava tudo bem com ele. O rapaz levantou-se e guardou o celular no bolso. Percebeu o corpo quente, estava suando. Não se recordava como a ligação com a tia havia terminado.

***

    Os tênis de Rose também foram o pivô da separação de Andréa e Kleber. Depois de conhecer Igor, a moça já não nutria por Kleber qualquer sentimento que não fosse carinho. Havia permanecido ao lado dele não por amor, mas pela comodidade de ter onde ficar, pois ganhava pouco e não tinha como pagar um aluguel sozinha. Sem lugar para morar, teria que voltar a viver com a mãe no interior, o que não queria.

    A separação aconteceu quando Andréa chegou em casa com a sacola nas mãos, e Kleber, enquanto ela tomava banho, abriu o embrulho e viu o tênis. Ela ficou furiosa ao sair do banho e vê-lo mexendo em suas coisas.

— Não lhe dou a liberdade de mexer nas minhas coisas. E essa não é a primeira vez que isso acontece!

— Comprou os tênis no cartão?! Amor, desse jeito a gente vai se afundar em dívidas, não teremos como pagar.

— Não comprei no cartão, se é essa a sua preocupação — mentiu a moça.

— A questão é que, com o dinheiro, você poderia me ajudar a pagar o cartão que está estourado.

— Presente de grego que você me ofereceu, hein? Quer saber, já chega! Não quero mais viver com você.

— Calma, não se precipite! Estávamos só alinhando o que é melhor para a nossa saúde financeira.

— Acontece que a saúde do meu sentimento por você está na UTI e sem chance de retorno — falou e começou a arrumar suas coisas.

Kleber, apaixonado por Andréa, acreditando na fidelidade e no amor da moça, sentiu-se perdido diante da notícia. Tentou de todas as formas fazê-la mudar de ideia. Romântico, relembrou de quando se conheceram, das trocas de carinhos, do amor que tinham um pelo outro.

— Não somos mais os mesmos — finalizou Andréa ao sair de casa arrastando a mala com suas coisas. Antes de sair, olhou para os cômodos onde vivera nos últimos anos e disse:

— Se encontrar alguma coisa minha, pode jogar fora, não tenho intenção de voltar aqui. Não vou falar com os seus pais porque...

— Eles e minha irmã estão viajando, esqueceu?

— Melhor assim.

Restou a Kleber se sentar na cama e passar as mãos pela cabeça. Era nítido o seu desespero com o fim do relacionamento. Do quarto onde estava pôde ouvir Andréa batendo a porta. Levantou-se a fim de alcançá-la, mas parou na porta da cozinha, como se estivesse se sentindo mal, apoiando as mãos sobre a pia. Queria chorar, mas não conseguiu. Abriu a primeira gaveta do gabinete e apanhou uma faca. Ficou por alguns segundos olhando para a faca e para seus pulsos.

Ele havia baixado seu padrão vibratório, por isso abriu espaço para espíritos semelhantes, que se conectaram aos seus pensamentos e o induziam a um ato de desespero.

***

Aracy não tinha intenção de vender suas lojas e nenhum dos bens que ainda lhe restavam. Confessou isso ao neto mais tarde, quando se viu a sós com o rapaz. Disse tudo aquilo, que iria vender a loja e dar o dinheiro para Lauro, depois que ele saísse da clínica, porque não via outra maneira de induzi-lo a um tratamento de que tanto precisava.

— Então não vai vender a loja?

— Não, de forma alguma. Quero que ele acredite nisso porque vai parar de nos perturbar com essa ideia de se desfazer do patrimônio que nos restou.

— E como vai conseguir dinheiro para a clínica?

— Joias. Não tenho outra saída. Venderei todas elas e, com o dinheiro, mandarei Lauro para a clínica. Quando sair de lá, dou o dinheiro que restar para ele começar o negócio de que falou.

— Sabe que não existe negócio, não é? Ele vai gastar tudo com bebida, drogas...

— Prostituição... — completou Aracy. — Eu sei, mas tenho esperança de que ele sairá de lá modificado, querendo reconstruir a vida. Pode me achar tola por isso, mas não vou desistir do meu filho. Vou ajudá-lo, e interná-lo é a única solução. Não posso obrigá-lo. Essa foi a única forma que encontrei para ele aceitar a internação.

Aracy conversou mais um pouco com o neto, expondo seus planos. Falava tão convicta de que estava no caminho certo que acabou por convencer Alex também. Logo depois, animada, puxou o neto pelo braço, conduzindo-o à biblioteca. Depois de fechar a porta e se certificar de que as janelas também estavam vedadas pelas cortinas, Aracy removeu um grupo de livros da estante e expôs um fundo falso, deixando evidente um cofre. Depois de inserir a combinação, o cofre facilmente foi aberto.

— Parece que já estava aberto — comentou ao realizar o procedimento. Depois da expectativa de ter acesso ao interior do cofre, Aracy lamentou aflita: — Meu Deus! Levaram as joias. Alex, as joias não estão mais aqui!

Alex, depois de acalmá-la, conduziu-a para a sala. Aracy estava muito angustiada, a ponto de não conseguir tomar o chá que o neto preparara. Queria resolver tudo o mais rápido possível e agora tinha que lidar com aquela questão. Por isso, quando Lauro entrou na sala, logo foi questionado sobre o paradeiro das joias.

— Nem sabia dessas joias.

— Quero que me diga a verdade. Você as pegou?

— Não! Agora tudo que acontece de errado é minha culpa?

— A vovó quer chamar a polícia, por isso está lhe dando a oportunidade de contar...

— Já disse que não sei nada sobre essas joias — gritou ao sair correndo pelas escadas.

Aracy, certa de que o filho não tinha nada a ver com o desaparecimento das joias, pediu então para o neto chamar a polícia.

Meia hora depois, a polícia estava na sala de Aracy, fazendo anotações sobre o desaparecimento das joias.

— O imóvel tem sinais de arrombamento?

— Não! Eu percebi a falta há poucas horas, quando mostrava para o meu neto onde estavam guardadas.

Conversaram por mais alguns minutos. O policial, minuciosamente, fazia todo tipo de especulação. Depois, com o auxílio de outro policial examinou todos os cômodos da casa. Lauro apareceu quando eles subiam os lances de escada para acessarem o piso superior. Um dos policiais fez algumas perguntas e notou a hostilidade do rapaz. Mais tarde, Aracy comentou que o filho estava passando por uma fase difícil, que era usuário de drogas, mas que não acreditava que fosse ele o autor do crime, pois havia sido questionado anteriormente. O policial fez anotações e nada disse.

— Recebi uns amigos, sim — respondeu Lauro ao policial quando questionado se havia recebido pessoas estranhas no local. — Sim, tiveram acesso, mas são meus amigos...

Aracy e Alex trocaram olhares tentando imaginar onde o policial queria chegar.

— Estou liberado? Tenho compromisso.

O policial balançou a cabeça positivamente e ficou observando Lauro sair do imóvel apressado depois de cumprimentar de forma breve a mãe e o sobrinho.

— Bom, está registrado. Lamento que não tenhamos suspeitos e provas para localizar o bem furtado. Se descobrirem algo ou se lembrarem de alguma informação, peço que compareçam à delegacia.

Finalizaram assim a ocorrência. Alex tentava consolar Aracy, que contava com as joias para encaminhar o filho para o tratamento. Estavam assim, cada um com os seus pensamentos, buscando achar uma solução para o problema, quando o telefone tocou. Era um dos policiais. Alex atendeu.

— Acharam? Como isso? — Alex abafou o fone e deu a notícia com um sorriso que contagiou a senhora. Logo depois, desligou o telefone e comunicou: — Eles querem que a gente compareça à delegacia.

— Claro! E quem foi? Como encontraram as joias?

***

Andréa saiu da casa de Kleber desnorteada. Sabia que, mais cedo ou mais tarde, a relação terminaria. Já não o amava e viver ao lado do rapaz vinha sendo uma tortura. A moça passou em frente à casa de Rose e pensou em pedir estadia, mas lembrou-se da cara de poucos amigos de Arlete. Sabia também que Rose e Cleide comprariam a briga para apoiá-la, mas de nada adiantaria terminar com Kleber e permanecer ali, já que era praticamente vizinho da amiga. Não desejava mais vê-lo. Tinha desenvolvido uma repulsa pelo jovem, que não conseguia compreender.

Com todo o sofrimento, sem teto, Andréa foi arrastando a mala pela rua, rebolando, ajeitando os cabelos. Quem conhecera Simone se assustaria ao observar Andréa, pois, a cada dia, por conta das suas escolhas, a moça se assemelhava mais à prima, e não só na aparência física, mas também no comportamento, na forma de agir, no apelo sexual.

— Simone! O que aconteceu para me ligar a essa hora? Saudades?

Naquele momento, Andréa percebeu que não falara o seu verdadeiro nome para Igor, mas não era hora para resolver essa questão. Estava preocupada, não sabia como iria se virar nem o que faria da vida. Acabou contando a Igor que havia se separado e saído de casa. Houve um silêncio do outro lado, depois o rapaz falou secamente:

— Pode ficar lá em casa por um tempo. Digo isso porque moro com minha mãe...

Andréa abriu um sorriso e assim continuou ao desligar a ligação. Apanhou o ônibus com destino ao terminal, onde Igor ficou de apanhá-la. Durante o trajeto, pensava em sua nova vida ao lado do empresário, como ela mesma gostava de chamá-lo, quando o telefone voltou a tocar. Ela olhou o visor sorrindo, pensando se tratar do rapaz, mas estava escrito: "Kleber amor".

A moça não atendeu a ligação e ainda pôde ver duas chamadas perdidas de Kleber. Jogou o celular na bolsa e voltou a sonhar com a vida que teria ao lado de Igor, com as mordomias, as viagens ao exterior, a casa com piscina, os restaurantes caros, carros do ano... e assim adormeceu. Acordou com o fiscal do ônibus balançando o seu braço. A moça desceu do veículo com os olhos embaçados, sem saber ao certo onde estava. Sentou-se em um dos banquinhos de madeira e esperou por vinte minutos até ver Igor se aproximar. Ela sentiu imensa alegria ao ver o rapaz e pensou qual teria sido a razão para ter demorado tanto a deixar Kleber.

Igor aproximou-se e cumprimentou Andréa com um beijo leve e rápido nos lábios. Depois, saiu puxando a moça pela mão, sem se preocupar com o fato de que ela arrastava atrás de si uma mala com seus pertences. Depois, pegaram uma lotação que não cabia nem uma pessoa.

— E o seu carro, amor?

— Estou sem — respondeu e beijou-a demoradamente.

Para descer no ponto, Igor gritou com o motorista porque o sinal estava quebrado. Andréa ficou com medo de descer no local indicado. Havia um poste coberto de mato, que funcionava como ponto de ônibus. Depois seguiram por uma rua e viraram em uma viela.

— A comunidade fica logo ali.

A casa de Igor ficava no alto de um morro. Era simples por fora, mas cheia de objetos modernos por dentro, como televisores, computadores e aparelhos de som de última geração.

— Vamos ficar no quarto da minha mãe, ela está viajando para a Bahia. Lá é bom porque tem ar-condicionado.

Andréa, em meio a tantas novidades, acabou rindo ao comparar o ar-condicionado ao ventilador pequeno de duas velocidades, que tinha que disputar com Kleber.

— Pode tirar essa cara de assustada. Vai se acostumar com a casa do papai aqui — falou, puxando-a para a cama. Depois, sério, completou: — Mas, como disse, apenas por um tempo.

O celular de Andréa tocou, mas mesmo que quisesse atender não poderia, pois Igor jogou-se sobre o seu corpo, o que agradou profundamente a Simone.

Capítulo 25

Cleide estava preparando o jantar e separava algumas porções em vasilhas de plástico, como arroz, feijão, macarrão, carne e salada. Arlete aproximou-se e não deixou de comentar:

— Vai para a chácara novamente? Vai acabar perdendo o emprego assim, faltando desse jeito. Sua chefe, pela voz, não é fácil.

— Não tive a sorte de encontrar pessoas fáceis na minha vida.

— O que você não faz pela sua amiga, né? É com ela que vai se encontrar? Vai à chácara? — perguntou de forma debochada a Cleide, que teve vontade de jogar a água do macarrão na cunhada.

— O que você quer? Me irritar? Se já sabe a resposta, fica especulando por quê?

— Nossa, calma! — fez uma pausa e acendeu um cigarro. Depois continuou provocando: só acho que o Heleno não vai aceitar essa história quando descobrir a verdade. Capaz de te expulsar daqui e nem querer saber que um dia teve uma irmã.

— Por que não conta então? Vá lá e conte de uma vez.

— Eu?! Não, de jeito nenhum. Agora que você está tão boazinha comigo, me dando presentes...

— Estou quase contando, sinceramente. Até porque, na altura que você fala, todo mundo já deve saber.

— Fique tranquila. O segredo ainda é nosso. A Rose está no banho, e o Silas saiu com o Heleno. Estamos sozinhas.

— Às vezes fico pensando na ligação que temos, pois somos tão diferentes e estamos sempre ligadas de alguma forma.

O diálogo foi interrompido pelo toque do celular de Rose, que estava sobre a mesa. Cleide olhou para o visor do aparelho e viu o nome de Kleber. Achou estranha aquela ligação, por isso comentou:

— É o Kleber. Deve estar procurando a desmiolada da Andréa — comentou e atendeu a ligação. O sorriso que tinha ao falar com o rapaz foi desaparecendo com o que ouviu.

— Tia, sou eu, o Kleber... — ele falava com dificuldade. — Preciso de sua ajuda. Fiz uma besteira.

— Kleber. O que aconteceu?

O aparelho ficou mudo. Arlete, ansiosa para saber o que estava acontecendo, perguntou para a cunhada em tom bravo, pois ficara preocupada com a transformação do rosto da cunhada.

— Não sei. Era o Kleber. Aconteceu alguma coisa — respondeu, enquanto lavava as mãos na pia. Depois pediu para a cunhada: — Desligue o fogo e chame a Rose. Estou indo para a casa dele. Acho que aconteceu alguma coisa e, pela voz dele, deve ser grave — vendo Arlete imóvel, gritou: — Ande, mulher!

Cleide saiu em disparada de casa, visivelmente nervosa, pensando no pior, pois sabia, assim como quase todos da rua, que Andréa vinha sendo infiel ao namorado e o quanto o rapaz a amava. Supunha que ele tivesse sido capaz de fazer algo contra a moça depois de descobrir a traição, por isso estava tão preocupada.

Minutos depois, Cleide finalmente chegou à casa de Kleber e foi entrando no quintal, chamando pelo rapaz. A porta da cozinha estava entreaberta e, ao entrar na casa, tomou um susto ao ver o jovem caído no chão e a seu lado uma poça de sangue.

***

— Quando uma pessoa tenta o suicídio, é sinal de que ela não está ciente da força que existe dentro de si e do real poder que tem para dirigir a própria vida. Não percebe que, ao nascer, traz um projeto divino para sua vida e é sua responsabilidade executá-lo.

Mafalda, que estava do outro lado da linha, ficou em silêncio ao ouvir a explanação da filha.

— Mamãe, vamos mudar de assunto. Isso a deixou triste. E o Abel, já chegou?

— Como se esse assunto me agradasse. Minha filha, o Abel não é mais o mesmo. Está tão agressivo, agitado, com um comportamento estranho. Já vinha percebendo isso, mas, depois do episódio no banco, quando fui receber o dinheiro da pensão, notei que ele está muito exaltado. Sempre com os olhos vermelhos, chega bebendo água como se não fizesse isso durante o dia, reclama de sono o tempo todo.

— A Inês está perto?

— Não, está na lavanderia. Quer falar com ela?

— Depois falo. Ela não comenta com a senhora sobre esse jeito do Abel?

— Só reclama quando o assunto é a Rose. Tem uma implicância com a moça, que é um doce. Deus me perdoe, mas eu tenho pena de ela gostar do Abel que tenho visto ultimamente.

A conversa estendeu-se por mais alguns minutos, e Mafalda encerrou o assunto, alegando que teria que preparar o arroz. Inês chegou, viu a mãe acomodar o aparelho telefônico no suporte e foi logo perguntando:

— Era a Márcia? Nem quis falar comigo? Só com a senhora, mamãe?

— Perguntou de você e mandou um beijo.

— Vocês duas estão de muito ti-ti-ti, com muitos segredinhos! — comentou rindo, realmente despreocupada com o assunto que envolvia as duas. — Depois, se for para ficar falando de espírito, prefiro ser excluída mesmo da conversa.

— Tenho aprendido muito com a sua irmã — comentou e foi saindo da sala, deixando Inês com os seus comentários.

Não satisfeita, Inês seguiu Mafalda para contar as novidades:

— Passei na imobiliária, mamãe, parece que tem um casal sem filho interessado na casa. Agora o aluguel sai.

— Você e a imobiliária criam muitos obstáculos para alugar o imóvel. Não querem mais de duas crianças, não querem cachorro no quintal, exigem fiador, depósito. Vivemos tempos difíceis, minha querida.

***

Rose, ao ver Cleide desesperada diante do portão da casa de Kleber, correu para o interior da residência já com o celular na mão, ligando para a emergência. Ao ver o pulso do rapaz sangrando, foi ágil. Pegou um lençol, o primeiro que viu pela frente, e enrolou-o no braço do rapaz com o intuito de estancar o sangue. Tentou reavivá-lo, mas não conseguiu. Arlete chegou logo depois com a pergunta:

— Está vivo, Rosely?

— Está respirando. A emergência tem que chegar logo. Tia Cleide, tente falar com a Andréa. Deve estar em alguma loja, fazendo compras...

— Já tentei, mas ela não atende. Só dá caixa postal.

Assim que a emergência chegou, realizaram um procedimento rápido de primeiros socorros. Colocaram Kleber na maca, e Arlete, Rose e Cleide seguiram os dois homens que o levavam. A rua já estava cheia de curiosos comentando:

— Kleber deve ter descoberto que a Andréa o traía.

— Parece que a flagrou na cama com outro. Teve briga feia — comentava outra.

— Ele fez as malas e a colocou para fora de casa. Eu vi Andréa indo embora.

— Deixem de bobagem, de falar sobre o que não sabem. Vão cuidar da vida de vocês — falou Arlete brava. — Se ainda fosse para ajudar, mas só atrapalham!

Os dois homens, com toda habilidade, colocaram Kleber no veículo. Rose e Cleide entraram também na ambulância para acompanhar o atendimento ao rapaz. Em questão de segundos, o carro saiu em disparada, com a sirene ligada.

Arlete permaneceu ao lado dos curiosos e, vendo o carro tomar distância, ficou pensando no que teria levado o jovem a cometer aquela atrocidade, a atentar contra a própria vida.

No hospital, Rose e Cleide ficaram algumas horas esperando notícias do rapaz. O local estava lotado e elas quase não tinham acesso às informações sobre o estado de Kleber. Rose, por alguns instantes, deixou seus pensamentos mergulharem no passado e lembrou-se do dia em que, naquele mesmo hospital, aguardava notícias de Arlete, acompanhada pelo pai e por Andréa, diante daquele balcão, quando vira Alex. De imediato, recordou-se também do encontro-relâmpago que tiveram no bar, quando aconteceu um beijo entre eles. Toda essa lembrança fez Rose sentir saudade do rapaz. Mais do que depressa, por sentir-se leal ao amor de Abel, procurou pensar nos bons momentos que viveu ao lado do namorado. Não tinha muitas recordações. Em paralelo a isso, Rose tentava falar com Andréa, mas sem sucesso.

— Será que a Andréa deixou Kleber e por isso ele cometeu essa loucura?

— Vai saber o que se passa pela cabeça do outro...

— Andréa não falou nada sobre ter se separado do Kleber. Estava bem hoje, divertida como sempre. Fiquei sem entender.

A enfermeira apareceu para dar notícias sobre o estado do rapaz. Falava rápido porque tinha pressa, pois o horário da troca do plantão estava próximo e precisava conversar com o namorado para resolver se iria ou não passar a noite na casa dele.

— Está bem, fora de perigo. Só em observação.

— Graças a Deus! — as duas mulheres falaram quase ao mesmo tempo, emocionadas, sorrindo.

— Até quando ficará aqui?

— O médico determinou que amanhã ele poderá voltar para casa. Foi um acidente grave — comentou a moça para Rose, que dissera aos atendentes que Kleber havia sofrido um acidente. — Agradeçam ao médico, porque, em outros dias, ele o mandaria hoje mesmo para casa. Eles não ficam segurando pacientes que sofrem esse tipo de acidente.

Rose e Cleide trocaram olhares.

— Podemos falar com ele? — perguntou Rose.

— Está sedado. Aconselho que voltem para casa e, amanhã, tragam-lhe roupas limpas, pois as dele não estão em condição de uso. Terá alta amanhã, no horário de visita.

— Posso ficar aqui como acompanhante — sugeriu Cleide.

— Não é possível. Não há vagas para acompanhantes — a moça, educada, percebendo a angústia das amigas do rapaz, falou: — Venham comigo, poderão vê-lo antes de irem embora. Só que, como disse, não é possível permanecerem como acompanhantes.

Minutos depois, Rose e Cleide já estavam ao lado de Kleber. Foi uma visita rápida, já que estavam fora do horário permitido. O rapaz, confuso, abriu os olhos e conversou rapidamente com as duas. Em uma das frases, disse:

— Ela foi embora, Rose. Disse que não quer... falou que o que tiver em casa é para jogar fora, isso se eu encontrar alguma coisa — começou a chorar.

A enfermeira, vendo o estado do rapaz, pediu para que elas saíssem.

O celular de Rose tocou assim que deixou o hospital.

— Rosely, quer me matar de ansiedade, menina? Por que não atende esse celular? O da sua tia também só dá caixa postal!

— Mãe, dentro do hospital ficamos sem sinal. O Kleber está bem, fora de perigo.

— O que fez esse menino cometer essa asneira?

— Kleber está sedado, por isso ainda não consegui falar com ele. Só terá alta amanhã. Conversaremos depois, tá? Estou chegando. O ônibus está chegando aqui — Rose desligou o telefone, para desespero de Arlete, que ansiava por explicações.

Logo que desceram do ônibus, Rose, que estava com a chave da casa de Kleber, pediu à tia que a acompanhasse.

— Vamos comigo, tia Cleide. Vou pegar roupas para ele. Você pode levar ao hospital até lá, antes de ir para o trabalho?

— Não posso, minha querida. Tenho um compromisso hoje.

— É verdade, vai se encontrar com a sua amiga. Farão um almoço amanhã, né? Que bom, tia. Fico feliz que tem saído mais de casa — observou o rosto de Cleide e, como a conhecia, percebeu certo constrangimento em suas feições, mas preferiu não comentar nada. Mudou de assunto. — Sem problemas, vou levá-las para o hospital amanhã. O que preciso no momento é falar com a Andréa! Por onde anda essa moça?!

Rose, assim como Cleide, ao entrar na casa de Kleber, teve uma sensação ruim, triste. O casal, em muitos momentos, certamente havia sido feliz ali, principalmente quando Andréa e Kleber recebiam os amigos e faziam rodadas de pizzas. Agora tudo havia acabado e quase de forma trágica.

Cleide encontrou sem dificuldade as roupas de Kleber e separou algumas peças sobre a cama. Abriu a parte do armário que pertencia a Andréa e mostrou-a para Rose. Estava vazia. Cleide pediu à sobrinha que tentasse encontrar uma sacola para acomodar as roupas do rapaz. Rose procurou pela casa e, em meio à procura, finalmente encontrou uma sacola. Ao abri-la, para sua surpresa, encontrou um tênis.

— E esses tênis?

— Rose, são parecidos com os seus, com os que foram roubados. É da Andréa!

— Estranho, ela não me contou nada sobre ter comprado esses tênis. Realmente gostamos do modelo, tanto que experimentamos na loja e falamos até em comprá-lo em sociedade. Bom, vou levá-lo para a Andréa.

— Melhor, pelo que o Kleber me contou, ela deu ordens para jogar fora tudo o que ele encontrasse aqui que fosse dela. Não dá pra jogar fora tênis tão bonitos.

— E caros também. Em pensar que vou ter ainda que pagar mais nove prestações do meu, tia...

Capítulo 26

Ao entrarem na delegacia, Alex sentiu a preocupação de Aracy em suas mãos, pois ela, aflita para obter respostas sobre o sumiço das joias, as apertava. Desde a hora da ligação até chegarem à delegacia, avó e neto foram tomados pela surpresa de a polícia ter conseguido recuperar as joias furtadas de sua casa e ansiavam por descobrir quem teria sido o autor daquele delito.

— Com certeza foi um daqueles marginais que o Lauro colocou dentro de casa. Ao abrir as portas de nosso lar para estranhos, ele facilitou o acesso a todas as dependências da casa. Devem ter vasculhado tudo e daí se apossaram do que encontraram. Fico pensando o que mais eles levaram de lá... Meu lar entregue ao acaso.

— Calma, vovó — pediu Alex à porta da delegacia, instantes antes de entrarem no local. — Eu também quero muito saber quem fez isso. É capaz do Lauro nem saber quem foi. Deve ter colocado tanta gente em casa quando estava drogado, que nem se lembra do autor do furto e nem irá reconhecê-lo quando fizermos uma acareação.

— É capaz mesmo... Alex, precisamos interná-lo em uma clínica. É a única esperança que temos de reverter essa situação.

— Ele já esteve em outras clínicas antes, a senhora sabe disso. E qual foi o resultado? Fuga, ter se envolvido com pessoas iguais a ele e até conseguir se drogar lá dentro.

— Agora é diferente. Tenho fé de que será diferente, pois ele está indo por livre e espontânea vontade.

— Está indo pelo dinheiro que acha que terá na volta, para aplicar no tal negócio...

— Bom, meu neto, vamos de uma vez desvendar esse mistério.

Aracy e Alex finalmente entraram na delegacia, identificaram-se e foram encaminhados a uma sala com a sugestão:

— Podem se sentar ali onde estão aquelas pessoas, todas estão aguardando. Ocorreu um flagrante. Um rapaz roubou o irmão. Depois de resolver esse caso, o delegado irá atendê-los. Melhor irem tomar um café porque terão umas duas horas de espera pela frente.

Uma hora e pouco depois, foram chamados à sala do delegado. Ele era um homem perto dos cinquenta anos, cansado, e era possível perceber isso ao vê-lo esparramado na cadeira, que sumia debaixo do seu corpo pesado. Era direto, sem rodeios, e gostava de falar olhando nos olhos, sempre arqueando as sobrancelhas.

— A mansão que teve as joias furtadas... Tiveram sorte de recuperá-las — abriu a gaveta e de lá tirou um saco plástico com uma etiqueta enorme, que trazia algo escrito de forma ilegível. Depois de abri-lo, o homem despejou, sem os cuidados com que foram tratadas um dia pelas mãos da família Senhorine, as joias sobre a mesa de madeira coberta por um tampão de vidro.

— São essas as suas joias, dona Aracy? Reconhece-as?

— Sim, são as minhas joias — confirmou emocionada. — Pelo menos parte delas. Quem as furtou? Imagino que tenham conseguido pegar o...

— Vá lá e traga o camarada — ordenou o delegado ao policial que estava na porta. Fez isso serenamente, interrompendo Aracy.

Minutos depois, a porta abriu-se para sanar a curiosidade de Aracy e Alex. Algemado, com um machucado no rosto, Lauro entrou na sala para a surpresa dos parentes.

— Lauro?

— O policial que esteve em sua casa achou estranho o comportamento do seu filho, então decidiu segui-lo. Depois, não foi difícil encontrar esse pacote com as joias em seu bolso.

— Como? Lauro nos garantiu que não havia sido ele o autor do desaparecimento das joias — duvidou Alex.

— Não é difícil deduzir. Observe que não estão todas aí sobre a mesa. Ele já comercializou uma parte. Quando foi notada a falta das joias, ele se sentiu ameaçado, principalmente diante da presença da polícia vasculhando a casa. Por essa razão, ele se adiantou e tentou vender as peças rapidamente.

Aracy levantou-se envergonhada e aproximou-se do filho, tentando sufocar a vontade que sentia de chorar. Estava desesperada diante daquela situação:

— Mais uma mentira, Lauro. Ainda perguntamos a você!

— São minhas, herança minha, meu dinheiro...

Ela, por ser mãe, relevou a reclamação material do filho. Passou a mão no rosto do rapaz e ficou triste ao constatar que sua beleza vinha se esvaindo com o tempo e com o uso contínuo dos entorpecentes. A beleza que tivera um dia ficara registrada apenas nos álbuns de família, nas lembranças. O máximo que conseguiu falar foi:

— Está machucado?

— Ele caiu. Não foi, rapaz? — o delegado adiantou-se, pedindo a confirmação de Lauro, que apenas balançou a cabeça positivamente.

Alex sabia que Lauro havia sido agredido, mas não quis levantar a hipótese para não preocupar ainda mais Aracy, pois temia que sua saúde pudesse se fragilizar diante daqueles acontecimentos.

— Recolha o rapaz — solicitou o delegado de forma rude ao policial que estava próximo de Lauro.

— Doutor... — iniciou Aracy com os olhos visivelmente emocionados. — Quero retirar a queixa de furto das minhas joias. Responsabilizo-me por ele. A minha idade permite lapsos. Devo ter pedido para ele vendê-las para mim. Acho que foi isso que aconteceu.

***

Rose, como de costume, chegou à loja e fez toda a arrumação do local, para que estivesse apresentável quando os clientes chegassem. Atrasada, Andréa apareceu duas horas depois. Estava muito bem-vestida, como sempre, e com o rosto levemente maquiado. Não se notava nenhum sinal de preocupação em seu semblante.

— Onde estava?!

— Calma, chefe. Para tudo há uma explicação. Amiga, cheguei atrasada porque o trânsito estava daquele jeito. E depois, para chegar até aqui, tive que pegar lotação, trem, metrô...

— Não estou falando disso! Tentei falar com você a noite toda! Por que não atende o celular? — falou exaltada.

— Flor, se é pela besteira que o Kleber fez, já estou sabendo. A tia Arlete me ligou e já passou a ficha toda.

— E você fala assim, com essa cara de pouco caso?

— O que você queria? Que estivesse chorando, me lamentando pela bobagem que ele fez? Não tenho culpa se é fraco e quis pôr fim à vida dele. Não sou responsável pelos atos do Kleber. Entende? Não sou!

— Compaixão era o mínimo. Morou com o rapaz durante tantos anos e depois saiu da vida dele assim, descartando o namorado como um sapato velho? Você foi muito fria e egoísta, Andréa. Demais!

Andréa ficou calada. Gostava de Rose e, embora tivessem a mesma idade, a moça sempre a considerara uma amiga mais velha. Por isso parou de rebater os comentários de Rose, mas não havia mudado de ideia. Estava firme em sua decisão. Achava que não tinha responsabilidade alguma no que havia ocorrido com Kleber e por isso não tinha que dar assistência ao rapaz, correr para vê-lo.

— Se eu o procurar, vai achar que quero retomar o nosso casamento e eu não quero — disse firme. — A tia Arlete falou muito hoje também. Sinceramente, não senti no coração vontade de visitá-lo, de voltar a ver aquele Kleber deprimido, carente, dependente de um amor que não posso mais dar.

Rose, em um momento de compreensão, abraçou a amiga depois de um silêncio que se estabeleceu entre as duas.

— Eu estou tão impressionada com tudo que vi e vivi ontem com o Kleber, que nem pensei em como você está, no porquê de ter tomado essa decisão de deixá-lo...

As duas ficaram ali conversando, com os ânimos mais calmos. Andréa acabou chorando. Suas lágrimas escorriam pelo término do romance com Kleber, pelo que sentia, por perceber que a vida com Igor não seria tão fácil como esperava. Ouvia a voz dele suave dizendo: "Minha mãe está na Bahia, mas pode ficar por um tempo". E depois desse tempo, para onde iria?

— Você mesmo vivia me recriminando por ter meus romances paralelos ao casamento com Kleber. Agora que encontrei o meu empresário, que quero ter uma vida a dois, séria, ser leal, parece que estão todos contra mim. Não posso viver esse amor com a intensidade que ele pede.

— Acho que você foi precipitada. Passamos o dia juntas e você não deu sinal de que planejava essa separação. Imagina o impacto para o Kleber!

— O cartão de crédito foi o estopim — não teve coragem de mencionar os tênis, mas esse assunto veio à tona, minutos depois, trazido por Rose.

A conversa foi interrompida por duas mulheres, que vinham do Nordeste e que resolveram comprar quase toda a loja para revenderem os produtos em sua terra. Eram animadas, de sotaque forte assim como o humor. Traziam com elas o calor das terras do sol dourado. Depois que foram embora, Rose viu a amiga cutucar uma cutícula e achou o momento favorável para conversar sobre a sacola que havia trazido com ela.

— É seu. Trouxe da sua casa, ou melhor, da casa do Kleber. Ele comentou que você não queria mais nada de lá.

Rose entregou a sacola para Andréa e estudou a sua reação. Foi nítido o nervosismo ao deparar-se com os tênis, pois a moça começou a gaguejar, repetir sem parar como havia ganhado o presente.

— O empresário me deu. Havia comentado uma vez sobre os tênis quando passamos pela loja. Ele viu, guardou a referência e me deu de presente — mentiu parcialmente Andréa. — Flor, lamento que o seu tenha sido furtado — disse isso, mas tinha certeza de que se tratava dos mesmos tênis. — Obrigada.

Rose abriu um sorriso e abraçou Andréa.

— Você precisa de muitos abraços hoje — recomendou Rose.

— Obrigada, flor. Amiga igual a você não vou ter jamais — comentou Andréa durante o abraço. Seus olhos estavam perdidos no piso da galeria.

***

— Abel, em casa a essa hora, meu filho?! — Inês surpreendeu-se com a presença do filho em casa naquele horário.
— Pedi uma saída — respondeu ríspido. Estava muito agitado.
— Saída? Como assim, pra quê?
— Fui fazer minha matrícula no curso de música.
— Matrícula no curso de música? Abel, curso de música? — exaltou-se Inês.
— Sim, vou atrás do meu sonho, me dedicar ao que eu quero ser na vida. Vou estudar música como sempre quis, sempre sonhei.
— Sonho não enche a barriga de ninguém, meu filho.
— E trabalhar no que não gosta enche?
— Quero tanto vê-lo em uma faculdade, trabalhando em uma empresa grande, multifuncional...
— Multinacional, mãe.
— Como a sua prima — emendou, não dando importância à correção do filho. — Ela está tão bem, formada, bem empregada.
— E abandonada grávida pelo marido em uma terra estranha. A vovó me contou.
— Profissionalmente ela está bem e muito bem empregada. Empresa boa, vive viajando pelo Brasil, pelo mundo.
— Fez duas viagens a Minas Gerais e uma aos EUA, e a senhora fica enaltecendo a carreira dela, fazendo comparativos. Ela é ela, eu sou eu. Somos pessoas diferentes, cada um com seus sonhos, seus planos...
— Vou te ajudar, vou pagar o cursinho pra você.
— A Rose falou isso pra mim, para eu fazer o cursinho e fazer o curso de música aos sábados.
— Como?! Precisa se dedicar, meu filho. Não terá tempo para se dedicar a esse curso de música. Tem que estudar, se debruçar sobre os livros para conseguir uma boa colocação. Não quero você nesse curso. Onde já se viu? Ainda pede saída para fazer um absurdo desse. Contou no trabalho o motivo da saída?

Mafalda, que estava na feira, chegou a sua casa e ouviu essa parte do diálogo. Achando-o intenso, não viu espaço para interferir. Apenas assistiu à conversa dos dois, fazendo suas orações, pedindo paz na família.

— Fui demitido — murmurou Abel.

— Como?

— Fui demitido, mandado embora, não me quiseram mais lá. Ouviu? Satisfeita? — gritou de forma que assustou Mafalda. Inês, no entanto, partiu para cima do rapaz como se ele ainda fosse o menino do primário que a mulher conduzia pela mão até a porta da escola.

— Abel, você perdeu o emprego? Mais um? — disse brava, empurrando o rapaz, que procurava se defender das mãos ágeis da mãe. — Não eduquei filho meu para ser vagabundo, acomodado, desinteressado pela vida. Não te criei para ser um ninguém.

— Pare, mãe!

— Não vou tolerar isso, não vou. O que aprontou? Me diga! Não precisa, com certeza você demonstrou a sua falta de interesse em aprender, deve ter feito o serviço de qualquer jeito, se é que fez, justamente para ser demitido. A quem você saiu assim? Um preguiçoso — fez uma pausa enquanto se afastava do rapaz. Estava visivelmente cansada, exausta pela briga com o filho. Viu quando Mafalda se aproximou com um copo de água com açúcar. Ela pegou o copo da mão da mãe e tomou a água sem agradecer o gesto e a atenção de Mafalda. Sua raiva estava centrada no filho.

— Não gostava de lá. Ainda bem que fizeram esse favor de me demitir. Era um office boy, mandado de departamento para departamento. Isso quando não passava o dia de banco em banco, enfrentando filas. Não aguentava mais ver senha na minha frente, suportar burocracia.

— E o que você quer da vida? — Inês gritou já próxima ao rapaz. — Ser músico? Agora entendi! Foi com o dinheiro da rescisão que conseguiu se matricular nesse curso. O que vai fazer? Comer, dormir e viver para esse cursinho sem futuro?

— Já estou vendo umas paradas com uns amigos.

— Paradas? Que dialeto é esse, rapaz? Você está falando com a sua mãe. Exijo respeito! Não sou seu amigo da rua para falar comigo assim!

Inês estava muito magoada, tanto que falava sem parar e nem ouvia as recomendações de Mafalda, que pedia que a filha se acalmasse. Estava engasgada e falava descontroladamente, despreocupada com as consequências das palavras ditas, em algumas ocasiões, da boca para fora.

— Chega! — resmungou Abel. Estava nesse momento sentado no sofá, com a cabeça baixa, apoiada nas mãos. Os joelhos, que serviam de suporte para os cotovelos, começaram a balançar. — Chega! — gritou por fim e depois se levantou transformado. Tornou-se irreconhecível ao seguir para o corredor.

Inês, ainda não satisfeita, correu atrás do filho, sendo acompanhada por Mafalda, que não sabia o que fazer para impedir uma tragédia.

O rapaz, transtornado, entrou no quarto de Inês e começou a revirar suas coisas.

— O que é isso? O que está fazendo?

— Cadê as chaves da casa. Cadê? — gritou como se tivesse soltado um trovão dos pulmões. — Eu quero as chaves da casa do meu pai. Não fico mais um minuto com você. Não fico. Chega!

O quarto ficou todo revirado. Inês, em lágrimas, tentava impedi-lo, mas em vão. O rapaz havia criado uma força inexplicável. De repente, ao puxar as gavetas e jogá-las no chão, Abel ouviu o som das chaves caindo no piso frio. Largou tudo e ajoelhou-se para apanhá-las. Ao encontrá-las, colocou-as no bolso, enquanto Inês tentava resgatar as chaves sem sucesso. Sob o efeito das drogas, Abel, grosseiramente, empurrou a mãe e nem virou para trás para vê-la cair sem jeito sobre a cama. Inês ainda assim conseguiu se levantar rapidamente.

— Minha filha, deixe o Abel em paz pelo amor de Deus! — pedia Mafalda, tentado segurar Inês.

— Abel, não! — pedia Inês, seguindo o rapaz até o quarto dele, onde o jovem começou a fazer as malas rapidamente. — Vai morar sozinho?

— Vou embora, viver minha vida do meu jeito. Ser feliz sem suas cobranças, suas implicâncias. Não preciso de você. A Rose vai morar comigo.

— Não faça isso, meu filho. Me escute! Eu te amo, meu filho!

Indiferente, Abel pegou as malas e as mochilas e saiu pela casa deixando algumas peças caírem pelo chão. Saiu sem olhar para trás nem voltou para recuperá-las.

Inês tentou ainda correr atrás do filho, segurá-lo com um abraço pelas costas, mas Abel conseguiu se desvencilhar da mãe e assim partiu, sem olhar para trás. Mafalda então correu para ajudar a filha a se levantar. Ela chorava como se tivesse perdido as forças.

Mafalda conseguiu colocá-la para dentro de casa e foi correndo preparar um chá. Quando voltou à sala, Inês não estava mais lá. Apressou-se em localizar a filha. Foi achá-la no quarto de Abel, com um pacote nas mãos. Mafalda ficou na porta assistindo à cena, sem forças para interferir.

— Meu filho, você vai voltar. Vou esperar — dizia sozinha, em lágrimas, enquanto desfazia o embrulho que revelava um quadro que mandara fazer. Depois, com o quadro em sua posse, Inês fixou-o na parede. Era Abel fazendo pose no carro da tia. — Veja, mamãe, como nosso menino ficou bonito na foto — comentou sorrindo, enquanto as lágrimas molhavam seu rosto.

Capítulo 27

Arlete ofereceu-se para levar as roupas de Kleber ao hospital quando soube que a alta do rapaz aconteceria no horário de visita.

— Quer dizer que não posso fazer algo por alguém, Rosely? — perguntou Arlete à filha, quando viu a moça arrumando Silas e correndo para dar conta de tudo. — Sua tia saiu de madrugada para encontrar a amiga — havia um tom de ironia nessa frase, como se a mulher soubesse de algo mais. No entanto, Rose estava tão ocupada com seus afazeres que nem a questionou.

— Mãe, que bom que pode ir ao hospital. Não tenho como faltar ao trabalho. A tia viajou — consultou o relógio — e eu, para variar, estou atrasada.

— Pode deixar comigo — falou enquanto acendia um cigarro. — Estarei lá no horário de visita.

E cumpriu. Saiu de casa bem-vestida com as roupas que sua cunhada fornecia em troca do segredo guardado. Já estava no portão, quando fitou o calçado que usava e achou que este não combinava com a roupa, por isso voltou e colocou um sapato preto com um salto discreto, que deu mais altura e elegância à mulher. Ao descer da lotação, com pose de madame, Arlete seguiu para a portaria do hospital público. Lá, descobriu o acesso ao portão de visitas e ficou assustada com o número de pessoas que aguardavam a autorização para entrar no edifício. Algumas puxavam papo, mas a mulher, com sua arrogância, não dava atenção a quem tentava conversar com ela. Fumou dois cigarros até ver a porta ser aberta e um guarda autorizar sua entrada.

— Aqui está o seu crachá — falou, entregando a Arlete um papel envolvido por um barbante encardido, que a mulher se recusou a colocar no pescoço. — Está vendo a linha azul aqui no chão? Siga ela até o final. Leito vinte e um.

Ela foi guiada pela linha azul traçada no piso até chegar ao quarto onde Kleber se recuperava.

O quarto era amplo e possuía várias camas, todas ocupadas. Arlete encontrou Kleber sem dificuldade. Ele estava deitado, com os olhos fechados. A mulher então puxou a cadeira ao lado do rapaz, que servia para colocar as sacolas, e lá se sentou, depois de jogar os pacotes no chão. O paciente do lado reclamou, e Arlete prontamente retrucou:

— Estou mais cansada do que as suas sacolas — respondeu ao rapaz e virou-se para Kleber, ignorando os desaforos que o outro dizia. — Hora de acordar, moço. Chega de chamar a atenção.

Kleber abriu os olhos e ficou surpreso ao ver a vizinha. Tinha muito respeito por Arlete, pois crescera tendo a mulher como vizinha. Ela era muito amiga de sua mãe, e, depois que Andréa foi morar com o jovem, os laços de amizades estreitaram-se.

— Que bobagem foi essa? Pode me explicar?

— Perdi o sentido da vida — lamentou-se.

Arlete respirou fundo e desejou um cigarro, depois continuou:

— Egoísta você, viu? Seus pais estão enrolados com dívidas e você faz uma presepada dessas? Iam ter que fazer empréstimos para cobrir as despesas que ia deixar. Nem me fale que aqueles móveis serviriam para pagar as despesas com funeral. Tudo está à hora da morte. Ops! — deu um sorriso, que foi interrompido ao fitar o rosto sério do rapaz.

— Tenho minhas economias. Seguro-funeral. Minha família não precisaria se preocupar com isso.

— Não é disso que estou falando. É da saudade que consumiria sua família se os seus planos tivessem dado certo. Foi egoísta, sim. Não pensou nas pessoas que te querem bem, que te estimam e sofreriam com seu ato impensado.

— Estou envergonhado — falou sinceramente.

— O amor é para ser vivido, não sofrido. Se te faz sofrer, não é amor. O amor não tem essa característica avessa, não faz querer o fim, e sim a continuidade.

— Fala como se tivesse sentido o amor em toda sua intensidade.

— E senti. Tive a oportunidade de vivê-lo plenamente, com todas as suas delícias, mas o melhor seria deixar passar sempre que estivesse no meu portão. Estranho, mas no meu caso viver o amor significaria fazer outras pessoas sofrerem — confessou Arlete emocionada. Depois se armou novamente, como de costume. Vestia-se com sua armadura para não se ferir. — Agora, deixe de papo. Levante e vá se arrumar. Trouxe roupas limpas para você.

— Obrigado — foi o que o rapaz disse, rompendo o silêncio. — Esse tempo aqui me fez refletir... Tudo que falei foi da boca pra fora. Eu realmente estou envergonhado. A noite em claro me fez perceber o quanto sou importante, o quanto minha vida tem valor, e que não posso permitir que ninguém me faça pensar ou fazer eu me sentir diferente, pequeno. Quero valorizar a vida, ser feliz, aproveitar o momento presente para criar situações de alegria e beleza, alimentar a minha alma, viver melhor.

Arlete, com brilho nos olhos, pousou a mão sobre a do rapaz, apertando-a em seguida.

Segundos depois, Kleber levantou-se com tontura da cama. Arlete ajudou o jovem a caminhar até a porta do banheiro. Depois, a mulher voltou para a cama do rapaz e sentou-se na cadeira para esperá-lo. Uma mulher passou pela cama e cochichou com a outra que ali estava o rapaz que tentara o suicídio. Arlete não deixou passar o comentário e disse:

— Foi um acidente. Agora vão cuidar da vida de vocês. Se estão aqui, é porque tem alguém precisando de vocês. Pobres coitados! Contarem com sua ajuda! O que estão olhando? — ao ver as mulheres afastarem-se, murmurou: — Um acidente, foi isso que aconteceu... Um acidente chamado amor — ao proferir essas palavras, lembrou-se de Antônio.

O pensamento da mulher foi interrompido ao ver Kleber aparecer com um aspecto mais animado e vestido com roupas limpas.

— Vamos para casa agora. Tem dinheiro para o táxi? Me recuso a voltar de lotação. Eu pago, depois você me dá — começou a rir. — Estou brincando! Heleno me deu dinheiro para a volta.

— Não sei como vai ser voltar para casa.

— Quem disse que vai voltar para sua casa? Ficará na minha até os seus pais voltarem da viagem. E não adianta dizer não. O Silas adorou a ideia. Acha que arrumou um parceiro para o futebol.

— Obrigado — interrompeu Kleber.

Arlete parou de falar e respirou fundo para não chorar.

***

Os dias passaram, mas a esperança de Inês de ter o filho de volta ao seu lar não havia passado. Depois de dias, ela ainda não havia conseguido encontrar Abel. A casa estava sempre fechada, e a mulher não conseguia acesso ao interior do imóvel porque o rapaz também havia levado a chave reserva que tinha da residência.

Márcia tentava consolar a irmã, e Mafalda tentava fazer o mesmo com a filha.

— Acha mesmo que ele vem se drogando, Márcia?

— Não acho, tenho certeza.

— Não seja ingênua, minha filha. Faz tempo que isso vem acontecendo e embaixo do nosso nariz. Estávamos tão cegas de amor por ele, que ignoramos os sinais.

— A mamãe está certa, Inês. Não se atentou aos sinais?

— Sinais?

— Sim, os olhos vermelhos, a sonolência, as noites em claro, a sede exagerada, assim como a fome.

A cada palavra dita por Márcia, Inês lembrava-se dos episódios em que o filho se envolvera. E cada um deles doía em seu peito, como se alguém estivesse fincando nele um punhal.

— Vi tudo isso acontecer, só que achei que fosse normal. Um jovem bonito, educado, de família simples... Nunca deixamos faltar nada a ele. Como poderia imaginar que isso estivesse acontecendo na minha casa, com o meu filho? A gente ouve tantas histórias. A Evinha mesmo me conta sempre várias... Nunca associei essas coisas à minha família.

— A falta dos mantimentos... Lembra que você mesma disse que viu ele pegar algumas coisas?

— É verdade. Ele disse que era para doação, mas na verdade era uma moeda de troca, minha irmã. Devia usar para comprar mais drogas.

Inês, desesperada, começou a chorar enquanto falava:

— Meu Deus! Não posso acreditar que isso esteja acontecendo com o meu Abel. E agora longe de mim, o que vai ser dele? Se ainda estivesse em casa...

— O que faria? Estão em pé de guerra. Eu vi, ninguém me contou... Meu neto está muito agressivo.

— A prece equilibra os pensamentos e aquece o coração. É a oportunidade que temos de nos aproximar de Deus e também de agradecer a Ele pelas conquistas — sugeriu Márcia.

— Como?

— Isso mesmo que ouviu, Inês. Temos que elevar nossos pensamentos a Deus e pedir equilíbrio para acharmos a melhor solução para essa situação — fez uma pausa e observou o rosto da irmã descrente. — É bom se fortalecer. Como quer estar quando tiver a oportunidade de reencontrar Abel?

***

— Como?! — perguntou Rose emocionada, com um sorriso capaz de ofuscar o sol. Estava na loja, de saída, quando foi pega de surpresa por aquela proposta.

— Viver comigo. Dividir os bons momentos. Estou morando sozinho, mas não quero ficar sozinho e é você que quero ao meu lado.

— Está me pedindo em casamento?

— Estou! — confirmou Abel, pegando a namorada pela cintura e rodando-a pelo vão da galeria onde a moça trabalhava. — É pra hoje, agora.

— Calma, não é assim. Tenho que falar com a minha família, não posso sair assim de repente.

— Por mim você iria agora comigo — disse impulsivamente. Nos últimos dias, era nítida a ansiedade de conquistar tudo rapidamente, como se o tempo estivesse se esgotando.

Ele fixou seus olhos nos da moça, e tudo pareceu diferente. Sentia-se fortalecido.

— E sua mãe? Não era essa a casa que sua mãe alugava...

— Meu pai deixou para nós. É minha agora e é isso o que importa.

A moça ficou reticente, e ele interrompeu os pensamentos da namorada dizendo:

— Confie em mim, garota. Tudo vai dar certo. Seremos felizes lá. Você vai gostar.

Por fim, esse foi o diálogo que Abel teve com Rose, quando decidiu morar sozinho. O tempo passou, e o grande dia chegou. Não houve festa nem nada que pudesse marcar a saída de Rose da casa dos pais. Deixaram apenas combinado, sem data certa para acontecer, um jantar ou almoço para celebrar aquela união, nada mais. A moça saiu de casa emocionada. Olhou para Arlete e recordou-se da conversa que tiveram um dia:

— Você me disse que o tempo estava passando, então resolvi fazer algo para a minha vida não passar despercebida.

— Vá, Rosely. Essa pode ser sua chance de ser feliz — Rose abraçou a mãe e marcou o rosto de Arlete com um beijo.
— Pode deixar que eu converso com Heleno.

Da parte de Heleno, não houve nenhuma objeção. O homem apenas ficou, de início, pensativo e chegou a comentar com a esposa:

— Nossa menina é uma mulher agora. Está indo viver a vida dela.

— Sem dramas! Esse namoro já estava demorando muito! Faz bem ter a vida dela, enfrentar as dificuldades de uma vida a dois...

Rose, quando foi beijar o pai, não conseguiu segurar as lágrimas, que eram de felicidade.

— Que Deus te abençoe, minha filha. A sua segunda casa sempre estará aqui.

— Deixe de bobagem, Heleno — cortou Arlete. — Parece que faz votos para que a menina volte.

A emoção tomou conta de Rose quando a moça abraçou Silas. Havia combinado com os pais que o deixaria lá por conta da creche.

— Vou passar os fins de semana com você? Jogar bola com o Abel?

Abel estava no portão, mas pôde ouvir a pergunta de Silas. Foi até o menino e prometeu que o levaria para jogar bola. O garotinho ficou feliz e saiu dançando.

— Vou sentir tanta falta... — lamentou Rose.
— Vá logo, Rosely! — falou Arlete.
— Você fala de uma forma! Até parece que deseja que Rose fique longe de nós!
— Quero que ela comece logo a vida! — disse enquanto acendia um cigarro. — A bobona da sua tia se recusa a se despedir da sobrinha. Disse que vai passar na casa da tal amiga e que chegará mais tarde. Kleber, o agregado — era assim que Arlete se referia ao hóspede, que estava em sua casa desde o dia que saíra do hospital —, está no trabalho, fazendo um extra, mas deixou um beijo para você e um presente que está no porta-malas do táxi. É um jogo de panelas — adiantou-se.

A moça, com dificuldade, como se estivesse partindo para outro país, entrou no táxi acompanhada por Abel. Juntos, foram iniciar a tão esperada vida a dois.

***

Rose confiou as chaves da loja para Andréa, pois na véspera teria a sua primeira noite na casa nova, ao lado de Abel, e decidiu chegar mais tarde ao trabalho no dia seguinte. Por não ter oficializado a união, não pediu uma licença para o dono da loja. Preferiu reservar aqueles dias para o ano seguinte, quando, finalmente, formalizaria a união em um casamento civil.

Andréa chegou à loja toda faceira. Estava já há algum tempo separada de Kleber e julgava-se feliz ao lado de Igor. Essa felicidade, no entanto, não era perfeita. Intimamente, a moça percebia que seu relacionamento com o rapaz não tinha o mesmo romantismo que experimentara ao lado de Kleber no início do namoro.

Igor era um homem ocupado, um empresário, como Andréa costumava chamá-lo. As prioridades do rapaz eram seus negócios. A sogra continuava na Bahia, mas a moça tivera o desprazer de conhecê-la por meio de uma câmera no computador, enquanto o namorado conversava com a mãe.

O rapaz, animado, apresentou Andréa como sua namorada. A mulher, que parecia ter o rosto deformado por conta da imagem ruim exibida no monitor, foi seca ao falar, enquanto balançava o colar branco que contrastava com a pele queimada pelo sol:

— Prazer. Igor, você não está trazendo biscates para dentro de casa, não é? Não quero saber de bagunça no meu lar.

Igor desligou o computador na hora, encabulado, tentando se desculpar com a namorada. Logo ele percebeu que a moça havia ficado chateada, mas conseguiu, com beijos, fazê-la sorrir novamente.

— Como é bom ficar com você. Ter seus beijos, seus abraços.

— Reencontrar você foi a melhor coisa que me aconteceu. Procurei tanto por você... — falou Simone, dominando o corpo de Andréa.

Igor começou a rir, e a moça perguntou por que o rapaz ria. Ele então comentou:

— Acho engraçado quando fala que foi bom me reencontrar, como se a gente tivesse se perdido um do outro em algum momento da vida.

— É capaz mesmo de termos nos perdido um do outro em algum momento da vida. Com certeza isso aconteceu... — afirmou Simone com o olhar distante. Depois, acrescentou exigindo: — Acho que está na hora de a gente ter o nosso espaço. Logo sua mãe voltará de viagem e, pela simpatia que demonstrou, acredito que não terei espaço aqui.

Os dias passaram e agora Andréa estava ali, abrindo a loja e pensando em sua situação, em até quando poderia viver de favor na casa da sogra, que já demonstrara não ter simpatia por ela.

— Oi, Simone!

— Igor? Você aqui a essa hora? — recebeu o beijo do namorado e continuou: — Se soubesse que viria para o centro da cidade, teria esperado por você.

— Os negócios são imprevisíveis...

Andréa arrancara de Igor que o negócio a que o rapaz se dedicava era o comércio de cigarros, mas havia encontrado pela casa materiais suspeitos, compreendendo, assim, que

Igor trabalhava na verdade com drogas. Apesar de tudo, não ousou questionar o namorado. Amava-o demais e temia criar atrito com ele. Àquela altura, já acreditava em Abel, mas preferia crer que o negócio de Igor era exatamente o que ele dizia: comercialização de cigarros.

Igor não aparecera na loja por saudade. Precisava de dinheiro e viu no trabalho da namorada uma fonte. Não foi difícil convencer Andréa a pegar um vale no caixa da loja. A moça, depois de alguns beijos e da promessa de uma casa mais próxima ao trabalho, foi até o caixa e de lá tirou algumas notas.

— Legal, meu amor — falou, enquanto dava um beijo rápido na moça e colocava as notas no bolso da calça jeans.
— Depois a gente acerta. Estou com um esquema forte que vai dar dinheiro.

Simone permaneceu diante da porta da loja, fascinada, vendo o rapaz tomar distância. Amava-o tanto que para ele daria a loja inteira. Simone desprendeu-se de Andréa e seguiu Igor. Andréa, de súbito, como se tivesse despertado, observou a gaveta do caixa aberta e rapidamente a fechou. Tinha consciência do empréstimo que fizera ao namorado, mas, de repente, não se sentiu tão confiante como quando entregou o dinheiro a Igor. Agora, sentia-se tomada pelo medo.

Capítulo 28

Rose já conhecia a casa onde iria morar com o namorado, pois passara na frente do imóvel na companhia de Abel algumas vezes. Era espaçosa, com cômodos grandes e bem construídos. Havia anos o imóvel vinha sendo alugado mobiliado e, por essa razão, alguns dos seus móveis precisavam ser repostos, pois se encontravam em péssimo estado. A casa também necessitava de algumas reformas, mas Rose pensava que elas poderiam ser feitas com o tempo. No entanto, alguns móveis precisavam ser trocados com urgência, por isso a moça aproveitou para fazer os pedidos pela internet e dividir a compra em várias prestações, confiando que, no orçamento, contaria também com o pagamento de Abel para pagar as dívidas.

Abel recebeu surpreso a notícia das compras, mas, discreto, comemorou com a moça a novidade. Rose serviu o café da manhã e sentou-se para o desjejum tranquilamente, já que entraria mais tarde no trabalho. Estavam envoltos por esse clima quando ouviram alguém bater palmas. Abel levantou-se e foi ao portão. Minutos depois, Rose pôde ouvir vozes alteradas e foi verificar o que acontecia. Era Inês.

— O que está fazendo aqui?

— É minha casa, venho quando eu quiser.

— Não enquanto eu morar aqui. Para entrar nesta casa, só se for convidada.

Rose chegou nesse momento da discussão.

— Dona Inês, bom dia! — cumprimentou Rose simpática, abrindo o portão.

— Já vi que está trazendo para nossa casa qualquer uma — provocou Inês, entrando na casa, para desespero de Abel.

— Mais respeito com a minha mulher. Estamos casados.

— Casados?!

— Ela veio morar comigo.

— Amasiados, é isso? Casamento pra mim só se passar pela igreja, pelos olhos do padre e pela bênção de Deus.

— O que quer aqui a esta hora?

— Vim te ver, meu filho. Desde que saiu de casa, não tem aparecido mais. Não consegui encontrá-lo aqui. Chega de brincadeira, não? Vamos voltar para casa!

— Brincadeira? — perguntou Rose, agora irritada com a sogra. — Não estamos brincando.

— Menina, não estou falando com você. Estou conversando com o meu filho.

— Não fale assim com ela. Eu não admito! — gritou Abel.

— Abel, calma, é sua mãe.

Inês ficou calada diante da defesa do filho em relação à moça. Mas, antes de sair, vendo que aquele não havia sido um encontro amistoso, revelou:

— Você vai voltar para casa. Não vejo outro meio. Como vai se sustentar? Com o salário de vendedora dessa daí? Você, até onde sei, está desempregado...

— Desempregado? — perguntou Rose, surpresa.

— E faz tempo. É, menina, você deu o golpe na pessoa errada. Eu vou tirar vocês dessa casa. Aguardem — Inês fez a promessa e saiu.

Rose caminhou para o interior da casa lentamente, olhando para o piso mal colocado, rachado e desbotado pelo tempo. Havia ficado nervosa ao descobrir que Abel estava desempregado. Ele tinha mentido para ela, e isso fez com que a moça se sentisse mal.

— Menina, confie em mim. É uma fase.

— Por que não me contou a verdade?

— O assunto não calhou.

— Como assim, Abel? Não é um detalhe pequeno que se pode contar embaixo da árvore de Natal diante da família, que pode esperar o tempo passar. Tinha, sim, que me contar. Somos um casal, e o que se passa com um o outro tem que participar — Abel aproximou-se para beijá-la, mas Rose se esquivou. Foi até o quarto, pegou a bolsa e saiu dizendo um tchau sem vontade.

— Não fique brava comigo. Já estou vendo um negócio com um amigo. Ia te contar quando desse certo. Contaria tudo junto, sobre a demissão e a conquista do novo emprego.

Rose não disse nada. Saiu apressada da casa, tentando conter o choro.

Abel estava furioso com a visita da mãe e suas revelações. Seu celular tocou nesse momento, era Igor.

— O negócio é quente. Preciso de dinheiro para alugar. Não posso perder a Simone, é a mulher da minha vida. Sinto isso, entende?

Abel, ao ouvir o nome Simone, sentiu a respiração mais leve, pois imaginou que Andréa havia conseguido se esquivar das garras de Igor. Depois de ouvir alguns minutos os planos do rapaz, Abel respondeu:

— Pode contar comigo no esquema. Também preciso de dinheiro o mais rápido possível.

***

Aracy começava a respirar tranquila, pelo menos por aqueles dias. Havia conseguido convencer Lauro de que a clínica poderia reabilitá-lo. Pagou o local e persuadiu o filho a acreditar que aquele dinheiro era da loja, aquela que ele tanto almejava. Informou ainda, depois de deixá-lo, tendo Alex como testemunha, que o restante do dinheiro estaria à sua espera quando ele de lá saísse reabilitado.

No caminho de volta para casa, Aracy confessou:

— Vendi as joias para pagar o tratamento do Lauro.

— Eu imaginei, pois recentemente estive com o administrador das lojas e ele não falou nada sobre venda. Ele me ligou para falar sobre um assunto chato que está acontecendo em uma das unidades. Parece que o administrador vem notando que o caixa está sendo fechado com alguma quantia faltando. Não está batendo com o estoque.

— Tem algum funcionário subtraindo valores? Ele mesmo garantiu que a loja estava em mãos de pessoas de confiança.

— Ele já está tomando providências. Não se preocupe com isso.

— O dinheiro das lojas tem nos salvado das dívidas que o seu tio fez. Agora, quero empregar uma parte do dinheiro das joias na casa. Quero combinar isso com você.

Avó e neto, em sintonia, traçaram juntos planos sobre o que podiam fazer com o dinheiro que tinham à disposição. Compraram tintas para pintar a casa e dar um astral diferente à residência, contrataram um jardineiro para cuidar das plantas e realçar a natureza, por meio de novas flores e rosas de diversas cores, empenhando-se arduamente para dar um aspecto novo àquele antigo lar. No interior da residência, desfizeram-se dos móveis velhos e destruídos pelas festas promovidas por Lauro e jogaram fora também roupas do rapaz, principalmente as surradas e queimadas por cigarro, e substituíram o colchão velho onde ele dormia por um novo, para quando Lauro voltasse a viver ao lado da família.

— A casa ficou mais arejada sem aqueles móveis. O ambiente ficou até mais claro. Foi uma boa ideia doá-los — disse Alex.

— Aqueles objetos já não tinham função em nossa casa. Não traziam beleza nem utilidade. Doando, temos a oportunidade de ajudar a quem precisa — fez uma pausa e apreciou o jardim: — Quanto tempo não vejo o jardim assim, limpo, sem ervas daninhas, sem mato, e preenchido pela beleza das rosas.

— Como espera encontrar o Lauro quando sair da clínica?

— Quero vê-lo recuperado, livre do vício, disposto a recomeçar — olhou para o neto e fez uma pausa ao notar que o rosto do rapaz mostrava incredulidade: — É o que me resta, meu querido, querer o melhor para minha família.

O telefone celular de Alex tocou, e ele atendeu a ligação apressado. Era da clínica onde Lauro estava internado.

— Quem é? — perguntou Aracy, ansiosa. Seu rosto, aos poucos, foi se tornando cada vez mais tenso por não conseguir decifrar as expressões no rosto do neto, que falava rápido e, aparentemente, em código também.

Ao ver Alex desligar o aparelho, Aracy aproximou-se.

— Era da clínica, vovó... — fez uma pausa que pareceu uma eternidade para Aracy: — Aconteceu o que a gente temia.

***

Arlete estava em casa preparando o jantar e de ouvidos atentos à conversa entre Cleide e Rose. Pelos conselhos da cunhada, ela percebeu que falavam algo sobre a sogra da moça. Ao ver Cleide desligar o telefone, Arlete, que havia conversado com a filha mais cedo e não tinha notado nada de estranho, questionou:

— Está tudo bem com a Rosely? Quando falei com ela, parecia bem, mas agora...

— A dona Inês, mãe do Abel, não é fácil. Não gosta da Rose e, ao que parece, trata muito mal a minha sobrinha. Hoje ela esteve pela manhã na casa deles e foi grosseira.

— Rose sempre reclamou disso. Avisei que não é possível colher banana do pé de jaca.

— Ela também não podia deixar de ficar com Abel, de quem tanto gosta, por causa da sogra — fez uma pausa e percebeu que estava desenvolvendo uma conversa amistosa com Arlete, algo pouco comum, principalmente nos últimos meses, quando a cunhada descobriu coisas de sua vida que ela não gostaria que Arlete soubesse.

— Cleide, você tem o endereço da casa do Abel? Da casa onde mora a Inês?

— Tenho anotado, sim. Um dia comprei um livro pela internet e não estava disponível para o nosso CEP, então a Rose me deu o endereço do Abel e falou que eu podia enviar a compra para lá.

— Sei, me dê então — pediu Arlete, já aflita com as explicações da cunhada.

Cleide desapareceu na cozinha e apareceu, minutos depois, com um pedaço de papel nas mãos. Entregou para Arlete e perguntou o motivo de a cunhada querer o endereço. Arlete foi rápida e irônica:

— Para mandar um cartão de Natal para ela.

— Cartão? Estamos tão longe do Natal.

— Vou colocar na lista dos amigos que quero cumprimentar com cartões.

Cleide não deu importância ao comentário de Arlete e convenceu-se de que aquele era o motivo pelo qual a mulher havia pedido o endereço.

No dia seguinte, quando Cleide foi para o trabalho, Silas para a creche e a voz de Heleno já ecoava distante, Arlete tomou um banho demorado e depois saiu com uma toalha enrolada nos cabelos e outra na altura dos seios. Escolheu a melhor roupa que tinha, vestiu-se, passou o secador nos cabelos, algo que havia muito tempo não fazia, e maquiou-se de forma leve. Naquele momento, se Heleno visse a esposa, com certeza o amor por ela acenderia novamente. Por fim, Arlete saiu de casa, levando consigo o endereço da casa de Inês.

— Ela está precisando de uma visita — murmurou ao fechar o portão de ferro já tomado em alguns pontos pela ferrugem.

Arlete atravessou a cidade e, após perguntar para um e para outro, descobriu a rua, a casa e, depois de três palmas, finalmente foi atendida por Inês.

Inês apareceu no quintal colocando a mão na altura dos olhos por conta do sol. Tinha no pescoço uma fita métrica, que revelava sua atividade como costureira. Estava usando um vestido listrado, abaixo dos joelhos e justo ao corpo, e usava saltos que a deixavam mais alta.

Arlete foi logo se apresentando. Falou que era mãe de Rosely e, tomada por uma simpatia que não era comum, entrou na casa de Inês após o primeiro convite. Sem cerimônia, acomodou-se na sala.

— Mamãe, o que essa mulher veio fazer aqui? — cochichou Inês quase ao pé do ouvido de Mafalda, que preparava um chá. Estavam na cozinha e de lá observavam Arlete sentada, a percorrer a sala com olhos curiosos.

— Fale baixo, ela pode nos ouvir. O que está fazendo? — perguntou enquanto observava a filha pegar um pacote de bolachas e distribuí-las em um prato. — Essas bolachas estão vencidas! Lembra que separei para jogá-las fora?

— Ainda estou oferecendo alguma coisa! Veio sem ser convidada e quer bolacha recheada com refrigerante? Aqui em casa, não. Bolacha murcha com chá já é muito.

Depois de resmungar, pegou o prato e foi para a sala. Mafalda seguiu a filha com um bule de chá e três xícaras, tudo bem arrumado em uma bandeja. Simpática, ao contrário da filha, a senhora serviu Arlete, que agradeceu sinceramente a bebida, mas rejeitou as bolachas, como se soubesse que estavam vencidas.

— Não me alegra ver o meu filho com uma mãe solteira — confessou Inês, quando o nome de Rose foi citado, para desespero de Mafalda, que via a hora de assistir a uma briga entre as duas mulheres.

— Até onde sei, ficou viúva cedo, com um filho nos braços, dona Inês.

— Não tem comparação — falou Inês, rindo. — Eu fiquei viúva. Não fui rejeitada com um filho nos braços.

— Não julgue sem saber. O que conhece da história de minha filha é tão profundo quanto um pires — fez uma pausa com ar de riso, como se deixasse claro que havia algo mais a contar, mas não falaria. — Rose é uma boa menina. Sabe que me pergunto o que a fez escolher a nossa família? Segundo minha cunhada, escolhemos a família quando encarnamos — disparou sem rodeios. — Por isso, gostaria que fosse tratada bem, do contrário...

— É impressão minha ou está me ameaçando dentro de minha própria casa? Não admito que tenha vindo até aqui para me ensinar como devo tratar...

— Não, de jeito algum! — interrompeu calmamente Arlete, sorrindo. — Só gostaria que soubesse que ela tem família e merece respeito. É o que tenho feito com o seu filho. Abel, quando está em nossa casa, é muito querido.

— Fico muito agradecida que tenha tratado meu filho bem... — disse Inês sem jeito.

— Nunca o fiz chorar. Se bem que, agora, vendo você, sei que ao seu lado teria mais motivos para chorar do que em minha casa.

— Acho que sua visita já acabou, não é mesmo? Recado dado.

— Que bom. Fico feliz em saber — disse enquanto acendia um cigarro diante do olhar de reprovação de Inês. Enquanto isso, Mafalda corria para pegar um cinzeiro para entregar à visita. — Não quero mais saber que a minha menina chorou por sua causa. Estamos entendidas, não é?

— Você é muito baixa.

Arlete puxou um trago do cigarro, soltou a fumaça, que escondeu por segundos o seu sorriso, e disparou: — Não, não sou baixa, mas, quando quero, posso ser subterrânea...

Ao responder ao comentário de Inês, Arlete fitou a ponta do cigarro e os dois dedos de cinzas tortas que estavam prestes a cair no tapete colorido da sala. Bateu as cinzas no prato de bolacha com o auxílio do dedo indicador, completando:

— Prefiro bolachas doces! Combinam mais comigo.

Feito isso, deixou as duas mulheres boquiabertas e, depois de um breve cumprimento, despediu-se de Mafalda. Assim, Arlete partiu sentindo-se aliviada e com a certeza de que tinha feito algo pela filha.

Capítulo 29

Alex, após comentar que a ligação que atendera era da clínica, viu sua avó balançar o corpo e apoiar-se em um aparador. O rapaz, sempre prestativo, correu para junto de Aracy. Ela então respirou fundo, tentando mostrar-se forte para ouvir o conteúdo daquela ligação.

— Encontraram Lauro inconsciente no quarto. Tentaram reanimá-lo, mas acharam melhor levá-lo para um hospital.

— Vamos para lá agora! — completou Aracy, enquanto ajeitava os cabelos com as pontas dos dedos. Parecia mais forte, recomposta em segundos diante do impacto da notícia.

— Overdose.

— Laurinho está se afundando cada vez mais e quer nos levar junto também. Não sei onde encontro forças para continuar.

— Na fé, vovó. É otimista o bastante para entender que essas fases da vida são efêmeras. Em algum momento, tudo isso vai passar.

— Meu querido, é tão bom tê-lo por perto. Deus sempre foi muito generoso comigo. Me tirou o marido e a filha em um acidente de carro de forma tão estúpida, em meio a tudo que estava passando com o Laurinho, mas deixou você ao meu lado, para me fortalecer, iluminar o meu caminho e trazer boas palavras. Se o seu avô não estivesse tão nervoso quando saiu atrás de Laurinho e sua mãe não o tivesse acompanhado temendo o pior... Sei que a raiva que sente pelo seu tio é por conta disso. Você acredita que ele seja o responsável pelo acidente...

— Acidente, vovó. Acidente, como disse. Não tenho mágoa disso. Esqueça! — E sorriu ao dizer: — Eu que tive a sorte de ser seu neto.

— Meu anjo. Deus nos presenteia durante a vida com anjos e você foi um deles.

Aracy passou a mão suavemente pelo rosto do neto. Estava emocionada e agradecida. A mãe de Alex engravidara em um baile de carnaval e, passada a festa, deu a notícia à família Senhorine de que teria um filho, mas que desconhecia o pai. Foi um choque para todos. O patriarca ameaçou expulsá-la de casa, mas não teve coragem de levar sua decisão adiante, pois, passados alguns meses, ao ver o pequeno Alex, se encantou com o bebê e dedicou à criança todo o seu amor, o que enciumou Lauro. O amor que o patriarca da família Senhorine dedicava ao neto não seria motivo para Lauro se sentir enciumado, mas o garoto era dependente, frágil e covarde, atribuindo à atenção dispensada pela família a Alex o motivo da sua falta de força diante da vida, recorrendo, assim, às drogas como subterfúgio.

Duas horas depois do telefonema, Alex e Aracy entravam no hospital para onde Lauro havia sido encaminhado pela clínica. Não obtiveram prontamente informações sobre o estado do rapaz, pois havia ocorrido um acidente de ônibus que fez toda a equipe do hospital, que estava de plantão, se movimentar.

Minutos depois, Alex conseguiu achar um médico que pudesse dar algum parecer sobre Lauro. Foi vago, superficial e falou pouco sobre a saúde do rapaz. Apenas sinalizou que o excesso de drogas o levara ao hospital e que alguns procedimentos haviam sido feitos. Lauro, naquele momento, estava na UTI, pois não reagira muito bem à medicação e precisaria passar por mais alguns exames para que pudessem traçar o quadro real da situação do rapaz.

Aracy, a cada palavra, sentia-se golpeada, pois o amor que tinha por Lauro, mesmo depois de tudo, ainda era forte o bastante para fazê-la chorar diante do médico, que reagiu com o cenho franzido e o rosto frio ao se despedir da senhora e deixá-la aos cuidados de Alex. O celular do rapaz tocou nesse momento. Antes de atender à ligação, ao ver o visor, o rapaz adiantou para a avó:

— É do administrador das lojas. Para me ligar, deve ter acontecido algo...

E assim o jovem atendeu ao telefonema, dividido entre as palavras proferidas do outro lado da linha e o semblante da avó diante da vaga notícia a respeito do estado de Lauro.

***

No trabalho, Rose aos poucos conseguia diluir a tristeza que sentia com tantos problemas. A moça estava feliz com o dinheiro que havia conseguido arrecadar com a rifa de uma televisão que tinha em casa. Como na residência onde fora morar com Abel já havia um aparelho, decidiu rifar a sua televisão para conseguir um dinheiro extra. Rose planejou depositar o dinheiro e esperar o salário cair em sua conta para trocar o piso do banheiro, que estava em condições precárias.

A moça estava diante da porta da loja, contando o dinheiro e colocando-o no bolso, enquanto conversava com Andréa:

— O Abel está desempregado.

— Sério, amiga?

— Sim. Esse dinheiro veio em boa hora, Andréa. Se bem que não vou mudar os planos que fiz, pois logo o Abel vai arrumar um emprego. Ele mesmo já me disse que o amigo dele está vendo alguma coisa...

— Vai dar tudo certo, flor — desejou, vendo Rose contar o dinheiro.

O suposto dono da loja chegou nesse momento. Sempre com poucas palavras, ele aparecia na loja para realizar a conferência do caixa uma ou duas vezes por semana, mas passou a fazer isso diariamente. A falta de dinheiro no caixa também era diária, o que preocupava o homem. Diante da descoberta do desfalque, comentou com Rose sobre a diferença que vinha notando entre o que era registrado e as peças do estoque. Rose, muito responsável, tinha tudo sob controle, mas não conseguia descobrir o que estava acontecendo. Pensou em várias hipóteses, mas não tinha chegado a nenhuma conclusão satisfatória.

Andréa estava perto e atenta ao assunto da diferença do caixa, por isso, quando Rose foi ao banco, atendendo ao pedido do administrador para realizar um depósito, contou a sua versão dos fatos. Fez isso para se defender, para garantir o emprego, mesmo sendo ela a causadora do rombo financeiro que a loja vinha sofrendo.

— O que está me dizendo? — questionou o administrador, pois confiava muito em Rose para acreditar no que acabara de ouvir de Andréa.

— Rose é minha amiga e lamento muito o que está acontecendo. Já até conversei com ela sobre isso — mentiu Andréa. — Só que ela tem deixado o coração vir na frente das responsabilidades do trabalho — disse, enquanto observava o rosto do homem à sua frente se transformar, acreditando em sua calúnia.
— É por causa do rapaz que ela namora.

— Ela se casou, não é isso? Me contou que está casada.

— Sim, ela se casou e o rapaz é usuário de drogas. Ele está desempregado.

— Meu Deus! Pobre moça — lamentou o homem.

— Ela pegou o dinheiro para cobrir uma dívida dele — disse rápido para não titubear se falasse vagarosamente ou se pensasse mais um pouco.

— Não posso acreditar nisso.

— Eu mesma vi — reforçou. — Não reparou no dinheiro que ela estava contando e guardando no bolso quando chegou? Então, foi do caixa, eu vi — mentiu Andréa, pois sabia que o dinheiro era de Rose, arrecadado com a rifa da televisão.
— Só peço, em nome da minha amizade por Rose, que não conte a ela o que eu lhe disse.

O homem nada respondeu, apenas se distanciou da loja e, alguns passos depois, no meio do hall da galeria, fez uma ligação, custando a acreditar que Rose era a responsável pelo ato. Enquanto aguardava ser atendido, o administrador pôde ver Rose chegar à loja correndo com o papel na mão, que julgou ser o comprovante do depósito. Nesse momento, ele foi atendido e, após os cumprimentos, comentou o que havia descoberto com detalhes.

— O furto que está acontecendo na loja está sendo praticado por uma das moças. Custo a acreditar, mas as evidências...

— Minha avó lhe deu carta branca para administrar a loja, contratar e dispensar funcionários como se fosse o dono. Faça isso se achar devido. Complicado manter uma ladra nos negócios da família. Desculpe-me pela minha pressa, é que estou com um problema de família. Estou no hospital agora.

— Claro, desculpe-me por levar um assunto desses ao senhor.

— Sem problemas... — Fez uma pausa e não resistiu à pergunta seguinte: — Me diga uma coisa: o que a fez praticar esse delito? Pelo que me lembro das conversas que tivemos, era uma moça de confiança, trabalha na loja há anos.

— Drogas. O namorado, ou melhor, o marido, é usuário de drogas e por certo fez dívidas. A moça, desesperada, deve ter visto no caixa da loja uma alternativa para sair do sufoco.

Alex fez uma pausa, lembrou-se do tio hospitalizado, do que sua família vinha sofrendo por conta das drogas, e falou:

— Não que eu considere plausível o que ela fez... De forma alguma. Acho que poderia conseguir o dinheiro pelo caminho da honestidade, mas, embora eu não a conheça, não a demita por justa causa.

— Pensei em não lhe dar os direitos dos anos trabalhados, por conta do valor subtraído.

— Até onde entendi, você não tem provas. O melhor é dispensá-la sem mais esclarecimentos ou apontamento das suas suspeitas.

— Pensei que câmeras podiam nos auxiliar a sanar tais dúvidas, mas as despesas não compensariam.

Conversaram por mais um tempo e, depois, desligaram o telefone. Na sequência, ainda de frente à loja, vendo Rose trabalhar apressada para acomodar as peças de roupa nas prateleiras, passar álcool sobre o vidro da gôndola, ele ligou para o contador.

— Preciso que prepare os papéis de demissão de uma funcionária. É da loja três da família Senhorine. A colaboradora é Rosely...

De lá mesmo, o homem apenas acenou para Rose e Andréa e partiu. Sentiu-se triste por ter que dispensá-la, mas não tinha como deixar as coisas como estavam.

Após o expediente, as meninas da galeria, de outras lojas, lideradas por Andréa, organizaram um chá de panela surpresa para Rose. Fizeram a entrega dos presentes em um bar próximo. A moça, depois, precisou de ajuda para entrar no ônibus, já que levava com ela utensílios domésticos, baldes, talheres, vasilhas de plástico, entre outras coisas que ela agradeceu por ter recebido.

— Obrigada, Andréa. Pode deixar que, quando estiver chegando lá, eu ligo para o Abel e ele vem me ajudar.

— Que é isso, flor? Você é como uma irmã pra mim.

Rose apenas riu em agradecimento, e o ônibus partiu deixando Andréa ali, pensativa sobre o seu plano para manter o emprego. Fizera um juramento para si mesma de que, se escapasse daquela situação, não tiraria mais um centavo da loja para dar a Igor.

***

— Se veio aqui a mando da minha mãe, pode dar meia-volta — foi o que Abel falou para Márcia quando a viu diante do portão da sua casa.

— Não, meu querido, vim visitá-lo, saber como está, se precisa de alguma coisa.

As palavras suaves que saíam da boca de Márcia deixaram o jovem sem jeito. Ele, então, abriu o portão e, ao cumprimentá-la, deu um beijo e um forte abraço na tia. Ao ouvido dela, ele sussurrou:

— Desculpe, tia.

— Ah, trouxe para vocês um presentinho — disse Márcia, enquanto acionava o destrave do alarme do carro com a chave que tinha nas mãos. Do porta-malas, tirou um pacote e entregou ao sobrinho. — Acho que será muito útil para os recém-casados. Jogos de cama, edredons, perfeitos para o quarto do casal.

— Nossa, obrigado.

— A mamãe também queria vir, mas disse que vem em outra hora, quando a dona Inês tirar os olhos dos movimentos dela — fez uma pausa e aconselhou o sobrinho: — Tenha paciência. Conheço minha irmã. Ela é louca por você, não queira mal a ela.

Abel nada disse, passou o braço em volta do ombro da tia e a fez entrar. Márcia sentiu-se feliz com o carinho do sobrinho, pois, com o tempo, havia perdido a lembrança daquele rapaz doce e receptivo.

Rose chegou quando Abel preparava o café. A moça abraçou Márcia, agradeceu o presente, e ainda brincou:

— Hoje foi o dia dos presentes. As meninas da galeria fizeram um chá de panela e ganhei várias coisas para casa.

Rose tomou conta da cozinha para fazer uns lanchinhos rápidos e apetitosos, que foram servidos com o café, e a conversa seguiu descontraída. Quando Márcia estava indo embora, diante do portão, enquanto ela se despedia de Rose, Abel foi tomado por um comportamento já conhecido pela tia.

— Como sempre, tem que ver como as coisas estão, quer ter o controle de tudo, saber de tudo. Não muda.

— O que é isso, Abel? — perguntou Rose.

— Não é nada. Ele gosta de fazer essas brincadeiras comigo — disse Márcia. Depois contornou dizendo: — Sabe que sou espírita e faz essas encenações.

— Foi você quem me empurrou para aquele incêndio.

Abel disse isso e, afastando-se, entrou na casa. Rose ficou desconcertada diante da cena. Márcia, baseada no conhecimento que tinha, já vinha desconfiando daquele comportamento do sobrinho. O jovem estava sendo vítima de um espírito obsessor. Sorridente, para não deixar Rose preocupada, a mulher partiu.

Rose correu para falar com Abel e criticou-o por seu comportamento.

— Ela, muito educada, falou que você costuma fazer essas brincadeiras. Não é coisa que se faça. Puxa, Abel, ela foi tão gentil em nos visitar, trazer presentes...

— Não me lembro disso, de ter dito essas coisas...

A moça ficou pensativa, confusa, pois a frase do jovem lhe passou credibilidade. Ficaram alguns minutos conversando até que ela resolveu tomar um banho. Mais tarde, jantaram e, quando estavam na cama, Rose começou a chorar. Abel preocupou-se e quis saber o que estava acontecendo.

— Não é nada. Vai passar — fez uma pausa e, em meio às lágrimas que molhavam seu rosto, sorriu ao dizer: — Vá se acostumando, sou uma chorona. Acho que é a alegria pelos presentes. Muita emoção.

— Se são de felicidade, não tem problema!

— Acho que é um misto de tudo. Alegrias e tristezas. Descobrir pela sua mãe que está desempregado... Ela fez de propósito, percebi pela forma como falou. Ela não me aceita por causa do Silas. Acho que esse é um dos motivos, ou pelo menos ela o usa para justificar a antipatia que tem por mim.

— Esqueça minha mãe.

Rose passou as mãos carinhosamente pelos braços de Abel e, depois de uma pausa, falou:

— É que estou com um pressentimento, um aperto no peito. Não sei explicar.

— Acho que deve ser saudade de casa. Saudade da tia Cleide. Acho que podemos trazê-la para passar uns dias com a gente, isso pode aliviar esse aperto no peito — fez uma pausa e estudou o sorriso nascendo no rosto da moça. Então completou: — Eu sei o que é! A falta do Silas. Imagino a falta que deve estar sentindo dele. Seu filho!

Rose ficou séria e resolveu que teria que ser verdadeira, por isso, após respirar fundo, ela, como se estivesse removendo a tampa de um baú de lembranças, revelou:

— O Silas... — fez uma pausa e fixou os olhos no rosto de Abel, prosseguindo confiante: — Ele não é meu filho.

Capítulo 30

Arlete chegou em casa rindo sozinha. Jogou-se na cama, colocou os pés para cima, deixando os sapatos caírem de qualquer jeito sobre o tapete felpudo colorido, que combinava com a colcha da cama. Com ar satisfeito, a mulher começou a massagear os pés. Virou o rosto e olhou-se no espelho, feliz como havia muito tempo não se sentia.

Fechando os olhos, Arlete remeteu-se a anos antes, para a época em que morava com o marido e Rose era uma adolescente, e tivera sua tarde interrompida pela presença de Antônio diante do seu portão.

Foi pega de surpresa por aquela visita, então deixou a reação que vinha do coração transparecer em seu semblante. Abriu um sorriso e ficou envergonhada ao sentir o coração aos saltos, pois temia que ele pudesse perceber sua emoção ao reencontrá-lo. Abriu o portão e abraçou-o demoradamente, despreocupada com quem passasse pela rua ou com os olhos maldosos que pudessem julgar aquele encontro. Fez Antônio entrar em casa, tratou de fazer bolinhos de chuva, para servi-los com café em uma mesa bem forrada com uma toalha colorida, que revelava seu estado de espírito.

— E o meu amigo, a que horas chega?

Heleno chegou minutos depois, como se tivesse sido chamado. Abraçou o outro em consideração aos bons tempos, mas havia algo, além do tempo, que os distanciava, e Antônio percebeu esse abismo em relação a Heleno. O dinheiro que pegara sem autorização, presenteado por Arlete, era o motivo. Só que Heleno não era capaz de cobrar ou destratar alguém, mas a distância entre eles era nítida em seu rosto.

— Rodei o mundo — comemorava Antônio ao narrar suas aventuras pelo país. A beleza já começava a esmorecer junto com a juventude, os cabelos brancos davam sinais, o corpo havia se tornado mais largo, e tudo isso, ainda assim, era apreciado à distância por Arlete. Quem conhecesse o amor notaria sua presença nos olhos daquela mulher. — Já fiz muitas coisas nesta vida! Já fui caminhoneiro, cozinheiro em um restaurante, vendedor e mais meia dúzia de coisas.

— O que o trouxe a São Paulo? — perguntou Heleno secamente, olhando para o relógio e desejando que o amigo fosse embora.

— Saudade — disse olhando para Arlete, que virou o rosto timidamente. — Saudade dos amigos e um trabalho de dois dias no cabeamento de telefone — finalizou orgulhoso.

Rose chegou e quebrou o silêncio que havia se formado entre aqueles três. Alegre e divertida, fora apresentada a Antônio, que logo começou a contar histórias sobre o passado, sobre a época boa no Nordeste. Por fim, acabou ficando para o jantar, a contragosto de Heleno. E, mais tarde, para dormir, pois Antônio não teve como recusar a estadia oferecida.

A noite foi longa para Arlete, pois tê-lo na sala, imaginá-lo dormindo, fazia o seu corpo tremer de desejo. O encontro entre os dois não tardou a acontecer. No dia seguinte à visita, Antônio despediu-se logo cedo com o olhar fixo na mulher do amigo. Saíra com Heleno, mas voltara no período da tarde, pois já havia descoberto, em poucas horas de conversa, como funcionava a rotina da casa e que a mulher estaria sozinha àquela hora.

— Eu vim te buscar — falou Antônio firme, após a tarde de amor.

— Não posso, tenho uma filha, marido...

— E o amor por mim? Morreu? Depois do que aconteceu aqui? Cadê aquela Arlete espevitada, corajosa? — perguntou com a voz rouca, beijando o ombro da mulher.

— É melhor ir andando. Heleno pode aparecer.

E assim Antônio foi embora, mas tendo lançado a Arlete o desafio de viajar com ele e viver aquele amor sufocado pelos anos.

Dos três dias que ficaria na cidade, Antônio permaneceu duas semanas, tempo suficiente para convencer Arlete a acompanhá-lo. Ele foi buscá-la no meio da tarde, quando Heleno não estava em casa.

Arlete, que já não tinha um casamento feliz, desgastado pelo tempo, pela falta de amor e pelas brigas, desprendeu-se então de tudo que havia conquistado ao lado de Heleno e partiu levando Rose, sem se importar com a vontade da menina. Deixou para o marido um bilhete simples, no qual apenas informava que seguiria sua vida com Antônio, sem contar, no entanto, seu paradeiro. Desesperado, Heleno passou dias trancado dentro de casa, sem se alimentar, lamentando-se pela traição de Arlete.

Ao lado de Antônio, Arlete e Rose seguiram para a rodoviária do Tietê e partiram às três da tarde para a Bahia. A mulher estava feliz, embora deixasse para trás muito sofrimento e mágoas.

Chegando à Bahia, Arlete teve o primeiro susto. A residência prometida por Antônio ficava em um cortiço, em uma ladeira. No quintal, havia um banheiro para cada duas casas e dois tanques para atender a todos os moradores. Ocupara a sexta casa do terreno de piso irregular, onde Antônio improvisou varais sobre a cama, a mesa, e deixava a porta e a janela abertas para ventilar e secar as roupas.

— Vou viajar! — anunciou de repente.
— Como? Pra onde?
— Manaus. Vou ser auxiliar no caminhão — disse demonstrando desapego, parecendo aqueles meninos mimados que, depois de conquistado o brinquedo, já não fazem questão de tê-lo nas mãos.

Partiu horas depois, na madrugada. Arlete ainda preparou sua mala, lanches para levar, ofereceu carinho e todo o amor represado por anos. Ficaram juntos naquelas poucas horas como se nunca mais fossem ter um ao outro.

Tempos depois, sozinha, sem notícias de Antônio, Arlete já pensava no futuro e no que faria quando esgotassem os meses de aluguel pagos. Antônio deixara o lugar pago por apenas seis meses e uma quantia em dinheiro, que também estava no final. Foi quando ela começou a passar mal, a ter tonturas e mal-estar. Quando desmaiou, uma das vizinhas, a mais faladeira, foi acudi-la, mas não se sensibilizou com o desespero de Rose.

Depois de horas de espera, o médico finalmente atendeu Arlete, fez algumas perguntas, indicou alguns exames, mas adiantou o diagnóstico: ela estava com mais de dezesseis semanas de gravidez.

Arlete, diante da notícia e da confirmação dos exames, tomou um susto. Estava acostumada com o seu fluxo desordenado, atrasado, por isso não se importou com a ausência da menstruação, pelo contrário, sentia-se aliviada. Agora, grávida e sozinha com Rose, vivendo em um estado que não conhecia, Arlete começou a sentir medo. E foi naquela noite, depois de descobrir que estava grávida de Antônio, que a mulher voltou a ligar para casa. Das vezes anteriores, ligava, escutava a voz de Heleno, desligava o telefone, depois chorava. Em algumas ocasiões, deixava a filha ligar para o pai. Era uma conversa rápida e marcada por lágrimas, que Arlete acompanhava de perto. Antes daquela ligação, porém, ela especulou com Rose se Heleno perguntava por ela. Diante do questionamento da mãe, a menina falou:

— Todas as vezes. Mãe, não quero ficar aqui. Quero ficar com o meu pai. Tenho saudade dele.

— Saiu ao seu pai, é muito emotiva. Seu lugar é ao meu lado. Onde eu estiver, tem que estar comigo. Vou ligar para ele.

Pela primeira vez, desde que conhecera Heleno, sentiu vergonha de falar com ele, que, observador, se atentou à voz da esposa, identificando um tom de arrependimento. Ainda muito preocupado com a filha, prometeu mandar dinheiro para a menina. Arlete ficou feliz com a notícia, pois já havia perdido as esperanças de Antônio voltar. Ela ainda contou por cima como estava sua situação, embora ele já soubesse da situação de Arlete, porque Rose lhe relatava tudo que acontecia. O único segredo era sua gravidez, pois se sentiu envergonhada em contar, e pediu a Rose que mantivesse sigilo sobre o assunto.

Os meses passaram-se rápidos e muito angustiantes para Arlete, pois se via cada dia mais distante de Antônio, e sua barriga ganhava volume. Não tivera uma gravidez tranquila, tinha muitos enjoos, precisava de medicamentos, e usava parte do dinheiro que recebia de Heleno para isso.

Em uma das ligações, Heleno, diferentemente do primeiro contato, já estava mais calmo e fez o convite para que elas voltassem para casa, que não foi somente por saudade de Rose, mas também por gostar de Arlete.

Arlete não deixou de rir. Desligou o telefone aos pulos, até onde sua barriga permitia, e anunciou a Rose o convite que havia recebido de Heleno.

— Seu pai nos quer de volta. Vamos voltar... — de repente o sorriso desapareceu do seu rosto ao olhar para a própria barriga. A preocupação tomou conta da sua vida pelos dias que se sucederam ao convite.

Foi então que resolveu tudo à sua maneira. Faltava pouco tempo para ter a criança e cogitou abandoná-la, mas não teve coragem de levar o plano adiante. Então convenceu Rose dos seus planos.

— Mãe, você quer que eu assuma a criança como minha filha?

— Vai ser mais fácil seu pai aceitar essa criança nos braços da filha, como neta, do que suportar a ideia de a mulher ter um filho de outro. Preciso de sua ajuda, filha. Seu pai não vai me aceitar com um filho de outro homem.

Rose era compreensiva e calma para sua idade, daquelas que pedia permissão para ir conversar no quintal com as meninas da sua idade. Saía de casa para a escola, obediente, e, mesmo com o passo em falso da mãe, Rose cumpriu o que ela havia pedido. Aos olhos de Arlete, a filha saíra ao pai, pacífica, disposta a ajudar, de tirar do bolso para dar a quem precisa. Característica e temperamento que Arlete não possuía.

Rose, com os olhos pesados de lágrimas, abraçou Arlete. O que mais queria era ver os pais juntos novamente, por isso aceitou os planos da mãe e selou o segredo entre as duas.

— Pode deixar que me entendo com o seu pai. Não se preocupe — Arlete falava animada, fazendo planos, ansiosa para voltar para casa. — Logo que a criança nascer, vamos voltar.

— E o tio Antônio, mãe?

— Morreu — falou rápido e com uma intensidade que assustou Rose. — Pra mim, está morto.

Silas nasceu no meio de uma tarde ensolarada. Na mesma semana que voltou do hospital, Arlete arrumou as malas e algumas peças que tinha de Silas, presentes das mulheres do cortiço, e foram para a rodoviária. Lá, à espera do embarque, exatamente quando o relógio marcava quinze horas, Arlete pegou Silas e colocou-o no colo de Rose:

— Seu filho. Receba-o com todo carinho. Muito obrigada — falou sincera, ao deixar o menino nos braços da filha. Depois, a mulher passou a mão lentamente pelo rosto do bebê, como se estivesse se despedindo da maternidade. E estava.

Ao chegar à rodoviária Tietê, Heleno aguardava ansioso a esposa e a filha. Chegou duas horas antes na plataforma e não conseguiu aguardar o retorno da família sentado. Andava de um lado para o outro, esfregando as mãos. E foi, sem dúvida, uma grande surpresa para aquele homem rever Arlete mais magra, assim como a filha. O que chamou mais a sua atenção foi ver o bebê nos braços de Rose.

— Por que não me contou antes?
— E aborrecê-lo com isso?
— Você se perdeu e levou minha filha para a perdição também.
— Essa criança foi concebida em São Paulo. Faça as contas! — desafiava Arlete, convicta da mentira.
— E o pai, quem é? — perguntou depois do silêncio.
— Era da escola de Rose — olhou para a menina, que parecia assustada, já se sentindo realmente culpada pela conversa alterada que os pais mantinham ainda na rodoviária. — Ele morreu em um acidente de moto — finalizou com a voz triste e distante, capaz de convencer qualquer pessoa da mentira.

Assim voltaram para casa. Lá chegando, surgiram as surpresas. Arlete foi tomada por uma emoção ao ver a casa pintada e alguns móveis novos. E não parou por aí, pois quem apareceu para recebê-la foi Cleide, sua cunhada. O reencontro, anos depois, deu-se por meio de um cumprimento rápido. Arlete olhou para Heleno, mas não tinha o direito de interferir em sua decisão de levar a irmã para morar na casa.

— Já soube do Antônio? — perguntou Cleide para provocar, quando se viu sozinha no quarto com Arlete. — Soube que se casou lá em Manaus com uma menina.
— Mentira! — disse quase em um grito.
— Parece que engravidou uma moça, e os irmãos dela o pegaram de jeito e o obrigaram a se casar com ela.
— Você está falando isso porque sabe...

— Estou falando porque sei. Trouxe essa notícia fresca nas malas, lá do Norte.

— Eu te odeio — finalizou Arlete, saindo do quarto.

Diante daquela notícia, Arlete sepultava-o definitivamente.

Cleide encontrou em Rose o acolhimento que a fez se sentir bem e querida. A menina meiga soube conquistá-la logo com um abraço e um sorriso e, instantaneamente, tornaram-se amigas. Heleno, ainda que surpreso com a novidade de ser avô, sentia-se feliz em ver a família reunida. Durante o tempo em que esteve separado de Arlete, perdera o emprego por conta das faltas e, sem encontrar novas oportunidades de trabalho, optou por comprar uma perua e, depois da indicação de um amigo, começou a vender ovos pelas ruas do bairro. E era assim que estava vivendo.

— O carro dos ovos chegou. Venha conferir nossos ovos fresquinhos, dona de casa...

Ouvindo a voz do marido amplificada, Arlete despertou para os dias atuais, sendo arrancada bruscamente e sem saudade do passado. Os olhos da mulher estavam assustados, como se tivesse saído de um pesadelo. Levantou-se lentamente da cama, colocou-se diante do espelho, ajeitou a roupa no corpo e saiu descalça pela casa. Encontrou Cleide na cozinha, preparando a refeição.

— Aposto que vai visitar sua amiga.

— Me deixe, criatura.

Arlete acendeu um cigarro e encostou-se à porta com os olhos distantes, continuando com a provocação:

— Seu irmão andou me perguntando sobre sua amiga. Disse que gostaria de conhecê-la. Como pode notar, a família toda quer vê-la. Acho que em um almoço no domingo aqui em casa...

— Sabe que não posso. Que é impossível. O que foi que disse pra ele? — perguntou, largando a colher de pau sobre a pia.

— Calma! O seu segredinho está seguro comigo. Não tenho interesse algum em revelar. É que não aguento de curiosidade: até quando vai manter essa farsa?

A outra nada disse. Apenas acomodou os alimentos em vasilhas de plástico, cantarolando, fazendo esforço para ignorar a presença de Arlete.

***

Rose, após contar tudo a Abel, chorava copiosamente. Ainda assim, sentia-se leve, livre daquele segredo que carregou por anos e escondeu até de sua tia Cleide, de quem tanto gostava. Também gostava muito de Silas e considerava-o realmente como filho, inclusive o tratava com um. Levava à risca o pedido da mãe, como também procurava compensar com o seu amor a falta que o garoto sentia de Arlete.

— Tive que suportar por meses a indiferença do meu pai... Sentia tanta falta dele, de nossa antiga ligação, que até pensei em quebrar o segredo. Por outro lado, temia contar a verdade e ver minha mãe na rua. Sentia que a responsabilidade daquele casamento dar certo era minha. Só minha. Depois, quando Silas começou a ficar espertinho, meu pai se aproximou e se apegou ao menino, e pude também tê-lo de volta. No entanto, sempre tenho a sensação de que nossa relação já não é mais a mesma...

Abel abraçou Rose, dando-lhe o calor do seu corpo, seu carinho e seu silêncio. Por vezes, na vida isso é o bastante para se restaurar.

A moça adormeceu nos braços do rapaz. Ele, cuidadoso, acomodou-a na cama e, quando ia apagar a luz, viu uma mensagem no celular enviada por Igor. Abel ficou tentado a ler, mas preferiu cobrir Rose, ter a certeza de que ela estava dormindo, para então apagar a luz, encostar a porta do quarto e correr para o quintal para ligar para Igor.

Foi uma conversa rápida, que fez Abel sentir a adrenalina em alta.

— O esquema é o seguinte: tem uma parada pequena, mas já é alguma coisa. É como um estágio, depois vem o cargo melhor — falou, abrindo um sorriso. — Tem uma parada aí pra fazer para um amigo. Fácil...

— Eu vou. Estou precisando de grana — afirmou Abel.

— Ponta firme então, meu irmão. Bom saber. Diga o seu e-mail, pois vou passar por escrito os negócios. Vai rolar de madrugada, ok? — enquanto anotava, Igor complementou: — Vou te explicar. Preste atenção...

Capítulo 31

Igor desligou a ligação sorridente. Era possível notar a felicidade em seu rosto ao jogar o aparelho sobre a cama, assim como o papel onde anotara o e-mail de Abel.

— Que felicidade! — disse Andréa diante do entusiasmo do rapaz. Enciumada, ainda questionou: — Com quem estava falando?

— Com uma mina aí — brincou ao perceber o ciúme da namorada. — Conheci hoje na rua, bem jeitosinha.

— Pare com essas brincadeiras. Não gosto!

O rapaz beijou Andréa nos lábios, mas também não retirou a mentira. Depois, vendo o rosto sério da moça, falou sem desfazer o sorriso:

— São os negócios.

— Posso saber? Moramos juntos, então acho que tenho o direito de saber quem são as pessoas com quem você conversa. Quem é essa fulana com quem estava falando? Pode dizer quem é?

A moça foi inocente em sua brincadeira, tanto que a fez enlaçando o rapaz em um abraço. No entanto, o sorriso do rapaz desapareceu e, tornando-se ríspido com ela, inclusive fisicamente, jogou-a na cama.

— Que é isso, dona? Acabou de entrar na minha vida e já está querendo mandar?

— Não, eu...

— Negócios! É só minha mulher, não minha sócia. Não tem que tomar conta da minha vida. Estamos entendidos?

Foi assim, com uma frase rápida e seca, que ele começou a se despir e saiu em direção ao banheiro. A moça, ao vê-lo desaparecer no cômodo, não suportou e chorou. Diante da reação de Igor, começou a sentir a diferença entre o atual namorado e Kleber, que nunca fora agressivo com ela. E quando falava sobre o seu dinheiro, o rapaz fazia questão de compartilhar seus gastos e planos.

Andréa, então, permaneceu ali, pensativa, deitada na cama, com o olhar fixo no teto. Quando percebeu que as lágrimas haviam secado no rosto, a moça virou-se para o lado e notou o celular e um pedaço de papel. Pelo tom da conversa que teve com o namorado, resolveu investigar. No celular, viu uma agenda repleta de nomes de mulheres e de homens, que, na maioria, estavam registrados por meio de apelidos. Viu que a última ligação era para Abel e que no papel estava anotado o e-mail do namorado da amiga. "O que Igor está tramando com Abel?", Andréa pensou.

***

Rose levantou-se desanimada, com um aperto no peito. Percorreu a casa em busca de Abel, mas não o encontrou. Depois do banho, trocou-se e saboreou um copo de leite com bolachas antes de sair de casa. A caminho do trabalho, concluiu que Abel havia saído para ver o negócio do emprego com o amigo. Pensou em ligar, mas recuou. Poderia atrapalhar o rapaz se ele estivesse participando de uma entrevista.

Ela, mesmo cansada e preocupada com as contas a serem pagas, animou-se para ir trabalhar, pois era a sua oportunidade de entrar em contato com pessoas, rir e fazer o dia passar e valer a pena.

— Flor, vou combinar um dia para você ir a minha casa. Tem hidromassagem! Nunca vi uma casa ter em cada cômodo uma televisão! E é daquelas modernas, fixadas em suporte na parede. O piso é de primeira. Estou pensando até em trocar uns móveis de lugar. Não gosto do jeito que estão, amiga. Não combina comigo!

— Ué? Mas a casa não é da sua sogra? E, até onde entendi, ela está ausente, mas quando voltar não vai querer você lá.

Andréa, sem graça, desconversou. Ainda que a casa fosse distante, localizada em uma comunidade, a moça estava fascinada pelo conforto que encontrara na residência, a ponto de fazê-la esquecer das diferenças que tinha com Igor.

— Até que gosto de viver na comunidade, contanto que a gente more em uma casa nos moldes da casa da minha sogra. Já falei para o empresário — era assim que Andréa se referia ao namorado — que não estou de graça, gosto de ser mimada. Já falei para ele providenciar logo uma casa ainda maior que a da mãe dele. Logo vêm os filhos... — Andréa fez uma pausa e observou o riso murcho de Rose. Então falou: — Flor, você está bem?

— Cansada.

— Será que está grávida?

— Desde quando cansaço é sintoma de gravidez? Não, é só uma angústia, daquelas que fazem a gente se sentir triste sem motivo.

Assim passaram o dia. Quando não tinha cliente na loja, Andréa esgotava os assuntos ou estava envolvida com as meninas das lojas ao lado, e Rose aproveitava para traçar uns desenhos de vestidos e saias. E, a cada dia, surpreendia-se com os traços firmes, com os modelos ousados que produzia, que revelavam aos poucos seu talento e estilo.

Neste mesmo dia, enquanto Andréa se encontrava debruçada na gôndola de vidro, analisando os desenhos de Rose, que se divertia com os comentários da amiga, o administrador da loja apareceu. Mais sério do que de costume, o homem proferiu algumas palavras e, logo depois de conferir o caixa, chamou Rose para conversar a alguns passos da loja.

A moça, sorridente, acompanhou o administrador, deixando a amiga encostada à porta da loja, curiosa. Andréa não pôde ouvir o conteúdo da conversa, mas conseguiu visualizar as expressões nos rostos se transformarem. Viu o sorriso no rosto de Rose desaparecer, as sobrancelhas arquearem, as mãos nervosas sem encontrar lugar para descansar, os lábios moverem-se lentamente, buscando as palavras certas. Viu também Rose colocar as duas mãos no rosto e, depois de tirá-las, as lágrimas rolarem de seus olhos.

O homem seguiu em direção à loja, e Rose o acompanhou. Estava trêmula, sem conseguir acreditar naquela triste surpresa.

— Rose está sendo desligada da loja... — anunciou o homem para Andréa. A moça ficou paralisada e não ouviu mais nada, porque Rose, chorando, a sufocou em um abraço.

O homem entregou um papel para Rose assinar e deu a ela quinze minutos para que apanhasse seus pertences. Ele, sinceramente, lamentava aquele desfecho. Sentia o coração pressionado, pois gostava da moça, do seu trabalho, mas, embora se recusasse a acreditar que ela fosse a verdadeira autora dos furtos, era profissional e devia colocar ordem nos negócios da família Senhorine, a que havia sido contratado para administrar.

— Espero não estar cometendo uma injustiça...

Rose, mesmo sentida, foi educada o suficiente para cumprimentar e agradecer o administrador, que ficou sem jeito, sem conseguir vincular a imagem da moça à de uma ladra. Logo depois, Rose deu mais um abraço em Andréa, que disse:

— Flor, vou sentir sua falta.

Rose nada disse. Não conseguia pronunciar uma palavra sequer. Saiu triste, olhando para a loja, para as meninas dos outros boxes, para o movimento intenso na galeria, já que era dia de pagamento, para a alegria das lanchonetes, onde por vezes tomara o seu café da manhã ou almoçara. Sentiria, sim, muita saudade de tudo que estava deixando.

No ponto de ônibus, Rose encostou-se à banca de jornal e ficou ali, esperando a oportunidade de entrar no veículo. Queria, mais do que nunca, chegar em casa, chorar e pensar no que fazer de sua vida.

O celular tocou. A ligação estava ruim, e só depois de um tempo conseguiu ouvir direito e compreender o que diziam do outro lado.

— O Abel? Como assim? Ele saiu cedo de casa, não sei o horário, estava dormindo. Acho que não quis me acordar... Eu não posso acreditar nisso. Como foi? Ele está onde agora? Sei... — falava ansiosa, digerindo a notícia. Por fim, repetiu, como se assim entendesse melhor o que acabara de ouvir:
— Ele está preso!

***

— A senhora fala demais, mãe!

— Eu?! — perguntou Evinha, surpresa com a declaração do filho. Estava, naquele momento, arrastando a escada pelo quintal para colocá-la perto do muro. — Só estou te contando o que está acontecendo porque você está sempre fora, na escola.

— Faculdade! — corrigiu o rapaz enquanto se colocava diante do espelho para arrumar os cabelos.

— Sempre me esqueço disso. Pra mim é tudo escola. Então, o Abel foi embora depois de brigar com a Inês. Essa mentirosa me contou que ele foi passar uns tempos na casa, porque está desocupada, e ela teme que alguém possa invadir. Sei, eu assisti à briga. Estava escuro, mas vi Abel saindo de casa com uma mala, deixando as roupas caírem pelo quintal. Parecia drogado!

— Coitado do meu amigo! Faz tanto tempo que a gente não se fala.

— Você saiu ao seu pai! Estou contando a história e você, assim como ele, desvia o assunto, fica todo sensibilizado.

— É meu amigo de infância. Hoje, por conta das nossas atividades, não temos mais tempo de nos encontrar como antes, mas gosto dele mesmo assim.

— Ele se afastou quando arrumou o emprego. Eu vi. Metido!

— Não. É natural que as pessoas se distanciem. Muitos tomam rumos diferentes, se envolvem com os afazeres do dia a dia, e, quando percebem, já se passaram anos — o rapaz fez uma pausa, percebendo o desinteresse da mãe, e perguntou algo que fez a mulher se interessar pela conversa novamente: — Ele está morando sozinho?

— Não! Isso foi a mentira que a Inês inventou pra mim. Depois, quando vi a Inês saindo para o mercado, peguei a Mafalda para conversar. Essa, como sempre diz, não é baú para guardar segredo. Sabe o que aconteceu? — instigou Evinha com os olhos arregalados, arrumando a alça da camiseta regata e continuando: — Ele disse "chega" e foi morar com a Rose na casa que Inês alugava. E parece que não quer saber da mãe lá. Que absurdo!

— Deve estar chateado. Logo isso passa.

— Chateado?! Não... drogado! Outro dia, eu o vi na rua e ele mal me reconheceu. Me encarou com os olhos vidrados, parados. Fiquei com medo, saí correndo com a sacola da feira debaixo do braço, nem olhei para trás.

O rapaz começou a rir. Depois, pegou a carteira e deu um beijo na mãe.

— Já vou. Estou atrasado. Ah! Embora você não me ligue, estou sem celular ainda.

— Sem celular?

— É, mãe! Fui assaltado no início da semana. Não se lembra? — ele observou o rosto de dúvida da mulher e completou: — Se estivesse mais atenta ao que está acontecendo dentro de sua casa, teria se lembrado de mim chegando em casa assustado, narrando o episódio.

— Ah! Depois você compra outro. Está tão baratinho — foi o que disse, indiferente, como sempre, aos problemas que ocorriam em sua casa.

O jovem nada disse. Saiu e, diante do portão, ao passar a chave, olhou para o interior do quintal para ver se a mãe o acompanhava, mas ela já estava no topo da escada, batendo palmas para a casa da vizinha. Nesse momento, o jovem disse um "tchau", mas não teve retorno. Lembrou-se de Inês, carinhosa, mãe zelosa, que sempre acompanhava o filho até o portão e ali ficava até perdê-lo de vista. O rapaz, então, fez uma prece por aquela família, pedindo que a paz e o amor voltassem a visitar aquele lar e os unissem novamente.

***

Rose ficou muito aflita com a notícia da prisão de Abel.

— Minha filha, precisamos ir à delegacia tirar o Abel de lá. Márcia viajou para Curitiba para visitar minha neta, que está com problemas. Foi ela quem nos ligou para avisar. Está adiantando as coisas para vir ajudar Inês, que está em um estado deplorável.

— Dona Mafalda, tudo bem... Eu estou indo encontrá-la agora. Pode me aguardar.

Depois de falar com Mafalda, Rose desligou o telefone e jogou-o no fundo da bolsa. Olhou para a fila do ônibus, para as várias pessoas, depois para os três ônibus parados e um grupo de motoristas que contava piadas, e constatou que não sairia tão rápido dali. Foi quando decidiu, de repente, sair da fila e apanhar um táxi. Ao entrar no veículo, não pôde ouvir uma das mulheres na fila comentar com a outra:

— Essa pode! Sair da fila do ônibus para pegar táxi não é pra qualquer um. Idade boa, cabeça leve, sem preocupações.

Mal sabiam que a moça estava desempregada e que o marido da jovem estava preso.

No táxi, Rose chorava muito, a ponto de o motorista não deixar de observá-la pelo espelho retrovisor. Em determinado momento, o senhor que guiava o veículo perguntou se estava tudo bem com a jovem e se podia ajudá-la em algo. A moça, educada, mesmo chorando e forçando um sorriso, que tornava o seu rosto ainda mais bonito, disse que estava tudo bem. Ela chorava sem saber se o motivo era por estar desempregada ou por imaginar Abel na cadeia. Confusa, sentia-se em queda livre em um poço sem fundo.

Ao chegar à casa de Inês, Rose teve que lidar com a sogra e com Mafalda, que falavam ao mesmo tempo, ambas querendo acompanhá-la à delegacia.

— Façamos assim: sugiro que dona Mafalda fique aqui para fazer companhia a dona Inês e que eu vá à delegacia para trazer notícias. Podem ligar para o meu celular também.

— Se a Márcia estivesse aqui, iria com você. Vou pegar dinheiro, você pode precisar.

— Não se preocupe! — Rose lembrou-se do dinheiro da rifa e da rescisão do trabalho e falou: — Eu dou um jeito. Se acontecer qualquer coisa, eu procuro a senhora.

— Conheço um advogado. Doutor Valdir, aqui da zona sul. Um ótimo profissional. Já liguei pra ele. Ele está em uma audiência, mas já informei em que delegacia o Abel está.

— Que bom — a moça sorriu e ficou admirada com a agilidade daquela senhora diante dos problemas da vida. — Me passe o telefone dele.

Rose, carinhosamente, abraçou Mafalda, que não suportou o peso das lágrimas, que vinham sido represadas, e entregou-se a um choro compulsivo. Enquanto isso, Inês permanecia no sofá, fazendo suas orações.

Logo depois de Rose sair apressada, Mafalda virou-se para Inês e comentou, sem saber que a jovem havia perdido o emprego naquele dia:

— Boa moça... Saiu do trabalho para ir resolver o problema do Abel.

Amarga, Inês resmungou: — Não faz mais que a obrigação dela. Não é a esposa dele? Depois, quem me garante que ela não está envolvida com tudo isso ou não o levou para esse caminho?

— Minha filha, eu lamento muito que você carregue tanta ingratidão e ressentimento. Isso a torna amarga. Cuidado.

Disse isso e saiu, deixando Inês acompanhada por suas lágrimas.

Capítulo 32

Rose, diante da porta da delegacia, não se sentiu tão forte como imaginava, mas soube se segurar. Havia ligado para o advogado e aguardava-o ansiosa. Minutos antes, ligou para casa para contar o que havia acontecido. Heleno estava trabalhando na rua e, por causa do seu megafone, nem ouviu o celular tocar. Arlete estava na rua, fazendo o mercado, a feira. Com Silas não podia contar, pois era uma criança e estava na creche. Tia Cleide seria a amiga ideal para conversar sobre o assunto, mas havia viajado para a chácara da amiga. Ainda assim, tentou ligar para casa para tentar falar com alguém, e Kleber, que ainda se mantinha hóspede na residência, atendeu a ligação de Rose. Estava tão nervosa que sua voz não saía direito, e o rapaz, do outro lado da linha, apenas conseguia escutar o choro da moça. Depois, quando finalmente conseguiu entender o ocorrido, o rapaz decidiu aproveitar o seu dia de folga para ir ajudá-la.

— É sua folga, Kleber. Não precisa. Só peço que avise a meu pai o que aconteceu.

— Estou indo agora até aí. Pode me esperar — falou decidido, ao lembrar-se do que Rose e sua família fizeram por ele. Fez uma pausa e olhou para a bagunça que estava deixando no quarto. Em agradecimento pelos dias de hospedagem e pela amizade, o rapaz havia se comprometido a pintar o imóvel de Heleno e era isso que fazia quando atendeu a ligação de Rose. Depois, decidido, pediu: — Me passe o endereço. Em que DP está?

Rose, agora, estava na delegacia aguardando notícias sobre Abel, diante dos mais variados tipos de pessoas, que entravam e saíam do local. Pensava em como estariam tratando seu marido, o que a deixava ainda mais angustiada. "O que ele teria aprontado para estar ali?", pensava a moça.

Ligou para Andréa. Queria conversar, buscar na outra uma palavra amiga, um pouco de conforto para aquele momento. Pensou também que poderia auxiliá-la em algo na loja, pois, mesmo que não trabalhasse mais lá, ainda poderia ajudar a amiga. A ligação, no entanto, caiu na caixa postal, assim como nas duas vezes seguintes.

Kleber chegou, e minutos depois foi a vez do advogado, um homem simpático, aparecer. Logo após a troca de cumprimentos, o homem deixou claro que se preocupava em exercer bem o seu ofício. Conforme havia combinado por telefone, aguardaria a oportunidade certa para falar com o delegado.

O delegado não atendeu de imediato os três, que ainda tiveram que esperar muito tempo para conseguir falar com aquele homem grande, vestido em traje social, com óculos de lentes grossas e de mãos gordurosas. Quando finalmente atendeu o grupo, o delegado falou:

— Não foi pego em flagrante, mas foi surpreendido, a duas quadras do local onde aconteceu o delito, levando os fios nas mãos.

— Furto de fios? — admirou-se o advogado.

— Sim, de fios. O quilo do cobre está valendo tanto quanto ouro. É moeda de troca para usuários de drogas. Ele é?

Houve um silêncio entre o grupo, o que fez o delegado concluir que Abel era realmente usuário de drogas. Depois, o homem abaixou a cabeça e fez uma anotação em um dos papéis que tinha sobre a mesa, que comportava um amontoado de livros e papéis riscados.

— Onde ele está? Preciso vê-lo, doutor — pediu Rose.

— Foi transferido para o presídio. Não está mais aqui.

— Como? Transferido? — perguntou Kleber, tomando a aflição de Rose para si.

— Sim, transferido. Houve desacato e resistência à prisão. Parecia possuído quando chegou aqui. Queria quebrar tudo. Na minha delegacia, não permito esse tipo de coisa.

O advogado, ao lado de Kleber, procurou acalmar Rose, enquanto pensava em uma forma de aliviar a situação de Abel.

Saíram de lá depois de quinze minutos, no carro do advogado, com destino ao presídio, que funcionava no interior do estado. Levaram quase três horas para chegar ao local, mesmo sem enfrentar o horário de pico e o trânsito na estrada.

Já no presídio, em razão de o advogado ter alguns conhecidos, tiveram acesso mais fácil ao local. Em menos de uma hora, Rose e o doutor Valdir foram conduzidos por um caminho que mais parecia um labirinto sombrio e fétido. Enquanto andavam, ouviam alguns gritos distantes, mas Rose preferiu ignorar o que acontecia à sua volta. Kleber permaneceu na antessala do diretor, aguardando notícias, pois não teve autorização para entrar. O diretor foi ríspido:

— O que é isso? É festa? A mulher e o advogado podem entrar, porque estou de bom humor. Estão no banho de sol. É dia de visita. Todo mundo está feliz! Leve os dois até lá — ordenou.

Em poucos minutos, Rose, que havia se adiantado nos passos, deixando o advogado para trás, estava finalmente diante de Abel. Em lágrimas, ela beijou o marido e fixou seus olhos nos do rapaz. Tinha tanto para falar, perguntar, mas só conseguiu, naquele primeiro momento, apertá-lo em seus braços como se os dois jovens estivessem separados há anos. Depois, a moça afastou-se e apresentou o advogado a Abel. O homem que os acompanhava foi claro:

— Dez minutos!

Rose sentiu um aperto. Enquanto via Abel detalhar os acontecimentos para o advogado, a moça percorreu os olhos pelo local. Havia mulheres forrando a mureta e fazendo dela uma mesa, onde colocavam os bolos perfurados e as frutas despedaçadas na vistoria que acontecia antes de terem acesso ao local. Foi então que a moça fixou o olhar em uma das mulheres que estava de costas. A blusa dela havia chamado a atenção de Rose, assim como o brilho das unhas esmaltadas e a mão que, carinhosamente, percorria o rosto de um homem forte, que se encontrava detido. Rose, naquele momento, desligou-se da conversa entre Abel e o advogado e foi andando por entre as pessoas que estavam no pátio visitando os detentos. Abel parou de falar e seguiu Rose com os olhos.

Rose parou atrás da mulher alegre, que ria sem parar, e ficou em silêncio ouvindo a conversa. Aquela voz era conhecida e a moça não deixou de exclamar:

— Tia Cleide?!

***

Andréa, a princípio, preocupou-se com as consequências de sua mentira, pois Rose acabara sendo demitida por um erro dela. Depois, passadas as horas, foi tomada por alegria, pois agora era ela quem mandaria na loja, quem ditaria as ordens, e não deixou de agir de forma esnobe quando conversou com uma colega da loja ao lado.

— Agora, flor, eu mando aqui. Quando entrar outra, eu vou comandar. Nada de regalia, terá que cumprir horário de almoço, chegar no horário, nada de chegar atrasada. Farei os relatórios para o dono da loja para que ele desconte tudo. Agora ele e eu somos assim, amiga — relatou, encostando os dedos indicadores um ao outro, quase no nariz da outra.

— Coitada, vai ter que fazer tudo o que você não fazia — disse a colega que, notando o espanto de Andréa, prosseguiu: — Sim, porque você nunca chegou no horário! Lembra-se de que Rose sempre segurava suas barras? Quando o dono da loja chegava, ela sempre arranjava uma desculpa para acobertar você!

— Chega de papo. Vem chegando cliente. A gente conversa depois. Flor, veja se tem uma amiga para indicar — finalizou com uma voz infantil.

— Tá bom, se souber de alguma inimiga eu te falo — murmurou sem que a outra entendesse o que ela havia dito e entrou na loja.

Andréa vinha trabalhando por três, atendendo várias pessoas ao mesmo tempo e já pensava em pedir para o dono da loja, além de um aumento generoso, uma ou duas meninas para ajudá-la e ainda pensava em fazer a proposta de ficar só no caixa. Tinha até argumentos, diria que o crescimento das vendas, a procura, tornavam necessárias novas contratações e divisões de tarefas.

Quando a loja ficou vazia novamente, Andréa sentou-se. O celular tocou duas vezes e a moça esticou os olhos e viu o nome de Rose na tela. Fez cara de nojo e não atendeu. Abriu a bolsa e de lá tirou uma lixa de unhas e começou a passar de unha a unha. Só interrompeu quando ouviu a voz de Igor invadir a loja.

Igor chegou como se a namorada fosse a dona da loja e a tratou como se a estivesse assaltando, mas a moça, apaixonada, não conseguia vê-lo assim. Para Andréa, o rapaz era o empresário maravilhoso que dava a ela uma casa cheia de conforto, ainda que na comunidade e emprestada, pois sabia bem que o dia que a sogra chegasse seria também o da sua partida. Ele ajustou o boné na cabeça, consultou o relógio como se estivesse atrasado.

— Preciso de uma grana — falou já indo para o caixa, como se faz ao ir ao bebedouro quando se tem sede.

— Meu amor, não posso mais. As coisas estão críticas aqui. A minha amiga foi demitida por conta disso. Tive que jogar ela para não ir eu.

— Espertinha, então colocou a amiga na fogueira? — divertiu-se Igor. — É das minhas mesmo — falou, beijando a moça com paixão, o que fez com que Simone, como de hábito, se apoderasse do corpo da prima.

— Se as meninas novas já tivessem começado, tiraria a tarde para a gente.

— Hoje não dá. Nem que a loja tivesse pegando fogo e você tivesse o dia de folga — Igor disse seco, desfazendo-se dos abraços e beijos da moça.

— Algum problema?

Igor lembrou-se de Abel e do que acontecera de madrugada. Recordou-se de ter visto, por meio do reflexo do retrovisor, Abel se aproximar com os fios nas mãos e logo atrás dele dois policiais, que o seguiam. Não teve dúvidas. Ligou o carro e saiu disparado, sem olhar ou esperar por Abel.

— Não, tranquilo. Só uma sociedade com um novato. Uma bobagem que não deu certo.

— Me sinto importante ao lado de um homem de negócios. Será que não vou poder deixar a loja e virar primeira-dama?

— Acho que vou ter que dar um tempo da cidade. Vou viajar — avisou sem dar atenção aos sonhos da moça. Falou isso e pegou o dinheiro que tinha no caixa como se fosse seu.

Andréa assistiu a tudo em silêncio, depois esperou por um beijo, que não aconteceu. Ficou parada diante da porta da loja, vendo-o sair quase correndo, arrumando o boné na cabeça, olhando para os lados, como se estivesse assustado. Simone o seguia.

***

Heleno chegou em casa e deparou-se com a residência vazia. Esperava encontrar Kleber, pois o deixara horas antes com tintas, lixas, massa corrida, pincéis, rolos e tudo mais para iniciar a pintura do imóvel. Passou sem perceber pelo bilhete que estava fixado na geladeira e que trazia a explicação da ausência do rapaz, que havia saído para fazer companhia a Rose. Tirou a camisa e pensou em tomar um banho, mas teve a atenção atraída pelo quarto, agora ocupado somente pela irmã e pelo neto, que se encontrava todo revirado, com gavetas espalhadas sobre a cama. Supôs que tinham removido as gavetas para o guarda-roupa ficar mais leve e fácil de arrastar e para que Kleber pudesse pintar o cômodo.

O homem olhou mais uma vez para a desordem do quarto, e perguntou-se onde poderia estar Kleber. Ao caminhar até a porta, tropeçou em umas pastas e, ao abaixar-se para apanhá-las do chão, deixou cair umas revistas e de dentro delas um maço de correspondências e um recorte de revista. Notou que pertenciam a Cleide e não resistiu, acabou lendo o conteúdo dos papéis.

> *Meu nome é Anselmo, tenho trinta e oito anos, sou do signo de sagitário, alto, magro, não uso barba nem bigode. Quis o destino que parasse aqui ou, para quem preferir, que escolhesse mal os caminhos que Deus colocou sob meus pés. Tenho comigo que já paguei ao Pai pelo que fiz, mas tenho alguns anos diante dos olhos dos homens. O homem não vive só, por isso procuro uma mulher acima dos trinta anos, livre, romântica, que sonha em ser feliz, que busca a alegria de viver a dois. Você que é amorosa, que busca alguém...*

Heleno leu e releu o recorte, depois apanhou as correspondências e leu algumas. Viu em cada uma das cartas uma Cleide que desconhecia, totalmente apaixonada e entregue àquele homem. Heleno também leu as cartas de Anselmo e a imagem que tinha era de um homem que vivia atrás das grades, escrevendo alucinadamente palavras bonitas e sedutoras.

— Já está em casa? Cadê o Kleber? Pedi que começasse pelo meu quarto, mas o teimoso quis te ouvir e veio para o quarto da sua irmã — Arlete fez uma pausa ao ver o marido com os segredos de Cleide nas mãos.

— Você sabia disso?

Arlete ficou em silêncio. Temia o que estava por vir.

Capítulo 33

— Não me critique, por favor, pela nossa amizade — pedia Cleide à sobrinha, ambas emocionadas. — Encontrei o amor quando já acreditava que nunca mais sentiria algo assim em minha vida. Me apaixonei quando li a carta dele publicada em uma revista. Achei tão bonita, tão sincera. Eu me agarrei a cada letra, palavra, frase, como se todas elas tivessem sido escritas para mim. E foram! Descobri quando vim conhecê-lo. Tudo se tornou ainda mais forte.

— Por que não me contou?

— Pensei muito em contar... Confesso que estava me animando para isso, mas...

— Eu compreendo. Todos nós temos o direito de ter segredos — falou Rose ao lembrar-se dos seus, como a verdadeira maternidade de Silas.

Cleide, que havia engatado um rosário de justificativas à sobrinha, resolveu fazer as apresentações. Anselmo demonstrou toda a sua simpatia, mas Rose se mostrou neutra. Estava tão nervosa com os últimos acontecimentos que não conseguia demonstrar o que sentia de fato a respeito do namorado da tia.

Feitas as apresentações, Cleide perguntou o que ela fazia ali. Logo Rose explicou tudo o que havia acontecido, inclusive que tinha perdido o emprego na loja. Naquele momento,

Cleide lembrou-se de Andréa, pois, intimamente, sentia que a moça, que se fazia de amiga da sobrinha, poderia ter sido a responsável pela demissão de Rose. No entanto, não quis levantar suspeita.

Em meio a tudo isso, começaram a anunciar o término da visita. As cenas eram ainda mais tristes do que as da chegada. Rostos sérios, tensos e banhados de lágrimas despediam-se.

Abel ainda conversou por mais alguns minutos com o advogado, mas foi recolhido antes de falar com Rose. Por fim, saíram do presídio o advogado, Rose, Kleber e Cleide.

Foi uma viagem morosa, não só por conta do trânsito, que se formou depois de uma chuva intensa, mas porque todos, sem exceção, estavam envolvidos com seus pensamentos. "O que fazer agora, desempregada? Até quando Abel ficará preso?", pensava Rose. "Vou fazer o pedido de habeas corpus. O juiz não deve recusar esse direito ao rapaz. Abel é réu primário, tem residência fixa. Ele deve estudar melhor o caso... Sinto pena da moça, pois o dinheiro da fiança...", o advogado refletia. "Como será enfrentar Heleno? Sei o quanto ele é severo...", Cleide tentava se preparar para uma possível conversa com o irmão. "Tenho que acordar cedo para pegar na pintura...", em meio a esse pensamento, Kleber lembrou-se de Andréa, dos bons momentos ao lado da moça. Sentiu os olhos pesados e, por conta disso, tentou disfarçar, desviando a atenção para o automóvel, que se deslocava com velocidade. Pensava em como o tempo também passava rapidamente, embora não percebesse.

E o tempo passa...

***

No hospital, Alex estava sentado ao lado da avó. Delicadamente, o rapaz apanhou o copo da mão de Aracy e colocou-o no banco ao lado, onde havia deixado a bolsa da senhora. Depois de acariciar as mãos da avó em silêncio, Alex acomodou a cabeça da senhora em seu ombro. Ficaram ali por alguns minutos, sem falar nada. Não tinham o que dizer.

— Mãe! Que bom te ver — chegou Lauro animado, vindo do corredor. Estava com a roupa que o hospital lhe oferecera.

Ele, vendo a mãe e o sobrinho tristes, agachou-se e, apoiando as mãos sobre o joelho de Aracy, disse sorrindo: — Mãe, veja como estou bem! Consegui me levantar sem a ajuda das enfermeiras. Agora posso tomar banho sozinho.

— Não acha melhor comer alguma coisa, vó? — perguntou Alex, ignorando Lauro. — Está sem comer há horas. Vou buscar algo...

— Estou bem, meu neto. Estou bem. Cadê o telefone?

— Fique tranquila. Vou cuidar de tudo, mas primeiro quero ter a certeza de que está bem.

A mulher sorriu, e as lágrimas rolaram pelo seu rosto.

— Obrigada, meu querido. Você sempre está ao meu lado...

— Mãe, por que você está assim? Não está feliz em me ver? — perguntou Lauro em pé, posicionado em frente à mãe, enquanto rodava o corpo magro, deixando o vestuário do hospital inflar como um balão. — Eu sei por que está assim. Fique tranquila. Não vou mais usar aquelas porcarias, como sempre me pediu. Não vou! Prometo. Daqui vou para a clínica e só saio de lá livre desse vício maldito — havia lágrimas nos olhos do rapaz. — Vai se orgulhar muito de mim. Voltarei a estudar... Quem sabe eu não encontre alguém com quem me casar, quem sabe eu te dê um neto?! Vai gostar de ver uma criança correndo por aquela casa, não vai? — olhou para o sobrinho e completou: — Vai ganhar um primo, Alex.

— Estou um pouco sonolenta. Tinha alguma coisa na água?

— Não. Mas a senhora tomou um calmante. Pode ter sido isso que a deixou assim. É leve. Vai deixá-la mais serena — garantiu a enfermeira.

— Por que não olha para mim, mãe? Está triste comigo? — perguntou Lauro com a voz mansa, como costumava fazer ao falar com a mãe. — Me perdoa? Sei que fiz muita bobagem — fez uma pausa, sentiu um nó na garganta, mas completou: — Eu te amo.

Aracy olhou na direção do filho, e uma lágrima sentida rolou por seu rosto.

— Mãe, me deu uma vontade de fumar — comentou Lauro animado, já se sentindo perdoado, indo em direção à cadeira onde estava a bolsa de Aracy. — Tem cigarro na sua bolsa?

A bolsa caiu no chão. Aracy olhou para a bolsa, que Alex pegou e acomodou na cadeira.

— Devo ter esbarrado na bolsa ao sentar na cadeira — justificou Alex, levantando-se. — Agora vamos, vovó. Temos que ir.

— Eu quero vê-lo.

Alex sabia que não podia negar isso à avó. Então ele a conduziu a passos curtos pelo corredor do hospital.

— Mãe, o que é isso? Que o Alex não queira falar comigo por conta do que apronto, vá lá. Ele é todo certinho, mas e a senhora? — Lauro falava enquanto seguia os dois.

— É aqui — disse Alex, abrindo a porta, depois de uma enfermeira se aproximar para auxiliá-los.

Aracy respirou fundo, tentando se conter. Teria que ser forte, como vinha sendo ao longo de sua vida. Lauro ficou encostado ao batente da porta, assistindo de longe à mãe e ao sobrinho entrarem no quarto. Aracy, sempre apoiada por Alex, finalmente adentrou o quarto. Aproximou-se da cama e viu o filho. Passou a mão suavemente pelo rosto do rapaz, depois abraçou o neto em um choro compulsivo, que fez o jovem tirá-la do local.

Lauro, que permanecia próximo à porta, não conseguiu entender o que estava acontecendo, porque a mãe e o sobrinho se colocaram à sua frente. Só quando viu Aracy sair aos prantos apoiada por Alex e tomar distância em direção à saída, Lauro conseguiu entrar no quarto e ouvir a enfermeira lendo a prancheta em voz alta:

— Lauro, nossa, tão jovem... — falou e puxou o lençol.

— Não! Não pode ser. Eu...

— Mais um vencido pelas drogas — completou a enfermeira, enquanto pegava o aparelho para se comunicar com o responsável pela remoção do rapaz.

Lauro deixou o corpo cair lentamente no chão, onde terminou sentado, com os braços finos em volta das pernas e a cabeça apoiada nos joelhos. Era possível ver as lágrimas pingarem no piso. Depois tudo ficou escuro.

***

— Eu vim falar com a Rose, tia Cleide.

— Por pouco não encontrou o Kleber por aqui — comentou Cleide ao abrir o portão para Andréa, cumprimentando-a. — Ele acabou de sair. Voltou para casa. Depois dos acontecimentos, ficamos muito próximos. Hoje ele veio nos visitar e tomar café com a gente.

— Eu sei, esperei ele sair — falou com os olhos voltados para o chão, sentindo vergonha em confessar.

— A Rose está na casa dela.

— É que não consigo falar com ela. Bateu uma saudade da minha amiga... — falou sentida.

— O que aconteceu? Está triste? Cadê a esfuziante Andréa? Vamos entrar.

Andréa, feliz, seguiu Cleide. Encontrou Arlete diante da porta da cozinha, de saída para o banco. As duas não se falavam desde que Kleber cometera a bobagem e fora parar no hospital. A moça, tímida, cumprimentou sem jeito a mãe da amiga.

— Não vai nem dar um beijo na tia Arlete? Venha cá, menina.

Andréa abriu um sorriso e beijou o rosto que Arlete ofereceu com seu jeito sério, sem rir. Depois, a mulher despediu-se e saiu. No quintal, gritou o nome de Heleno.

— Já estou indo! — gritou Heleno, que, ao passar pela cozinha, cumprimentou Andréa e Cleide, que apenas olhou para o irmão, mas nada disse. Heleno ainda estava aborrecido com a irmã por conta da descoberta do seu namoro com um presidiário.

— Apaixonada por um marginal? — foi o que disse em meio à briga com Cleide, quando ela chegou do presídio acompanhada por Rose, que se colocou entre os dois, procurando apaziguar a situação. — Que bobagem está fazendo com a sua vida, se amarrando a um homem assim.

— Por amor somos capazes de suportar defeitos. Veja você, casado com Arlete. Não é exemplo de bom casamento, meu irmão.

Heleno não era um homem de briga. Tratou logo de terminar o assunto, concluindo sua decisão com a seguinte frase:

— Se sair daqui para viver com ele, esqueça o meu endereço e que tem um irmão e família — depois saiu, ignorando as lágrimas de Cleide.

Andréa notou a forma como Heleno tratou a irmã e estranhou, mas preferiu ficar calada. Cleide, então, conduziu a moça até o seu quarto e lá conversaram. Andréa estava se sentindo melhor ao voltar para aquele bairro. Notava-se mais viva, entre os seus, algo que não conseguia sentir na comunidade onde morava com Igor, mesmo com os bailes, os churrascos realizados na laje e com o convívio com os amigos do seu empresário. Nada daquilo a deixava tão feliz quanto aquela conversa com Cleide, o cheiro de café, o som das crianças brincando na rua. Estava nostálgica e sensível, principalmente porque Igor tinha viajado sem dar muitas satisfações. O rapaz apenas lhe informou que viajaria a negócios, mas, na verdade, havia decidido se precaver, temendo que Abel pudesse entregá-lo à polícia. Por fim, a moça estava sozinha, sem o namorado, e a tristeza batera à sua porta.

— Engraçado, a cada dia que passa você fica mais parecida com a sua prima — Cleide fez uma pausa, observando o rosto incrédulo de Andréa, e depois prosseguiu: — Sim, a Simone.

Aquele nome deixou Andréa paralisada e com os olhos arregalados. Depois disse, sem jeito:

— Somos primas. Nossas mães são gêmeas. Nossa semelhança pode ter vindo daí.

— Mas não é só a semelhança física. A forma de falar e o gestual também são muito parecidos com os de sua prima. Vocês têm diferença de idade. Quando ela morreu naquele acidente, você era uma menininha.

— Me lembro pouco dela. Triste fim. Ainda saiu desmoralizada.

— Também, morreu em um acidente de carro com o amante... Era um homem casado, com filhos, e sua prima mantinha um romance com ele. Diziam ainda que ele era um dos casos dela.

— Chega! — gritou Andréa, que naquele momento foi tomada por Simone.

Cleide assustou-se de início, mas depois continuou:

— Era o que o povo dizia.

— E você também. Ficava repetindo essa mentira, como se falar sobre o que tinha acontecido trouxesse algum benefício para sua vida. Ela não estava viva entre vocês, não tinha como se defender. Ninguém a respeitou.

— Você era pequena... Como sabe disso, desses detalhes?

Houve uma pausa. Cleide insistiu, e Andréa, como se estivesse saindo de um transe, mudou de assunto. Depois, a mulher ainda ofereceu café com bolo à moça e, ao deixá-la no portão, quando foi embora, ficou observando Andréa partir, rebolando, vestida com uma roupa curta. E, ao ver a moça balançando as pontas dos dedos, suspeitou ainda mais de que Simone estava ali com Andréa. Sentiu um calafrio e entrou em casa pensativa.

Cleide estava certa. Andréa transformara-se exatamente na moça bonita que um dia Simone fora. A moça, quando encarnada, tinha um corpo escultural, era dona de uma simpatia que cativava muitos homens. Quando descobriu o sexo, tornou-se impulsiva, não sabia se controlar, e, por conta dos seus pensamentos, atraía espíritos ligados ao sexo. Enamorou-se de um homem casado e dele engravidou. Um dia em que viajavam para a casa de praia do amante, ela, na estrada, anunciou que esperava um filho. Houve uma briga, e Simone, que estava amedrontada com a descoberta da gravidez, ameaçou o amante. O homem achou que ela fosse capaz de destruir o seu casamento, que ele tentava manter pelos filhos. Nervoso, sentiu um aperto no peito, perdeu a direção do carro e colidiu contra uma mureta. Depois de rodopiar na pista e ultrapassar a mureta de proteção, o veículo desapareceu na ribanceira.

No astral, o homem logo foi socorrido, mas Simone não. Recusou-se. Considerava-se jovem demais para deixar a Terra. Por isso, a moça ficou perambulando, se alimentando de energias sexuais semelhantes às que tinha quando estava viva. Ligava seus pensamentos aos que consideravam o prazer sexual algo primordial, e assim os anos foram passando até que a moça reencontrou a prima e identificou nela a sua imagem e os seus pensamentos. Simone, com isso, conseguiu, além de se alimentar da energia da prima, inspirar Andréa a conquistar os homens que achava interessantes, incentivando a moça a trair o namorado. Por isso, muitas vezes, depois do ato consumado, quando Simone se distanciava satisfeita, Andréa sentia-se mal, enjoada, com náuseas, usada e suja. Como todos que têm um vício, depois de saciado o prazer momentâneo, a jovem enfrentava os efeitos colaterais que apareciam.

Agora que havia reencontrado Igor, o amor que tivera em uma de suas vidas, Simone não desejava deixar a prima. Ela, no entanto, não se lembrava de como havia sido o primeiro encontro com aquele homem, nem o desfecho daquela história.

Capítulo 34

— Como a gente pode amar tanto alguém que nos faz sofrer, minha irmã?

Essa foi a pergunta de Inês para Márcia, durante o café da manhã de boas-vindas preparado por Mafalda para a filha, que acabara de chegar de viagem de Curitiba. Como de costume, o reencontro entre as três aconteceu em clima de festa, mesmo diante de tantos problemas.

Mafalda estava em êxtase, pois gostava muito de ver a família reunida e sabia o quanto era difícil ver todos juntos. A neta morava no Sul, e Abel, desde que se mudara e fora preso, tornara-se ainda mais distante da família.

Já fazia uma semana que Abel havia saído da cadeia. Doutor Valdir, conforme o combinado, só viajou depois de ver o rapaz solto. O advogado conseguiu negociar a saída do jovem da prisão mediante o pagamento da fiança, e também que ele respondesse ao processo em liberdade. A fiança foi paga por Rose, que juntou o dinheiro da rescisão com o da rifa e entregou-o ao advogado, para que ele pudesse negociar a liberdade de Abel.

A conversa entre as três estendeu-se por boa parte da manhã. Mafalda quis saber como a neta estava, e Márcia narrou como havia sido a viagem, as partes boas e as tristes, e lamentou por não estar ao lado da família quando Abel foi preso.

— De jeito algum! Fique aí! Já contratamos um advogado para cuidar disso — dissera Inês à irmã, ao telefone, depois de se acalmar e se convencer de que o filho logo seria solto.

Enquanto conversavam, Malfada e Inês mostravam-se sorridentes diante das fotos da filha de Márcia e felizes pelos presentes que a moça havia enviado pela mãe.

— Não quer vir, não tem jeito. Tentei convencê-la. Saí daqui certa de que o lugar dela é aqui em São Paulo, ao nosso lado, ainda mais agora... Separada, grávida! Estava tão apegada ao trabalho que não poderia sair? Isso era o que eu pensava. Só que encontrei uma mulher forte, disposta, envolvida com o trabalho.

— Pena que não quis vir.

— Ela tem conversado com o ex-marido. Parece que estão se acertando. Ele ligou algumas vezes, estava mais próximo, demonstrando que sentia saudades. Até marcaram um jantar, e só então ela revelou a gravidez.

— Fez segredo? Danada! Não quis que ele voltasse pela criança! — constatou Mafalda. — Que inteligente! Não puxou a você, Márcia, que é bem mais romântica.

Márcia e Mafalda olharam para Inês, e as três começaram a rir.

— Sabia que iam falar isso. Desde pequena, sempre que saíamos juntas, perguntavam se ela era minha filha — disse Inês.

— Puxou à tia mesmo. Ela tem até algumas manias parecidas com as de Inês! — brincou Márcia.

A conversa estendeu-se para mais uma xícara de chá, que Mafalda fez questão de preparar para as filhas. E, enquanto colocava açúcar na bebida, ouviu a pergunta de Inês sobre como é possível uma pessoa amar alguém que lhe traz sofrimento.

— Sua pergunta já tem resposta. Temos amor suficiente para doar a alguém mesmo quando isso contraria a nossa vontade. O seu atrito com Abel acontece justamente porque você quer que as coisas aconteçam da sua forma e isso o limita. Ele se sente desrespeitado e reage com as armas que tem, com agressividade, por exemplo.

— Tudo que faço é para o bem dele.

— Faria melhor se o escutasse, mas você nunca o escuta — comentou Mafalda.

Márcia, vendo que a irmã deixava a tristeza tomar conta de si, tratou de mudar de assunto. Falou um pouco mais sobre os passeios que fez e do quanto havia desejado que a mãe e a irmã estivessem com ela naquela viagem. Logo depois saiu, e Inês a acompanhou.

— Você pode me deixar na casa do Abel? Preciso vê-lo. Agora é o melhor horário, porque aquela moça já deve ter saído. Disse que está desempregada também. Que sorte a do meu filho — comentou Inês, que parou ao ver a troca de olhares entre Márcia e Mafalda. — Ele me falou que ela iria procurar emprego. Vai bater perna por aí. Se tem casa para morar, por que iria se preocupar?

— Vamos ao mercado primeiro, depois deixo você lá — sugeriu Márcia.

Minutos depois, Mafalda viu o carro de Márcia seguir pela rua. Naquele momento, pediu a Deus pelas filhas, pelos netos, mas principalmente por Abel, que via mais perdido a cada dia.

***

Abel saiu da cadeia aliviado, mas em um silêncio profundo, mergulhado em seus pensamentos, medos e na vergonha. O advogado havia sido claro: responderia em liberdade o processo.

— Cuidado, rapaz, mais um deslize desse e vai se complicar muito.

Rose tratou de cuidar dos preparativos de boas-vindas para receber o marido, reunindo a mãe e a avó do rapaz. Queria ter Márcia ali também, mas na ocasião a mulher se encontrava no Sul. A moça preferiu não chamar seus parentes para não constranger Abel. Cleide, que no dia fora visitar a sobrinha, acabou ficando para animar a ocasião. Rose organizou tudo com alegria, como se fosse receber um formando, alguém que havia retornado de uma viagem, um herói de guerra. Foi tudo simples e rápido. Por consideração a Abel, Rose não se importou com as implicâncias de Inês. Foi um reencontro difícil, marcado por lágrimas, que se intensificaram quando o rapaz começou a narrar um dos episódios que havia vivido no presídio.

Passados alguns dias de sua saída, Abel ainda continuava desempregado, sentindo o peso da discriminação por ter agora passagem pela polícia. Estava ali, jogado na cama, pensativo, de bermuda e sem camisa, sozinho em casa. Rose havia saído cedo para acertar o seu seguro-desemprego e para distribuir currículos.

O rapaz estava assim, entregue ao ócio, quando ouviu alguém chamar. Abel levantou-se preguiçoso e foi descalço atender o portão. Era Andréa que, alegre e animada, perguntava pela amiga. E a moça, mesmo sabendo que Rose não estava em casa, entrou para tomar um copo d'água. De repente, ao observar Abel, sentiu um calor. Nunca antes o tinha visto tão viril, despojado e sedutor com sua voz rouca. Foi assim que Simone o notou, não deixando de se insinuar para o rapaz.

Estavam na cozinha. Andréa com um copo de água na mão, Abel próximo à moça. Ela, depois de dois goles, sem deixar de medir o jovem, deixou o copo cair ao entregá-lo a Abel, fazendo com que a água fosse derramada no peito do rapaz. Ela, cuidadosa, passou então a mão levemente no jovem.

Depois tudo aconteceu rapidamente. Como um ímã, os dois conectaram-se, deixando as peças de roupas pela casa e indo direto para o quarto. Andréa, fingindo estar preocupada com a amiga, e ele, na ânsia do desejo, tentando despreocupá-la, dizendo que ficaria a manhã inteira sozinho em casa.

Meia hora depois, novamente Abel ouviu alguém mexer no portão. Ele correu para ver quem era. Foi o tempo de colocar a bermuda e, ao chegar à porta, surpreender-se ao ver Inês parada, aguardando ser atendida.

Inês beijou o filho e foi entrando, sentindo-se, como de fato era, a dona da casa. Trazia nas mãos algumas sacolas, que entregou ao filho dizendo:

— Sua tia Márcia mandou. Tem coisa para a geladeira.

— Obrigado — disse com uma voz que era um misto de preocupação e medo.

Inês olhou para a pia, fez cara de poucos amigos, e foi logo dizendo:

— A outra saiu e pelo jeito deixou você nesse chiqueiro!

— Ela saiu, mãe. Não está — falou Abel sem jeito, preocupado com a possibilidade de Inês descobrir Andréa no quarto. Por isso, o rapaz começou a falar alto para que a moça percebesse que não estava sozinho e tratasse de se esconder ou de não fazer barulho. — Mãe, preciso ir ao mercado, vamos comigo?

— Podemos ir, mas antes vou dar um jeito na casa. Que horror! E essas roupas jogadas pela casa, meu filho? — perguntou recolhendo as roupas que via pela frente, inclusive as roupas íntimas de Andréa, que a moça deixara pelo chão ao se relacionar com Abel.

— Tá bom, mãe. Agora vamos, depois a gente vê isso. A Rose não gosta que mexam nas coisas dela, ou melhor, nas nossas coisas. Deixe tudo como está!

— Ouvi um barulho — disse Inês. Abel tentou encobrir, mas ela respondeu alto: — Não é impressão, não! Está dormindo? Uma hora dessas na cama, meu filho! Vai vendo quem você trouxe para nossa casa. Vai vendo.

— Agora é minha casa, mãe.

Inês armou-se para fazer mais algumas críticas a Rose, quando viu Andréa entrando na sala com uma toalha enrolada na altura dos seios. A moça comportava-se como se tudo estivesse normal, pois Simone agia dessa forma.

— O que significa isso, Abel? Pode me explicar?

A moça pegou as roupas, até mesmo as que estavam nas mãos de Inês, e saiu rapidamente, terminando de se vestir no quintal.

— Meu filho, você está transformando a casa que seu pai construiu em um bordel. Trazendo moças para dentro de casa! Não admito isso...

— Depois eu limpo, arrumo, organizo...

— Acomodada, isso que ela é. Vai ficar por anos e anos aqui. Onde vai encontrar um namorado que tenha uma casa para morar? Só você, um tonto. Daqui a pouco, vai destruir a minha casa, pois nem limpa! Olhe para isso! Quanto pó! E você transformando a casa em um prostíbulo!

Inês estava inconformada. Não perdeu a oportunidade de falar tudo o que achava sobre o que tinha presenciado. Lamentava muito o comportamento do filho, que a cada dia a decepcionava mais com suas atitudes. A briga foi inevitável. Abel alterou-se, mas os ânimos se acalmaram quando Rose chegou, meia hora depois de Andréa deixar a casa.

Rose cumprimentou Inês, que agiu de forma cordial ao vê-la. Vinha agindo dessa forma desde as últimas vezes em que se encontraram. Deixou para falar da nora somente quando estivesse sozinha com Abel. No entanto, naquele dia, sentiu por Rose. Viu a moça preocupada, ansiosa para fazer tudo dar certo. Então se calou e assistiu aos diálogos entre o filho e a moça:

— Abel! Deixei essa pia limpinha, e você conseguiu usar todos os copos? O que sua mãe vai pensar?

— Os homens são assim mesmo — foi o que disse Inês, com os olhos fixos no filho.

— Eu vim correndo para preparar o almoço. Saí cedo, nem arrumei a casa, não deu tempo. Vou fazer faxina daqui a pouco. Consegui entregar uns currículos e ainda fiz uma entrevista. Se Deus quiser, vai dar tudo certo — firmou o pensamento, animada.

Abel saiu da cozinha sem graça, e Rose continuou a conversar com a sogra.

— Ele me contou sobre a comida na cadeia — cochichou sem graça com Inês. — Não gosto de deixá-lo sem almoço. Deve ter passado tão mal — fez uma pausa, pegou a mão de Inês e a puxou para o banheiro. — Quero fazer uma coisa, mas preciso de seu consentimento. Quero trocar o piso do banheiro. Gastei um bom dinheiro para tirar o Abel da cadeia...

— Não tenho dinheiro, se é o que precisa. Tenho só a pensão, umas costuras, e já não conto mais com o dinheiro do aluguel desta casa. Era com ele que a gente complementava a renda...

— Não, dona Inês. Eu tenho um pouquinho de dinheiro ainda e quero utilizá-lo na troca do piso. Logo vou arrumar um novo emprego e tudo vai dar certo. Vamos juntas escolher o piso? A casa é sua, mas, quando sairmos daqui, deixaremos uma melhoria feita.

— Pensa em sair daqui? — perguntou espantada.

— Sim, quando arrumar um novo emprego, tiver com a carteira assinada, vou procurar um apartamento para morar, quem sabe até financiar um. Sei o quanto precisa do aluguel desta casa e acho justo que usufrua do imóvel.

— É do Abel também — admitiu pela primeira vez, sem jeito.
— O Abel é jovem. Tem que se esforçar para conquistar as coisas dele também. Juntos, vamos conseguir.

Abel queixou-se de dor de cabeça e não ficou mais perto da mãe. Estava na verdade envergonhado e por isso se esquivava de Inês. Só a viu na hora de ir embora, quando, séria, a mulher foi dar um beijo no filho. Era visível que estava sentida. Despediu-se de Rose à distância, deixando claro que não fazia questão de se aproximar da nora.

— Não tem jeito, sua mãe não gosta de mim. Faço de tudo para agradá-la, porque, ainda que me trate assim, não consigo ter raiva dela, mas ela...

— Deve ter os seus motivos — foi só o que Abel disse ao abraçar Rose. — Venha aqui, me dê um beijo.

— Está tão carinhoso... Aprontou alguma, aposto.

O rapaz fechou os olhos e, pela primeira vez, não conseguiu encarar Rose.

Em casa, Inês relatou para Mafalda o que havia presenciado durante a visita a Abel. Tinha necessidade de desabafar.

— Pobre moça! — disse Mafalda, juntando as mãos, admirada com a atitude do neto. — Levando mulheres para dentro de casa na ausência da mulher? Como pôde fazer isso?

— Ela deve ter feito alguma coisa. Depois, ela é uma moça sem graça.

— Linda! E deve gostar muito do Abel para ainda estar ao lado dele. Se fosse outra, já teria voltado para a casa dos pais — viu a cara feia da filha e completou: — Você não gosta dela. Não precisa nem falar, consigo ver no seu jeito. Vocês devem ter alguma diferença que vem de outra vida.

— A senhora com essas ideias também? Está igual à sua filha! — calou-se inicialmente, mas depois, em um tom sério, completou, mudando de ideia: — Tem razão, mamãe. Acho que Rose e eu fomos inimigas em outra vida.

E Inês estava certa.

***

Andréa só se deu conta do que havia feito quando chegou ao ponto de ônibus, sentindo náuseas. Simone já estava perambulando por outros mundos, quando a moça embarcou no transporte sentindo o corpo cansado, a cabeça pesada, e uma sensação de culpa profunda que a fez chorar.

O dia foi longo e angustiante. Andréa, durante o expediente, fez o trabalho de três funcionários devido ao movimento intenso na loja. A única coisa que alegrou a moça foi uma ligação de Igor e a notícia de que ele estava de volta a São Paulo.

O rapaz, que desaparecera por conta da prisão de Abel, justificou sua ausência dizendo que estava tratando de um negócio fora da cidade. No entanto, bastou uma ligação para Abel para saber que não havia sido delatado para a polícia e que o rapaz, surpreendido com o cobre, tinha assumido toda a culpa sozinho. Isso significava que estava livre e já planejava algum meio de ganhar mais dinheiro.

A moça, ao ver Igor, sentiu o coração disparar. Abraçada ao namorado, fechou os olhos com força, como se assim pudesse tirar da mente os beijos de Abel. Simone, naquele momento, já estava conectada à prima e colada a Igor. Minutos depois da surpresa, Andréa fechou a loja, e o casal foi para casa. Diferentemente da primeira vez em que se encontraram, não saíram em um carro luxuoso nem jantaram fora, muito menos usufruíram do conforto de um hotel suntuoso. Naquele dia, voltaram para casa de ônibus e, antes de chegarem à comunidade, saborearam um cachorro-quente com suco de laranja, combinação em promoção, sem direito a repetir.

O rapaz, saudoso dos beijos e do calor de Andréa, puxou-a para a cama, deitando-a ao seu lado. A moça fechou os olhos, e a imagem de Abel veio à sua mente. Sentiu-se incomodada com aquele sentimento do qual não conseguia se livrar e que estava se tornando cada vez mais forte.

Igor, que procurava pelos lábios da moça, achou Andréa estranha e reclamou. Cismado, já pensou que outro homem estivera com ela e isso o incomodou, deixando-o violento.

Enquanto falava, com os lábios sobre o rosto da moça, uma de suas mãos agilmente alcançou a arma que tinha presa à sua cintura, encostando-a ao pescoço de Andréa.

— Menina, o que aprontou durante a minha ausência? Eu vou te matar.

Ao ouvir aquelas palavras, que pareciam funcionar como uma senha para outra vida, Simone, assustada, abriu os olhos e viu Igor, que, além de transtornado, parecia outra pessoa, alguém de quem tivera muito medo um dia. Então, como se tivesse recuperado a memória por meio daquela lembrança repentina, Simone se desprendeu do corpo de Andréa e saiu correndo.

Andréa, então, sentiu o corpo gelar, enquanto tentava inutilmente se desvencilhar do peso do corpo de Igor sobre o seu. Naquele momento, ela sentiu que o seu fim tinha chegado.

Capítulo 35

Voltando ao passado em mais de cento e vinte anos, quando, no interior de São Paulo, os dias eram mais morosos, o céu era mais azul e as estações do ano se mostravam mais definidas, uma pequena cidade ocupava a margem do rio nascente. Lá, viviam poucos habitantes, mas o suficiente para movimentar e fazer borbulhar de acontecimentos o local. O dinheiro corria nas mãos de homens influentes, que conduziam com pulsos firmes suas terras. Eram fazendeiros poderosos envolvidos com política, que conseguiam, por meio da agricultura, se firmar na alta sociedade. As mulheres, ao lado desses homens, orgulhavam-se em posar de braços dados com seus cavalheiros.

Era nesse meio que Rose vivia. Filha única de um desses homens poderosos, um dia a moça viu sua vida mudar de uma hora para outra. Órfã de mãe e criada pelo pai, a jovem mimada e romântica, que sonhava com os países europeus, viu-se sem dinheiro com a morte súbita do patriarca da família e com diversas dívidas deixadas por ele. Até a casa onde morava já estava destinada ao pagamento dessas dívidas. A única parte do patrimônio do pai que escapou foi uma residência um pouco distante da cidade, em forma de castelo, que a jovem descobriu, mais tarde, ter sido construída pelo homem para sua amante, enquanto este dizia para a família que se tratava de uma casa de veraneio interminável. Lá, o pai da moça empobreceu aos poucos. Todo o dinheiro que ganhava empregava naquele imóvel ou usava para encher a amante de joias, presentes caros e roupas que vinham da Europa. A esposa descobriu o suntuoso lugar já concluído exatamente quando soube que estava doente. Para Rose, descobrir a existência daquela casa e da amante do patriarca da família fez com que ela parasse de chorar e lamentar a falta do pai.

Os dias áridos tornaram a moça dura e valente. Diante das dificuldades que enfrentava, não contou com o apoio daqueles a quem considerava amigos. Todos se distanciaram e deixaram de chamá-la para os eventos da cidade. A única amiga que não a abandonou foi Cleide.

Passando por privações, Rose, diante da situação em que se encontrava, logo quis saber como colocar as mãos naquelas terras, já que estava prestes a entregar aos credores a propriedade onde vivia desde o seu nascimento. Igor, o tabelião, um homem inescrupuloso, mas influente por ser conhecedor das leis, principalmente quando o assunto era terra, fez aparecer um papel intitulando Rose a proprietária do castelinho. Para isso, ele teve a jovem por uma noite. A moça, decidida e agarrada ao materialismo, não se acanhou em ceder o corpo em troca do papel. Essa foi a sua primeira noite.

No dia seguinte, após o ato, que fez com que o tabelião se apaixonasse pela jovem, Rose dirigiu-se ao castelinho com suas malas. A residência era ainda maior e mais bonita do que imaginava. Inês, a amante do seu pai, foi quem a atendeu. Ficou surpresa ao deparar-se com a dona da propriedade.

— Sou a dona disso tudo. Pode se acostumar.

Inês estava no auge de sua juventude, mas, com a morte do seu provedor, não conseguia mais ostentar a pose que fazia com que ela fosse a mulher mais desejada da cidade. Inês era frágil e, sem forças, sentiu suas mãos e seus pés atados ao ver a moça entrar na casa como se fosse um furacão. Rapidamente, Rose tomou conhecimento de todos os quartos da casa e, ao encontrar o da amante do pai, o mais suntuoso, anunciou:

— Vou ficar aqui.

— No meu quarto?

— É minha casa, fico onde quero — disse ao abrir um baú e deparar-se com os pertences de Inês. Ficou admirada e controlou-se para não chorar, pois o que sua mãe teve em tantos anos de casamento não chegava nem perto do conteúdo daquele baú recheado de roupas finas e caras. Sem cerimônia, a moça tirou roupa por roupa da arca, sem se incomodar com os pedidos de Inês. Quando viu as joias, ficou fascinada e completou: — As joias são minhas agora.

— Como?! Não! São minhas! Eu as ganhei... — interrompeu para não dizer que havia ganhado do pai da moça.

— Não interessa de quem tenha ganhado, são minhas agora. É o pagamento pelos anos em que morou aqui de graça.

Rose foi direta. A partir daquele dia, seria a nova dona da casa.

— Ele dizia que era minha. A casa é minha! — desabafou Inês desnorteada.

— Não é o que os papéis dizem.

— Meu Deus! O que vou fazer da minha vida? Não tenho para onde ir, meus parentes estão distantes. Não fui próxima quando estava bem, agora...

— Chega de se lamentar. Credo! — fez uma pausa, analisando a amante do pai, e anunciou: — Já sei. Vou receber os homens da cidade para uma comemoração, e você poderá ser o prato principal.

Inês ficou tentando entender o que a moça insinuava.

— É isso mesmo. Vou rifá-la!

— Está louca se acha que vou concordar com algo...

— É isso ou rua. Não vou sustentar ninguém. Se quer ficar sob o meu teto, terá que trabalhar. Proponho um ótimo negócio: ter as mordomias que sempre teve...

— Prefiro a morte.

— Ótimo, como quiser. Tem vinte minutos para desocupar minha casa — formalizou rindo.

Inês assim o fez. Arrumou suas coisas com lágrimas nos olhos, sem saber o que fazer ou para onde ir. Voltou dois dias depois, arrasada e decepcionada com as pessoas com quem acreditava ter laços de amizade.

Da janela minúscula que enfeitava o alto do castelinho, Rose riu quando viu a moça se aproximando. E pensou: "Voltou mais rápido do que imaginava".

Duas noites depois, Rose convidou os homens mais influentes da cidade para uma comemoração no castelinho. Quase todos apareceram, bem-vestidos, perfumados e dispostos a investir um bom dinheiro para ter Inês. Com isso, a amante do pai de Rose deitou-se com um fazendeiro, que deixou os bolsos da dona da casa cheios de dinheiro.

— Você não tem amor no coração.

Rose riu ao responder:

— Se tivesse passado as necessidades que passei, como fome, veria que a lei da sobrevivência fala mais alto.

E foi assim que Rose se tornou uma cafetã. Logo tinha em seu castelinho várias meninas. Foi o jeito que encontrou de se vingar da amante do pai e conseguir dinheiro. Ela mesma era incapaz de se relacionar com algum daqueles homens. Fazia todos os negócios, dava uma mínima parte para as meninas, alegando que precisava manter a casa, e acumulava riqueza em seu quarto. Antes de dormir, depois de acomodar os homens pelos quartos da casa, Rose trancava-se sozinha e ficava apreciando o dinheiro acumulado sobre a cama. Por vezes, até adormecia sobre as notas amassadas e sujas.

As mulheres da cidade não conseguiam entender como Rose conseguia conviver com a amante do pai, mas os homens bem sabiam e apreciavam o arranjo entre as duas.

A amizade de Rose e Cleide tornara-se ainda mais forte com o tempo. E, em nome dessa amizade, Rose não permitia que Antônio, noivo da moça, se envolvesse com suas moças, algo que irritava profundamente o rapaz, já que, àquela altura, havia se apaixonado por Arlete, uma das meninas do castelinho.

Outro relacionamento que se formou entre as paredes do castelinho foi o de Igor com Simone, uma das meninas de Rose. Simone foi a única mulher capaz de fazer o rapaz se esquecer de vez de Rose. Ele gastava o que não tinha para ter aquela mulher em seus braços todas as noites. Pensou em oferecer à moça uma vida de esposa na cidade, mas desistiu da ideia quando pensou no preconceito que teria que enfrentar e, para levá-la a outro lugar, teria que se desfazer do seu negócio, porém não tencionava abrir mão do que construíra por Simone.

Foi nesse ínterim que apareceu Abel, um jovem com sotaque francês, traços finos e atraentes, que logo conquistou

Rose. O rapaz foi o único homem com quem Rose se relacionou depois de Igor. Uma noite, depois de deixar o quarto da moça, Abel, enquanto andava pelo extenso corredor, foi puxado por uma mão. O rapaz então entrou no quarto rindo:

— Estou sem forças. Eu...

— Deixe de graça e fale baixo — orientou Inês preocupada, quase cochichando. — Já está aqui faz tempo, há muitas semanas, e ainda não vi resultado.

— Prima, eu...

— Não me chame assim! Quer que sejamos descobertos? Estou na mão dessa menina, e você é o único meio de sairmos desse lugar com dinheiro. Tem que aproveitar que ela está apaixonada por você e tirar o que puder dessa moça — foi até a porta, encostou o ouvido para checar se havia algum barulho no corredor, e depois, voltando-se para o primo, falou: — Agora vá! E seja rápido ao sair daqui e ao se apoderar das joias e do dinheiro que ela guarda naquele quarto.

Antônio, por sua vez, estava certo do que faria. Deixaria Cleide para viver aquele amor com Arlete e não se importava com as consequências daquele ato. O que aquele homem não sabia era que Rose, por lealdade à sua amiga Cleide, estava negociando com um fazendeiro rico de outra cidade, Heleno, para vender Arlete como escrava. O fazendeiro, por fim, e para desespero de Antônio, acabou levando a moça para outra cidade.

— Precisa me dizer para onde mandou Arlete.

— Deveria se preocupar com Cleide. Ela é sua noiva.

— Não é quem amo.

— Deixe de ser egoísta. O que tem a oferecer a ela? É um agricultor falido, que perdeu toda a última safra e que nem sabe como vai pagar as dívidas que vem contraindo pela vida. Arlete agora está bem, ao lado de um homem que pode dar do bom e do melhor a ela.

— Você é fria e materialista.

— Se já terminou, peço que saia — ela olhou para o rapaz, enquanto ele se retirava do cômodo, e completou: — E não volte mais aqui. Cleide está à sua espera. Seja gentil com ela.

Antônio e Cleide casaram-se semanas depois, mas nunca foram felizes. Durante uma de suas conversas com a amiga, a moça disse:

— Eu o amo por nós dois. Amo Antônio o bastante para esta e para outra vida.

— Não diga uma bobagem dessas. Como se contenta com um homem que não a ama? — Rose pensara que, se tirasse Arlete das vistas do moço, veria a amiga feliz.

Antônio, em uma de suas viagens, conseguiu encontrar Arlete. Foi um único encontro, mas foi o suficiente para serem vistos juntos. Comentaram com Heleno, mas ele não acreditou no falatório. E, antes mesmo de tomar qualquer decisão sobre a moça, acabou sendo envenenado por Arlete e morreu.

A Antônio restou apenas pensar em uma forma de se livrar de Cleide e daquele casamento melancólico. A moça, no entanto, percebendo o distanciamento do marido e tendo ouvido diversos boatos de que ele mantinha outro lar com Arlete, acabou por matá-lo com um tiro. Depois a depressão tomou Cleide, e nem a amizade de Rose pôde salvá-la.

Arlete, sem marido e sem amante, voltou para o castelinho. Ocupava o menor quarto da casa e atendia apenas os clientes escolhidos por Rose, geralmente os mais pobres. Vítima de uma doença desconhecida, logo partiu.

Os quatro encontraram-se no plano superior e programaram que, na volta à Terra, o amor seria a palavra de ordem entre eles. Heleno teria que perdoar Arlete pela ação cometida, assim como Antônio não poderia demonstrar ódio a Cleide por ter tirado sua vida. Arlete voltaria, pela programação, aceitando a condição de ser uma boa esposa para Heleno. No entanto, algo fugiu ao programa. O amor que Arlete sentia por Antônio era tão intenso que a mulher acabou por trazer o rapaz novamente ao seu convívio. E, em meio a tudo isso, Cleide e Heleno, irmãos nessa vida, estavam conseguindo manter o relacionamento proposto, mesmo diante das adversidades.

O amor de Igor por Simone vinha se tornando cada vez mais obsessivo. Ainda que não cogitasse tirar a moça do castelinho, também não queria ver a jovem se relacionar com outros homens. A moça, por sua vez, era ligada à energia sexual e tinha necessidade de se envolver com diversos homens, de sentir os mais variados corpos. E assim viviam aquele relacionamento tumultuado.

Havia noites em que nem se amavam, só brigavam por conta do ciúme de Igor. E foi em uma dessas noites que Igor, posicionado sobre Simone, pegou uma arma que havia escondido debaixo do travesseiro e puxou o gatilho, pondo fim à vida da moça a quem amava. Foi Rose quem o encontrou desesperado, chorando, com a arma suja de sangue nas mãos. Ela, então, entregou o rapaz para as autoridades da época, lamentando a morte de Simone.

Na manhã seguinte, no entanto, depois de ver o lugar limpo pelas outras meninas, anunciou que uma nova moça ocuparia o lugar de Simone na casa e pediu que nada fosse comentado com ela sobre o assunto. Elas cumpriram o pedido, e Andréa, a novata, nunca soube do acontecido, mas acabou sendo influenciada pelo espírito de Simone.

Andréa havia sido desprezada pela família depois de seu casamento com Kleber, no dia seguinte à noite de núpcias. O rapaz, autoritário e arrogante, não admitiu ter se casado com uma moça que não era mais virgem e a devolveu para a família. Foi um escândalo. O desprezo de Kleber fez com que a moça fosse excluída do convívio familiar. Depois de perambular pela cidade, chegou a um município vizinho, onde encontrou no castelinho de Rose um lugar para ficar em troca de seus serviços sexuais.

No plano superior, Simone encarnara com a programação de reencontrar Igor. Sendo ela mais velha, mostraria a ele o valor do amor e do perdão. No entanto, em decorrência do livre-arbítrio, a moça, na vida seguinte, acabou por se envolver com um homem casado e perdeu a vida em um acidente. Desesperada, prendeu-se entre os encarnados para alimentar-se do que tinha de latente em sua vida anterior: o sexo. Através de Andréa, conectando-se à moça por meio de seus pensamentos, Simone reencontrou finalmente Igor e toda a energia sexual que os mantinha juntos. A moça, no entanto, conseguiu despertar ao ver Igor prestes a repetir o ato de matá-la.

Por aqueles dias, a única coisa com a qual Rose não esperava lidar era com a traição. Surpreendeu-se quando um dos fazendeiros da região comentou que fora procurado por Abel para negociar joias. A moça correu para seu quarto e percebeu a falta de algumas peças. O amor tinha dessas coisas, fazia com que as pessoas tapassem os olhos.

De início, Rose nada fez. Mas, depois de muito chorar, resolveu deixar propositalmente algumas peças sobre a cama, para surpreender mais tarde Abel roubando as joias. Depois que ele acomodou as peças nos bolsos, a moça apareceu acompanhada por dois homens altos e fortes.

— Pode me dizer o que tem nos bolsos ou meus amigos terão que vasculhar sua roupa?

Abel, que vinha se apoderando das joias para vendê-las, sem nem contar para Inês, sentiu-se sozinho, sem saber o que fazer. Então começou a tirar dos bolsos as peças enquanto ouvia Rose ordenar:

— Levem esse rapaz daqui e mantenham-no longe o bastante para que os meus olhos não o alcancem.

Abel saiu arrastado, falando:

— Meu amor, confie em mim. Por favor, confie em mim...

Rose sentou-se na beira da cama e sentiu as lágrimas brotarem de seus olhos. Percebeu que as joias não tinham valor nenhum diante do amor.

Inês estava desesperada. Não conseguia sair daquele local como queria, com dinheiro suficiente para recomeçar a vida longe dali, do castelinho e de Rose. Ao saber da traição do primo, sentiu-se sem saída. Foi quando descobriu que estava grávida e decidiu ter a criança, para a ira de Rose, pois seria menos uma moça a dar lucro na casa. Inês então foi jogada em um quarto no andar térreo, próximo à cozinha, para que não fosse vista. E foi em um dia de chuva que Inês deu finalmente à luz um menino. Rose, parada diante da porta, recebeu a criança nos braços chorando e entregou-a para um homem, com quem já havia feito um acordo. Para Inês comunicou:

— Pronto. Está livre. Daqui a duas semanas, quero você de volta ao trabalho — falou e saiu sem ouvir mais nada. Meses depois, Inês fugiu com um empregado da fazenda, que era pobre, mas oferecera à moça paz em um lugar longe do castelinho.

Rose só encontrou o amor verdadeiro, o amor que faz as pessoas verem a vida com outros olhos, quando o castelinho foi visitado pelo misterioso Alex. Era um médico que ganhava dinheiro fazendo abortos. Ele, assediado pelas meninas do castelinho, foi por Rose reservado, mas o rapaz, irônico, tomado por deboche e bom humor, desconcertou a jovem ao rejeitá-la.

O atrito e os diálogos tensos entre eles faziam com que os dois duelassem nos encontros. Um dia, quando o rapaz já estava se revelando apaixonado por Rose, cansado daquela brincadeira e satisfeito por vê-la mais humilde, domada pelo amor, descobriu que a moça estava doente. Aos seus pés, com lágrimas nos olhos, Alex pedia a ela que ficasse. Rose, então, envolveu as mãos do rapaz e sorriu dizendo:

— Ao seu lado descobri o amor no sentido mais nobre da palavra. O prazer sem consumação.

Dito isso, ela fechou os olhos, e Alex debruçou-se sobre seu corpo.

Ali se findou o encontro entre os jovens, que, anos mais tarde, em outras circunstâncias, voltaria a acontecer. Somos os mesmos. Apenas o cenário muda, e o que nos diferencia, de uma época para outra, é o grau de evolução de cada um.

Capítulo 36

Andréa, sem a presença de Simone, sentiu o corpo suar. O pânico aumentou ao sentir o toque frio da arma do namorado em seu pescoço, mas tentou se controlar e esperou Igor se distrair para finalmente reagir. Tomada por uma força que desconhecia, conseguiu empurrá-lo. Igor, por sua vez, reagiu, avançando sobre a moça com o dobro da força. Ela chutou o rapaz, o que fez com que ele se desequilibrasse e deixasse a arma cair no chão. Enquanto Igor procurava pela arma, que havia caído embaixo da cômoda, Andréa conseguiu sair do quarto, ter o cuidado de tirar a chave da porta ao fechá-la, passar a tranca e fugir.

Só teve tempo de apanhar a bolsa com os documentos e algum dinheiro. Saiu correndo pela comunidade, descendo ladeiras e escadas, passando por trechos apertados. Estava descalça e, só quando alcançou o asfalto, percebeu que a camiseta que usava estava com um pedaço rasgado. Ela improvisou um nó na ponta da camiseta, olhou para os pés e viu que um dos dedos estava sangrando. Como havia escapado da morte, nem sentia a dor. Deu sinal para o primeiro ônibus que passou e entrou.

Depois de enfrentar a dificuldade dos transportes, Andréa chegou ao bairro onde morara. Entrou em uma loja de calçados e pegou o primeiro que viu. Nunca escolhera um sapato tão rapidamente. Minutos depois, estava passando pelo portão da família de Rose. Pensou em chamar, mas viu tudo apagado, então, com dificuldades, chegou ao portão de Kleber. Sentiu um aperto, uma saudade que a fez ter vontade de chorar. Abriu a boca para chamar Kleber, mas a voz não saiu. Resolveu bater palmas e rezou para que a família do rapaz não aparecesse. Kleber surgiu pouco depois e veio caminhando lentamente pelo quintal. Era o mesmo cenário de quando conhecera a casa, o local iluminado pela lua cheia. Ele parou no portão e ficou sem saber o que dizer.

— Acho que te devo um pedido de desculpas — iniciou Andréa.

— Vai saber quem errou. Quem deve pedidos de desculpas — foi o que Kleber disse em um tom simpático, bem diferente do revoltado que em outra ocasião a teria colocado para correr.

Conversaram por mais alguns minutos. Foram minutos rápidos e intensos. Ela abriu o coração, disse o que havia passado, que havia se enganado, que estava sem chão, sem rumo. O rapaz ouviu tudo em silêncio e surpreendeu-se quando ela pediu para entrar.

— Desculpe-me, mas não posso.

— Ainda está chateado comigo. Eu entendo. O que te peço é uma chance — falava chorosa, arrependida. — A gente se gosta, ainda pode dar certo.

— Você não me deu essa chance quando me deixou.

— O que acha de passar uma borracha nisso tudo?

O rapaz abaixou a cabeça, balançando-a negativamente. Quando a levantou, havia lágrimas em seus olhos ao dizer:

— Tarde demais — fez uma pausa como se assim pudesse tomar coragem para continuar: — Já tenho outra pessoa na minha vida.

Aquela notícia foi como um golpe para Andréa. Sentiu uma dor até maior do que quando foi agredida fisicamente por Igor. A moça perdeu, então, o jeito de continuar, pois se viu diante de um Kleber mais forte e convicto, e o silêncio do rapaz a desconcertou. Restou a ela dizer adeus. Fez isso depois de roubar um abraço do moço. Foi um contato forte e, ao mesmo tempo, em clima de despedida. Depois, Andréa seguiu para a casa da família de Rose. Kleber percebeu a moça mancando, mas não fazia ideia do machucado que ela ocultava no sapato novo.

Ele, com medo de fraquejar, voltar atrás e acolher Andréa, voltou em passos largos para o interior da casa. Lá, desligou a panela com água, que estava quase seca, e sentou-se na beira da cama. Estava na verdade sozinho, não havia outra pessoa. Pegou o travesseiro e abraçou-o, desejando que aquele sentimento passasse e que encontrasse alguém digno do seu amor, o que veio acontecer meses depois, quando conheceu uma moça no trabalho, com quem se casou. Só então conseguiu superar a história que tivera com Andréa.

***

Naqueles dias, como tinha se tornado um hábito, Rose acordava cedo e, depois de enviar por e-mail seus currículos, ela os distribuía pelas ruas movimentadas dos bairros.

Exausta, depois de andar muito a pé, a moça voltou para casa. Encontrou Abel no portão da casa, com os olhos vermelhos e esbugalhados, visivelmente abatido. A moça olhou para o rosto do jovem e tentou decifrar o que estava acontecendo. Ele foi certeiro:

— Fomos assaltados.

— Como isso? Entraram em casa? Levaram nossas coisas? — questionou nervosa ao entrar na casa correndo, sendo seguida por Abel.

Lá constatou a falta da televisão, do rádio, de peças de roupas e mais alguns objetos que não conseguira notar de início. Estava desesperada com a invasão, ao mesmo tempo em que sentia medo e preocupação por ter sido lesada.

— Por onde entraram? Deixou a porta aberta, Abel?

— Não. Eles quebraram a porta de vidro. Veja — indicou o jovem para a moça, que, na ânsia de ver o que havia sido subtraído, não percebeu o estrago na porta principal.

Enquanto Abel falava sem parar, comentando como havia descoberto o assalto, Rose mantinha-se em silêncio. Ela estava tão agitada que, naquele momento, quando por fim ficou em silêncio, pôde sentir o coração apressado.

— Fui ao mercado. Coisa de vinte minutos, meia hora, sei lá, e quando voltei encontrei a porta quebrada e notei a falta da televisão — ele falava apressado e, em alguns momentos, de forma confusa, entre muitos gestos e pausas.

A moça encostou-se à porta e depois se virou para Abel, com os olhos rasos de lágrimas, dizendo:

— Como eles fizeram isso, como entraram aqui? — perguntou mais uma vez, deixando o rapaz nervoso. Ao tentar justificar-se, dessa vez de forma contraditória, Rose interrompeu-o: — Abel, quem quebrou o vidro fez isso de dentro para fora da casa. Veja os vidros. A maior parte está para o lado de fora da casa.

Abel ainda tentou desconversar, mas a moça foi tão incisiva ao tentar descobrir o que havia de errado na história do furto, que o jovem confessou ter sido o autor do ato. Ela explodiu:

— Foi para comprar drogas?

— Não faço mais.

— Você está vendendo nossas coisas para comprar drogas? Você é um egoísta. Você tem me visto sair todos os dias atrás de emprego, sabe o aperto que estamos passando e resolveu se desfazer de nossos bens, alguns deles ainda nem terminei de pagar, para trocar por drogas!

— Desculpa. Não volto mais a fazer isso. Confie em mim.

— Chega! Não quero mais — disse calmamente, chorando. — Acho que já me deu muitas provas do que é capaz, e eu, inocente, ou por acreditar demais em você, fui sendo traída. Não quero mais, não preciso disso — falou como se desse um grito de liberdade.

— Sei que errei, mas confie em mim.

— É o que mais tenho feito, confiar em você. Não vou disputar meu marido com as drogas. Você, com sua atitude, tem feito suas escolhas.

Ele tentou falar mais, pegou-a pelos braços, tentou argumentar, mas Rose se desvencilhou do rapaz e foi para o banheiro. Lá, demorou no banho, saiu com os olhos vermelhos e foi se deitar.

No dia seguinte, Abel acordou como se nada tivesse acontecido. Mas ficou paralizado ao ver Rose sentada no sofá, toda arrumada e, ao seu lado, suas malas. Ela, firme, certa da decisão tomada, depois de muito refletir durante a noite em claro, anunciou:

— Estou indo embora para a casa dos meus pais, de onde não deveria ter saído. Só estava esperando você acordar.

Rose levantou-se e saiu arrastando a mala e mais algumas bolsas com seus pertences. Abel apressou os passos e colocou-se diante da porta, impedindo a saída da moça. Ela fitou o rosto do rapaz e assim ficaram por alguns segundos, em silêncio. Abel abraçou a moça e ela retribuiu o abraço, sentindo o calor do corpo do rapaz aquecer o seu corpo. Depois, Rose desvencilhou-se de Abel e, antes de desaparecer pelo quintal, falou:

— Obrigada pelos bons momentos. São esses que levo comigo.

E assim a moça seguiu com lágrimas nos olhos, sem olhar para trás. Realmente levava com ela o que de bom vivera com Abel. Talvez, depois daquele dia, não voltassem mais a se encontrar.

***

Márcia desligou o telefone sorridente. Estava muito feliz em saber que a filha, em Curitiba, estava bem, que havia reatado o casamento e vinha superando a má fase. Fez uma prece de agradecimento por aquela notícia. A felicidade, no entanto, foi momentânea ao lembrar-se do sobrinho. Ela, calmamente, devolveu o aparelho de telefone à base e deixou o corpo afundar no sofá. Acomodou-se nas almofadas e, com os olhos perdidos no horizonte, recordou-se dos encontros que teve com Abel. Buscava na memória as palavras hostis proferidas por ele e desconhecia, em sua maioria, o significado delas.

Márcia perguntava-se por que o jovem mencionava um incêndio e falava da raiva que sentia. Estava convicta de que Abel não estava brincando, como cogitara de início. Por vezes, teve a prova de que ele sofria de obsessão, que era vítima de um espírito ressentido.

Foi pensando nisso, procurando analisar os fatos, que Márcia adormeceu no sofá, entre almofadas. Logo o seu espírito se desprendeu do corpo e foi encontrar seus semelhantes. Em poucos segundos, viu-se em um lugar tranquilo, sereno, onde as cores pareciam saltar do arco-íris. Um senhor aproximou-se sorridente, vestido elegantemente.

— Papai? — perguntou Márcia confusa, ainda sem entender onde estava.

— O velho Abel. Que bom ter a oportunidade desse reencontro.

As mãos uniram-se, e uma luz intensa surgiu entre os dois, como se o sol aparecesse entre as nuvens. Ele conduziu Márcia para um dos bancos que ficavam à margem de um lago amplo de tom azul-claro. Conversaram sobre diversos assuntos, e Márcia mais ouvia. Durante a conversa, a mulher pedia, em pensamento, para ter lembranças daquele diálogo com o pai quando acordasse, pois sabia que estava sonhando.

— O pobre Inácio... — foi o que falou rindo, depois que a filha questionou o comportamento do sobrinho. — Somos constantemente assistidos por espíritos. Atraímos os semelhantes pelo pensamento, comportamento e pelo resultado do nosso livre-arbítrio. Abel, meu neto, tem atraído espíritos de baixa energia, pela forma como tem vivido.

— É um espírito viciado em drogas?

— Não, é um velho conhecido seu, que tem se aproveitado do menino para lhe dizer o que sentiu um dia, em outra vida.

— É um inimigo? — perguntou assustada.

— Sim. Inácio e você foram casados. Você era uma esposa neurótica, que perturbou tanto o marido a ponto de fazê-lo morrer em um incêndio. Você o obrigou a socorrer um vizinho, e lá ele acabou morrendo. Ele não conseguiu encontrá-la nessa encarnação, porque seguiu um caminho diferente do programado e morreu em um acidente. Mas, ao desencarnar, se lembrou da vida que teve quando morreu no incêndio e a revolta que nutria por você veio à tona.

— Pai, não posso acreditar nisso. Ele não consegue me perdoar! — fez uma pausa e constatou: — Mas, pelo que entendi, não tive culpa por ele ter morrido no incêndio.

— Viver aquela união foi uma escolha dele. Se tivesse procurado ser feliz longe de você, já que não era feliz ao seu lado, teria a chance de ter domínio sobre a vida, mas preferiu ser comandado por você. Não se culpe. Ele se omitiu, acomodou-se ao entregar a vida em suas mãos. Tudo poderia ser diferente, mas dependia dele para isso acontecer.

O velho Abel parou de falar e, junto a Márcia, pôde ouvir alguém chorando. Era Inácio, que se encontrava sentado próximo a eles. O senhor, sorrindo, aproximou-se do homem e estendeu-lhe a mão. Na sequência, colocou Inácio de pé.

— Tenha força, meu jovem. Você tem desperdiçado muito tempo e energia remoendo o passado...

Emocionado, Inácio abraçou o velho Abel e depois repetiu o gesto ao abraçar Márcia.

— A bênção da reencarnação é justamente esquecer o passado. Liberte-se do que passou. O que vale é o presente. É nele que você poderá, com suas atitudes, realizar conquistas, ser feliz e alcançar a paz.

Nesse momento, o telefone de Márcia tocou, e o seu corpo despertou, trazendo-a de volta ao presente. Sentou-se no sofá ainda sentindo o calor daquele abraço e depois atendeu ao telefone. Ainda sonolenta, cumprimentou a irmã, mas ouviu algo que a fez tirar do rosto o sorriso do início da ligação.

— O Abel? Calma, minha irmã, estou indo para aí.

Capítulo 37

Arlete, mesmo com seu jeito seco, conseguiu consolar Rose. Preparou um chá e levou para a moça no quarto. Tratou de abrir a janela e depois puxou a cortina para amenizar a claridade que vinha de fora.

— Tome isso, Rosely. Você vai se sentir melhor — sentou-se na beira da cama ao lado de Rose e ficou em silêncio, vendo o sofrimento da filha. Pela primeira vez, sentiu um pesar ao vê-la daquela forma. Se pudesse, pegaria com a mão aquela dor para si. — Minha filha, o amor tem dessas reviravoltas. Ainda voltam...

— Sem volta — disse Rose firme e convincente, a ponto de Arlete não duvidar da decisão da filha.

Em silêncio, a mãe pôde ouvir a moça contar alguns detalhes sobre o seu relacionamento com Abel, ressaltando o motivo que a fizera tomar aquela decisão. Depois de ouvir tudo, Arlete disse algumas palavras de conforto, falou de suas dores e amores, fez a filha rir enquanto comentava os assuntos da vizinhança, o que incluía Andréa, que estava hospedada em sua casa. Depois, abraçou a filha e permaneceu ao seu lado até que ela adormecesse.

— O carro dos ovos chegou! Ovos fresquinhos, direto da granja...

Arlete fez uma careta ao ouvir a voz do marido e foi até a janela, tratando de fechá-la. Com isso, a voz de Heleno ficou distante, abafada. Antes de sair do quarto, a mulher cobriu a filha e a beijou no rosto.

Já no fim da tarde, foi a vez de Cleide se aproximar da moça. Estava animada, porque o dia de Anselmo sair da cadeia estava chegando. Sabia, pelo distanciamento do irmão, que sua decisão de viver com o ex-presidiário resultaria em briga. Heleno era contra o relacionamento e distanciava-se da irmã por conta disso. Ainda assim, Cleide estava feliz, e isso era o bastante.

Mas Arlete contou à cunhada o que havia acontecido com Rose, deixando-a triste. Ao ver a sobrinha chorando, sua tristeza aumentou ainda mais. Logo tratou de acomodar Rose em seu colo e conversar sobre tudo que pudesse fazê-la se sentir bem.

— Já soube da Andréa?

— Sim, minha mãe comentou.

— Chegou aqui aos prantos. Parece que você teve a mesma sorte dela. Acabou de se separar. O rapaz, com quem ela estava vivendo, aparentemente a agrediu. Ela saiu de lá com a roupa do corpo, descalça, e veio parar aqui, chorando. Na verdade, chorou por tudo. Pelo relacionamento que não deu certo, por Kleber, que pôs um fim à história deles e disse que não há mais chance de volta... Cá pra nós, ele fez bem. Lembra-se do estado em que ela deixou esse menino?

— Ela não ficou com medo do empresário? Ela adorava chamar o rapaz assim.

— Nada! Se bem que fui com ela à delegacia. Andréa fez um Boletim de Ocorrência. Agora mesmo, seu pai foi buscá-la no ponto, com mais medo que a moça de algo acontecer.

As duas acabaram rindo e, minutos depois, Andréa chegou.

— Amiga, não fique triste. Vai passar, flor — abraçou Rose. — Homem nenhum merece nossas lágrimas.

Cleide teve vontade de rir, mas se conteve diante do drama de Andréa.

— Já sei! Vamos sair — viu Rose balançar a cabeça negativamente, com os olhos fechados, mas não desistiu. — Sim, vamos a um aniversário infantil. É a festinha do filho de uma amiga da galeria! Ela é nova lá, trabalha na loja de sapatos e mora aqui perto. Vai gostar dela. Comentei com o Silas, que está todo empolgado. Já até comprei o presente!

— Vão vocês, não estou com cabeça.

— O melhor que tem a fazer é sair, ver gente, rir um pouco...

Cleide ficou olhando para Andréa, que tentava convencer Rose a sair. Viu a sobrinha sorrindo e disse, toda animada, sacudindo o corpo como se estivesse dançando, o que fez a moça rir alto:

— Assim que eu gosto! Sorrindo, você fica linda! Vá tomar um banho para afastar as energias ruins, que vou separar uma roupa para você. Tem que ir com a Andréa e o Silas. Está resolvido.

As duas praticamente levantaram Rose da cama. Quando a moça saiu do banho, com a toalha enrolada e presa na altura dos seios e com os cabelos molhados, já parecia recuperada, outra mulher. Vestiu-se com a apreciação de Cleide e Andréa, que a enfeitava com assessórios e maquiagem, e por fim passou nela um perfume leve. Ficou linda.

Na festa, realizada em um salão tomado por crianças, Andréa logo se envolveu com suas amigas e foi beliscar os salgados dispostos sobre a mesa bem decorada com tema de super-herói. Enquanto isso, Silas corria pelo salão com o aniversariante.

Rose cumprimentou as pessoas que conhecia e mostrou-se simpática ao falar com a mãe do aniversariante. Depois, quando viu Andréa ocupada, começou a caminhar pela festa e foi em direção à piscina de bolinhas. Lá, ela ficou apreciando as crianças brincarem, saltando com toda a energia que a idade lhes permitia. Havia um rapaz entre os pequenos, que estava de costas e cuja camiseta trazia escrita a palavra "Monitor". As crianças pareciam cativadas pelo jovem, e Rose também se sentiu atraída pelo seu magnetismo, tanto que começou a se aproximar lentamente do rapaz, sorrindo diante da alegria contagiante da criançada, que saltava sobre o jovem monitor.

Quando estava bem mais perto do rapaz, Rose abaixou-se para apanhar uma bolinha que havia escapado da rede de proteção e, quando levantou os olhos, viu à sua frente uma mão estendida. Daí por diante, foi como se estivesse em câmera lenta. Seus olhos notaram as mãos do jovem, depois subiram pelos braços do rapaz, pela camiseta justa, que destacava o abdome e o tórax bem modelados, viram no pescoço uma corrente fina com uma medalha, e, mais adiante, um sorriso que não conseguiu deixar de retribuir. Por fim, o rosto revelava-se, ainda mais bonito do que a última vez em que o vira.

— Como vai, Rose?
— Alex?!

***

Márcia deixou o carro no estacionamento do hospital, mas, só depois de alguns passos, percebeu que o veículo estava mal estacionado. No entanto, a mulher estava tão preocupada e ansiosa, que deixou o automóvel daquela forma e apressou o passo. O estacionamento ficava no alto do terreno. Depois de descer alguns lances de uma escada malfeita, estreita e corroída pelo tempo, Márcia conseguiu chegar à recepção. Parou diante da porta, viu muitas pessoas sentadas, e demorou alguns segundos para localizar Inês. Só conseguiu, por fim, enxergar a irmã porque ela acenava em sua direção.

Inês estava sentada, chorando, visivelmente abatida. Quando Márcia chegou perto, a mulher levantou-se e deu um abraço forte na irmã. Márcia, vendo o estado de Inês, decidiu tirá-la dali e levá-la para a lanchonete localizada fora do hospital.

— Eu fiquei preocupada porque Abel não atendia minhas ligações, então fui até a casa dele — começou a chorar e, depois de respirar fundo, recomeçou: — Eu o encontrei caído no chão, em um estado horrível, desacordado, tinha... — sentia dificuldade em admitir, mas acabou falando: — Tinha droga em volta dele. Consegui fazer com que Abel abrisse os olhos, mas ele estava meio sonolento. Eu pedi ajuda e depois liguei pra você. Então trouxeram meu filho para cá.

— E a Rose? Falou com ela?
— Não fale dessa moça! Ela deixou meu filho, por isso ele está assim. Se acontecer alguma coisa a Abel, ela será a culpada. Nunca vou perdoá-la por isso.
— Não pode culpá-la pelas escolhas de Abel. Se ele fez o que fez, se está onde está, é porque fez mau uso do seu livre-arbítrio. Ninguém pode ser culpado pelas escolhas que fazemos. Somos responsáveis pelos nossos atos, e culpar alguém por isso é covardia, já que não admitimos as consequências dessas escolhas.

— É verdade. Já conversamos sobre isso. Estou tão nervosa que melhor seria não ver essa moça na minha frente. Por favor, não a avise.

Márcia abraçou a irmã e acariciou seu braço.

— E a mamãe?

— Contei-lhe por cima quando estava a caminho do hospital. Nem sei se fiz bem em ter contado... Ela me ligou, depois que cheguei ao hospital, para saber como estão as coisas. Mamãe é tão forte, você saiu a ela. Como gostaria de ter a força de vocês — parou de falar, olhou para o horizonte, como se estivesse refletindo sobre os últimos acontecimentos, e depois, olhando para a irmã, perguntou: — Em que ponto eu o perdi? Em que eu errei, minha irmã?

— Você não tem culpa. Pare já com isso!

— Se tivesse percebido a tempo, não permitiria que meu filho se perdesse nas drogas.

— Você não percebeu a mudança de comportamento dele?

— Sim, mas achei que fosse da idade.

— Os olhos vermelhos! Lembro muito bem de você ter comentado sobre isso. Deveria ter visto as roupas dele, o cheiro é nítido nos usuários de maconha, assim como a fome exagerada, a sonolência, o que depende de cada organismo. Ele fazia uso dessa droga também. Minha irmã, pelo que sei, esses seriam alguns sinais.

— Eu fechei os olhos quando notei que os mantimentos estavam desaparecendo da despensa. Acho que já sabia o que estava acontecendo, mas preferi acusar a mamãe. Lembro-me de um dia em que ele chegou em casa elétrico, com os olhos diferentes, agitados, pareciam procurar por algo, gesticulava muito, a noite ficou acordado, perambulando pela casa. Mexia no nariz que parecia que ia tirá-lo do lugar. Mamãe chegou a recomendar um médico, pois achava que ele estava com a rinite atacada. Naquela época ele transpirava muito, principalmente nas axilas, reparei isso nele. Tinha uma irritação, um nervoso por qualquer coisa que falássemos em casa. Isso aconteceu poucas vezes, antes dos olhos vermelhos.

— Minha irmã, ele usou cocaína também, isso tudo que falou são características do uso dessa droga. Por certo, sem dinheiro, começou a recorrer ao uso excessivo da maconha até ter dinheiro e oportunidade de voltar a usar a cocaína.

Estavam conversando, quando Márcia pagou o café e entregou-o para a irmã. Depois, entraram novamente no hospital. Márcia encostou-se ao balcão e, após muita espera, teve a sorte de ser atendida por uma moça serena e prestativa, que explicou que Abel estava em observação no corredor e que o médico de plantão logo apareceria. E foi o que aconteceu logo em seguida. O médico era alto, tinha o rosto fechado e dificuldade de encarar os pacientes e seus familiares.

— São parentes de Abel?

— Sim, somos — antecipou-se Inês, aflita diante da morosidade do médico.

— O estado do rapaz é delicado.

Inês apertou o braço da irmã com força, como se, com aquele gesto, fosse possível anular o medo que sentia de ouvir as próximas palavras a serem ditas pelo médico.

***

Alex chegou em casa radiante. Desceu do carro cantarolando e, antes de entrar na residência, apreciou o terreno iluminado e pontuado pelos mais variados tipos de plantas e flores, principalmente rosas. Encostou o rosto em uma das flores e sentiu o perfume que a planta exalava. Estava tão feliz que abriu os braços, jogou a cabeça para trás e sorriu ao ver o céu coberto de estrelas.

Entrou em casa a passos leves para não incomodar Aracy, mas a senhora estava sentada no sofá, lendo sob a luz suave do abajur. Ao vê-lo todo animado, levantou-se e beijou o neto. Ele, falante, acendeu a luz, deixando à mostra a sala toda decorada. O espaço, antes fosco, com móveis escuros e em desuso, agora era um ambiente claro e moderno, decorado com bom gosto.

Aracy estava satisfeita por ver o neto contente, relatando o seu encontro com Rose. O tempo, aos poucos, amenizava a falta de Lauro. Ela sentia muito a perda do filho, mas vinha buscando equilíbrio em suas leituras, nas orações, palestras, nos cuidados com a casa, que era algo a que não se dedicava havia algum tempo. Tinha vontade de chorar quando a saudade apertava o peito, mas desabafava em seu quarto, longe do neto, para não lhe causar preocupações. Aracy considerava Alex um anjo que Deus colocara em sua vida. Por isso, comemorava com ele aquele encontro com Rose.

— Sempre achei que você havia se apaixonado por essa moça, desde a primeira vez em que a viu. Nos seus olhos, vi a contradição ao falar que ela era uma péssima mãe, enquanto o que queria, na verdade, era dizer que ela era bonita e a queria para você.

Alex riu e abraçou a avó. Sua vida, após o falecimento de Lauro, havia mudado. Diante dos pedidos insistentes de Aracy, Alex deixou o trabalho e, pela primeira vez, inteirou-se dos negócios da família. Descobriu que, além das lojas, havia ainda imóveis pela cidade, e tudo fora passado para o seu nome em vida. Aracy sentiu-se melhor assim, mesmo contrariando o jovem, que se recusava a receber a herança da família. De resto, sua rotina continuou a mesma. O rapaz deu continuidade ao trabalho voluntário, mas achou que ainda podia fazer mais. Pensou que poderia também ajudar outras pessoas. Montou, então, uma empresa de eventos com brinquedos infantis voltados para festas e parques. Mas Alex não queria apenas ter um negócio, que já ia muito bem, queria colocar a mão na massa, e foi assim, brincando com as crianças, que o rapaz reencontrou Rose.

Horas antes, na festa, quando encontrou a moça, confirmou o quanto o sorriso dela era cativante, e sentiu, ao tocar a mão de Rose, como sua pele era macia. Conversaram durante boa parte da festa. Ele teve vontade de sentir seus lábios novamente, mas se conteve por estar em seu ambiente de trabalho. O clima era envolvente e, entre risos e a descoberta de pontos em comum, Alex finalmente convidou a jovem para sair. Ela ficou séria ao responder:

— Acabei de sair de um relacionamento. Acho que preciso passar um tempo sozinha. Sei que poderíamos sair como amigos, mas sabe que isso não aconteceria com a gente — ela fitou os olhos dele e sentiu algo diferente.

Alex não insistiu, mas entregou seu telefone para ela. Já no final da festa, enquanto o rapaz desmontava a piscina de bolinhas, Rose aproximou-se e entregou um papel a Alex com o seu telefone. Ele agradeceu, e Rose beijou o rapaz no rosto. Ele, por sua vez, não resistiu e a abraçou. Ficaram por alguns segundos unidos, em silêncio.

Agora, Alex estava em seu quarto, com os olhos perdidos nas paredes do cômodo, repassando na mente aquele reencontro enquanto ouvia música. Sentia-se como um adolescente romântico e gostou daquela sensação.

Rose, em sua casa, também se sentia assim. Estava, àquela mesma hora, debruçada na janela, vendo Silas brincar, mas com o pensamento em Alex, naquele encontro. Tudo havia sido perfeito: a conversa, o sorriso, o brilho nos olhos de ambos. A moça, então, contou em detalhes aquele encontro para Cleide, que bateu palmas, vibrando.

— E veja que coincidência, se é esse mesmo o nome que posso dar ao que aconteceu... Quando nos encontramos, no dia em que nos beijamos, eu estava brigada com o Abel.

— Você ainda gosta do Abel? Pensa em voltar?

— Não — respondeu rapidamente. — A nossa história já tinha acabado, eu que insisti em levar adiante. Achei que, indo morar com ele, estaria passando a limpo tudo o que havia passado com ele. No entanto, suportei mentiras, o fato de que ele usava drogas. Depois, ele foi preso e simulou um assalto por conta da droga. Onde isso iria parar?

— E deixou de amá-lo por conta disso? Quando amamos, relevamos muita coisa.

— Se eu relevasse mais uma do Abel, deixaria de lado o meu amor-próprio. Muitas pessoas se relacionam com parceiros muito diferentes, com os quais não possuem nenhum grau de identificação, apenas para não ficarem sozinhas, para terem alguém do lado. Isso só traz sofrimento, e eu não quero isso para minha vida — abriu um sorriso, já refeita. O encontro com Alex fez com que a moça sentisse novamente vontade de viver. — Agora me conte de você, tia. É uma ótima ouvinte, mas preciso saber como está.

Cleide desmanchou-se em risos e contou sobre o seu romance com Anselmo, que ele estava prestes a sair da cadeia e que iria assumir o relacionamento com o rapaz. Já havia feito planos de morar com ele, mesmo contra a vontade do irmão.

— Heleno tem sido severo comigo. Não aceita o meu amor.

— A vida é sua, tia. Meu pai chegou a falar que a casa estava de portas abertas para mim, quando descobriu que Abel foi preso. Ele queria que eu o deixasse — parou de falar, contendo as lágrimas que insistiam em cair, e prosseguiu: — Ninguém, além de você, sabe qual é o melhor caminho a seguir, desde que essa escolha não a magoe. Mas me conte uma coisa... Como ele foi parar na cadeia?

— Foi um assalto — falou triste. — O local onde ele trabalhava foi assaltado por alguns amigos dele, mas ele não conseguiu se livrar das evidências e acabou preso. A família depois o rejeitou.

— Os pais?

— A esposa e os filhos. Ele é casado.

Rose ficou perplexa com a novidade, mas conseguiu disfarçar. Viu que a tia só queria ser feliz, viver uma experiência que ainda não havia conseguido viver ao lado da família, na casa do irmão. Então Rose resolveu apoiar Cleide, ainda que pensasse como Heleno e não concordasse com a união da tia com Anselmo.

— Tia, antes de ir morar com ele, procure conhecê-lo fora da cadeia. Veja como se comporta, como vai lidar com a família, mesmo que a mulher e os filhos estejam distantes.

Cleide, emocionada, abraçou a sobrinha e prometeu ouvir o conselho. Depois, saiu do quarto com o propósito de fazer um bolo. Rose, que procurava um emprego, sentou-se diante do computador e pensou em Abel. Teve vontade de ligar para saber como o rapaz estava e chegou a pegar o celular para olhar o número e o nome de Abel na agenda, mas deixou o aparelho de lado. Acessou o computador e, ao checar seus e-mails, por hábito, como vinha fazendo desde que conhecera o rapaz, acabou entrando na caixa de e-mails de Abel. A saudade aumentou. Sentiu os olhos pesados ao lembrar-se dele, mas viu algo que fez todo esse sentimento passar. Noutou um e-mail de Andréa na caixa de Abel. Ela, curiosa, sem entender o que a amiga estava fazendo, abriu o e-mail. Enquanto carregava, pensava que Andréa pudesse estar intercedendo pela volta do casal. Isso a fez rir, sensibilizada com a possível preocupação da amiga. No entanto, quando leu o conteúdo do e-mail, ficou enfurecida e envergonhada ao abrir o anexo. Nas linhas escritas por Andréa, a moça oferecia-se a Abel, detalhando momentos íntimos, e as fotos anexas eram da moça nua da cintura para cima. Rose fechou rapidamente o e-mail, chorando. Estava tão irritada que, se Andréa estivesse ali, não responderia por seus atos. Mas logo a moça chegou a casa de Rose, reclamando do calor, contando as novidades da galeria, fazendo comentários sobre as clientes da loja, mas Rose a recebeu séria.

— Amiga, aquela cliente do Sul voltou hoje à loja toda produzida. Deve estar faturando alto com a revenda dos produtos. Flor, eu nem te conto...

— Eu acessei o e-mail do Abel — cortou Rose direta e seca e assim ficou diante do rosto desconcertado de Andréa.

Capítulo 38

— Já estou indo. Evinha, está ouvindo? Estou indo.
— Pensei que já estivesse longe, Enfeite. A essa hora em casa! — falou a mulher do topo da escada, sem se voltar para trás, para o local de onde o marido falava. Ela estava mais preocupada com a vida da vizinha, em se inteirar dos últimos acontecimentos. Gritava pelo nome de Inês e Mafalda, mas ninguém respondia. Ajustou a alça da camiseta e assim continuou, debruçada no muro, com os olhos esticados para o quintal da vizinha.

— Achei que gostaria de conversar. Estou...
— Enfeite, o que é agora? Não vê que estou ocupada — disse, virando o rosto para trás, quando pôde ver o marido bem-arrumado com uma mala posicionada ao seu lado. — Vai viajar a trabalho? — debochou rindo.
— Estou desempregado.
— Desempregado? Não entendi... Enlouqueceu? E vai viajar assim, de uma hora para outra?
— Não vou viajar. Estou indo embora de casa. Nosso casamento acabou.
— Como assim? — perguntou, sentindo o rosto queimar e as pernas tremerem.
— Nosso casamento acabou faz tempo, e você sabe disso. Só estou oficializando — ele pegou a mala e começou a andar. Depois, parou e virou-se para Evinha, dizendo: — Sabe que essa casa é da minha irmã.

— Não, é sua, da herança.

— Negociei com ela, pois precisava de dinheiro para quitar as dívidas, lembra-se? Ela, bondosa, nos deixou ficar aqui, mas já liguei para ela dizendo que estou indo embora. Ela disse, então, que vai pedir a casa de volta.

— A casa? Ela vai tirar a gente daqui? Meu filho, o que será do nosso filho?

— Ela falou que deixaria a casa para ele, mas, graças a Deus, o menino saiu a mim. Ele vai morar comigo.

Evinha fez uma pausa e começou a descer lentamente da escada apoiada ao muro. No último degrau, percebeu a vista escurecer, a boca ficar seca, e sentiu um zumbido no ouvido, o que a impedia de se concentrar e compreender o que o marido falava. Ele explicava justamente que a mulher teria o prazo de três meses para desocupar o imóvel. Ela, então, gritou e começou a chorar.

— Não! Não vamos nos separar!

— Já estamos separados.

— Eu não dou o divórcio, não assino os papéis.

— O litigioso é para isso — falou lentamente, sem dar importância à cena que Evinha fazia. Ele a ignorou da mesma forma como ela vinha agindo nos últimos anos.

***

— Amiga, isso pode ser um vírus — foi o que Andréa disse a Rose depois de tentar negar o envolvimento com Abel e de ser colocada diante do e-mail aberto, que continha as fotos e a mensagem enviada ao rapaz por Andréa.

— Você dizia ser minha amiga...

— Rose, você não estava com ele na época... — disse por fim, admitindo sua relação com Abel.

— Não minta! Pelas datas dos e-mails, fica claro que vocês tiveram um caso enquanto eu morava com ele — concluiu Rose, tentando manter a calma. E, mesmo diante dos pedidos de desculpas de Andréa, Rose foi categórica: — Arrume suas coisas e vá embora agora.

— Vai contar para sua família?

— Não, não vou contar. Não desejo que eles sintam o que estou sentindo agora. O amargo da traição. Que decepção, Andréa!

Uma hora depois, Andréa apareceu na sala de malas prontas, despedindo-se de todos da casa, que, surpresos, trataram de questioná-la.

— Desculpe-me sair assim! Queria ter avisado antes, mas o clima seria ainda mais triste. Vou morar com uma amiga, já alugamos um lugar... — mentiu Andréa, quase chorando ao pensar no que fazer da vida.

— Pena que a Rose não está — comentou Cleide, que era a única a saber da traição de Andréa, por ter testemunhado a fúria da sobrinha. — Acho que iria gostar de te dar um abraço.

Andréa pensou em perguntar por Rose, mas preferiu não arriscar, pois temia ouvir a resposta. Assim, saiu da casa da amiga, mais uma vez sem rumo. Acomodou-se em uma pensão, onde uma viúva alugava quartos para moças. Andréa ocupou um deles, pensando no que fazer da vida. Caso perdesse o emprego, recorreria ao colo da mãe, no interior, mas com a pensão, os planos mudavam.

Nos primeiros dias, chateada, ia do trabalho para casa e vice-versa. Algumas vezes, tinha a sensação de que estava sendo seguida, mas preferiu achar que era coisa de sua cabeça por conta do seu envolvimento com Igor. Tinha tanto pavor de reencontrá-lo, que levava com ela o Boletim de Ocorrência, como se fosse um escudo para sua defesa. O tempo foi passando, e um dia a moça animou-se a sair. Foi para um barzinho próximo à pensão. No lugar escolhido, a alegria, a música e o clima leve deixaram a moça animada, ainda que estivesse sozinha. Andréa sentou-se em um dos banquinhos e ali ficou apreciando a música, pensando em sua vida, até ser interrompida por um homem bem-vestido e sorridente. A moça viu nele algo tão cativante, que se deixou ficar ali, conversando por um bom tempo com aquele homem, até que ele perguntou o seu nome. Ela rapidamente falou:

— Andréa — ao pronunciar o seu nome, percebeu-se emocionada, rindo. Foi a primeira vez, depois de Kleber, que não mentiu seu nome para um homem. — E o seu?

— Paulo Henrique — respondeu à pergunta da moça e começou a rir.

— Por que está rindo? — perguntou cismada, em um tom sério.

— Porque minha ex-mulher me chamava de Enfeite. Sempre achei o apelido terrível, mas agora, livre dela, noto que era engraçado. Me sinto tão feliz, há muito não me sentia assim.

Os dois riram. E foi nesse clima descontraído que Igor encontrou Andréa. Falou explosivo:

— Então esse é o seu amante? Há quanto tempo está com ele? Dormindo na minha casa, comendo da minha comida e me traindo?

— Calma, Igor. De onde tirou isso?

— Vai negar agora? Eu vi como você estava estranha comigo, distante.

— Coisa da sua cabeça — Andréa desvencilhou-se, pegando na mão de Paulo Henrique e saindo, pois se sentia envergonhada diante das pessoas que presenciavam a discussão no bar.

— Simone, olhe pra mim — pediu Igor calmamente, enquanto via o casal se distanciar.

Quando Andréa se voltou para trás, atendendo ao chamado de Igor, entrou em pânico ao notar que o rapaz estava armado. Foi então que começou a pedir calma e a chorar, sentindo as pernas tremerem. Estava com muito medo e, de repente, viu Igor puxar o gatilho.

Tudo aconteceu rapidamente. As pessoas começaram a gritar, a música cessou, o ambiente tornou-se ainda menor por conta da aglomeração das pessoas, que, assustadas, procuravam a saída.

Ao ver o rapaz puxar o gatilho, Paulo Henrique colocou-se à frente da moça e levou no peito o tiro destinado à jovem. E foi ali mesmo, no colo de Andréa, diante de várias pessoas, que Paulo Henrique encontrou o caminho da luz, para desespero da moça, que pensou, nos últimos minutos, ter encontrado o homem da sua vida.

As luzes apagaram-se.

***

Ainda por aqueles dias, Rose, depois de muito refletir sobre os últimos acontecimentos, resolveu riscar Andréa e Abel de sua vida. Apagou os telefones dos dois de sua agenda e colocou tudo que a fazia se lembrar dos dois em sacolas. Depois, entregou-as a Cleide para que doasse tudo. Feito isso, a moça sentiu-se livre, e, no decorrer dos dias, sentiu falta de Alex e resolveu ligar para o rapaz.

— Tenho uma reunião agora e não sei a que horas ela acabará — fez uma pausa, mas, por tratar-se de Rose, pensava em largar tudo para tê-la ao seu lado. — Se importa de ir comigo? Depois podemos ir ao cinema, fazer um lanche. O que acha?

Alex buscou Rose no local combinado. A moça, ao vê-lo, sentiu um sorriso nascer em seu rosto espontaneamente. O rapaz levou-a para o escritório e, no caminho, explicou que acreditava que a reunião seria rápida, pois o administrador das lojas havia pedido para fazer apenas uma apresentação.

— Não sabia que você conhecia Rose — comentou o administrador das lojas, surpreso e constrangido por tê-la demitido quando a moça trabalhava para uma das lojas da família Senhorine.

— É minha namorada — apresentou-a Alex, sorrindo. Ele pôde ver o sorriso de Rose enquanto concordava com a afirmação do rapaz, ainda que tivesse o rosto corado pela exposição.

— Veja isso — pediu, mostrando um DVD que tinha nas mãos. — Rose, peço desculpas por sua demissão. Eu acreditei na história que me contaram — foi então que o administrador contou a Rose e a Alex como havia descoberto o suposto autor dos furtos que vinham acontecendo na loja. — Andréa disse que você estava casada com um usuário de drogas, que ele estava desempregado e que por isso você pegava dinheiro do caixa.

Rose riu incrédula. Estava agora ainda mais surpresa com a revelação.

O administrador prosseguiu:

— Agora, com essas imagens, vejo que cometi um erro gigantesco. Alex, eu coloquei câmeras na loja um dia antes de demitir Rose. Demorei um pouco para conseguir acessar as imagens por conta de um problema. Um amigo, no entanto, descobriu que problema era esse. Agora, vejam vocês as imagens que consegui — falou, enquanto exibia uma das filmagens em que Igor aparecia pegando dinheiro do caixa e Andréa, sem aparentar surpresa ou medo, parecia cúmplice do rapaz, o que de fato era.

Houve um silêncio, e o administrador olhou para Alex, ansioso para saber o que fazer. Já Alex olhava para Rose, que parecia não acreditar no que via. Pela cabeça da jovem passavam várias cenas. Ela pensava na coincidência de Igor ser o empresário, ser namorado de Andréa, amigo de Abel e, por fim, ser o mesmo que havia roubado seus tênis. Em meio ao silêncio, Alex perguntou a Rose o que achava de demitir Andréa e entregar a moça para a polícia. A jovem, calmamente, apenas respondeu:

— Deixe ela no emprego. Ela precisa. A família é do interior, ela paga aluguel...

— Generosa — concluiu Alex, enquanto estudava o rosto da moça, agora ainda mais apaixonado. — Pelo que ela fez a você, achei que quisesse justiça.

— A minha moeda de troco é o amor.

— As imagens serão entregues à polícia — anunciou o administrador. — Isso não pode ficar assim. Tenho certeza de que esse crime será somado a outros, que ele já deve ter cometido, e a justiça será feita.

Ele estava certo.

Alex ouviu Rose e resolveu não demitir Andréa, assim como também não entregou as imagens à policia, o que resultaria num processo criminal contra Andréa. Duas semanas depois, no entanto, o casal foi à loja. Andréa, ao vê-la, ficou surpresa, principalmente ao descobrir que Rose namorava o dono da loja. A vendedora não sabia o que fazer. Estava sendo sincera, pois gostava muito de Rose. Sentiu muito pela falta daquela amizade quando se viu sozinha, depois de ter visto Paulo Henrique morrer em seus braços. Entregou o futuro daquela amizade nas mãos de Deus, pois de nada adiantaria tentar recuperar o contato com Rose, já que ela, ainda que simpática e saudosa ao rever a loja, deixou nítido o distanciamento em relação a Andréa.

Abraçado a Rose, Alex logo tratou de se anunciar como o dono da loja. Andréa bateu palmas, feliz, tanto que se adiantou:

— Flor, vamos trabalhar juntas novamente. Nem acredito, amiga!

Rose nada disse. Minutos depois, a loja foi alegrada pela presença de uma moça jovem, de cintura fina e cabelos longos, bem expansiva, com talento para as vendas. Alex fez as apresentações, e Andréa ficou boquiaberta com a colega de trabalho, já que pensava que teria Rose de volta.

Ao ser apresentada a Rosana, Andréa ouviu da novata:

— Florzinha, gostei de você! Bateu um negócio. Vamos nos dar bem.

Logo após as apresentações, Alex e Rose despediram-se e desejaram sorte à moça nova e votos para que fizesse muitas vendas. Andréa e a novata ficaram encostadas à porta, apreciando o casal distanciar-se. Os jovens pareciam tão felizes, o que fez a nova vendedora suspirar e Andréa:

— Viu que sou amiga da dona, né? Então cuidado! — advertiu Andréa, deixando a outra assustada.

— Credo, florzinha!

— Vamos trabalhar. Tem muita coisa para fazer! Nada de chegar atrasada, hein? — Andréa lembrou-se de Igor, e isso rendeu uma combinação de arrepio e medo.

Andréa ainda veria Igor mais uma vez, através de um vidro grosso, para identificá-lo como o autor do disparo que interrompeu a vida de Paulo Henrique. Preso, Igor morreu em meio a uma rebelião, duas semanas antes do seu julgamento.

Alex e Rose seguiram de mãos dadas pela galeria, sentido à rua. A moça sorriu ao olhar para o rapaz, que retribuiu piscando o olho. Pela primeira vez, Rose experimentava a sensação de ser amada. Estava muito envolvida com o rapaz, tanto que não queria se desvencilhar dos abraços e beijos de Alex. Sempre queria mais. Já perto do estacionamento onde havia deixado o carro, próximo à estação de metrô da República, o rapaz parou e olhou seriamente para a moça, procurando seus olhos. Depois, diante do sorriso que recebeu de Rose, ele perguntou:

— Quer viajar comigo?

— Viajar...

— Depois que a gente se casar.

— Rápido assim? — divertiu-se Rose, pois o bom humor de Alex a fascinava. — Apressadinho você, hein?

— Tenho a sensação de que já perdemos muito tempo. É como se já tivesse perdido você, então quero aproveitar todo o tempo que puder ao seu lado. Vou levá-la para conhecer uma pessoa muito especial.

E assim Alex levou Rose para conhecer Aracy, que a recebeu sorridente. A senhora e a jovem conversaram por horas no jardim como se fossem velhas conhecidas. Quando se viu só com o neto, Aracy questionou:

— O que está esperando? Eu quero conhecer meus bisnetos! — cobrou rindo.

Quando Rose anunciou que iria embora, Alex ofereceu-se para levá-la para casa. E, antes que a moça pudesse descer do carro, ele voltou ao assunto. Dessa vez, além do rosto apaixonado, entre um beijo e outro, Alex perguntou firme, com os olhos ainda mais brilhantes:

— Então, quer se casar comigo?

Nessa hora, o celular da moça tocou. No visor, reconheceu o número de Abel.

Capítulo 39

Após a morte de Paulo Henrique, Andréa teve um choque capaz de despertar alguns valores. Havia, de fato, se afeiçoado àquele homem, apesar do curto tempo, pois foi questão de sintonia. Depois de recapitular toda sua trajetória, o desprezo de Kleber, o retorno que teve ao ter traído Rose, enfim, tudo, se deparou só e decidida a alterar o rumo de sua vida. Solitária, desanimada para sair, se debruçou nos livros, alguns espíritas e de desenvolvimento pessoal, presenteados por Cleide, e tirou deles alguns ensinamentos. Um deles foi o de ter domínio sobre os próprios pensamentos. Era dona da sua vida, dos seus pensamentos, e resistir ou até dominar muitos deles era imprescindível para um recomeço mais saudável, mais equilibrado e que pudesse conduzi-la a um caminho mais feliz.

Uma das primeiras coisas que fez foi se desfazer das roupas que tinha no seu guarda-roupa. Não tinha dinheiro o bastante para trocar de imediato, mas parcelou a compra de algumas peças. Vestiu-se e colocou-se diante do espelho, se vendo confortável e bem-disposta. Olhou mais uma vez para as roupas antigas que tinha sobre a cama e não quis mais usar aquelas peças. Aquelas roupas não tinham mais a ver com a sua vida, com a sua nova maneira de ser. Por isso, juntou tudo e colocou numa sacola; seriam doadas.

Tudo foi gradual, pois, diante do seu novo comportamento, era possível que espíritos amigos se aproximassem para orientá-la em suas escolhas, dando dicas, inspirando bons pensamentos.

Quanto ao coração, esse, por livre escolha, havia se fechado. Queria, a partir daquela fase da sua vida, dedicar-se a si mesma, ao equilíbrio do seu coração. Depois, com o tempo, talvez pudesse conhecer alguém que valesse mesmo a pena e arriscar-se viver uma história. Não queria aventura, queria um amor. Enganou-se por anos só desejando sexo e nada mais. Ela não queria ser uma santa e nem sonhava com isso. Andréa era uma mulher de carne e osso e continuava sentindo prazer. Mas agora era diferente. Ela tinha amor por si mesma. Havia aprendido a se valorizar e começava o longo processo de amor incondicional por ela. Estava aprendendo a ser sua amiga e que os sentimentos, quando bem cultivados, só fazem bem.

Essa nova postura diante da vida fez com que automaticamente Simone fosse perdendo a influência sobre ela. Perdendo a influência, acabou o poder que Simone tinha sobre Andréa. Isso irritou muito Simone, que ficava por horas próxima da galeria, esperando um momento de nostalgia da prima para exercer a obsessão.

— Eu não entendo. Não consigo nem chegar mais perto dela. O que está acontecendo? — resmungava Simone a distância, assistindo a vida de Andréa, que optava por rejeitar o sexo sem amor e não absorvia um pingo de ideia que lhe era assoprada. — Não acredito que ela vai dispensar esse homem. Lindo! Jovem, charmoso...

— E casado com a mulher do lado, que está comprando a blusa que Andréa está lhe oferecendo — revelou uma voz logo atrás dela.

— Com aquela velha?! Amor não tem idade mesmo!

— São apaixonados, mesmo com a diferença de idade, mas ele não rejeita aventura extraconjugal. Andréa fez bem em desviar o olhar e ameaçá-lo de um escândalo quando ele aproveitou que a mulher estava no vestiário para atacá-la.

— Um absurdo! — foi só então que Simone se deu conta de que não estava sozinha, de que estava sendo ouvida e havia uma troca de diálogo. Virou-se rapidamente para lhe dizer alguns desaforos, mas se conteve com o jovem sorridente ao seu lado.

— Não leio pensamentos, mas vendo a expressão do seu rosto, aposto que gostaria de me matar.

— Você de novo? Estava sumido. Resolveu aparecer para pegar no meu pé?

— Eu não desisto de uma boa causa — ele riu.

Simone esboçou um sorriso sincero pela primeira vez em muito tempo. Ele parecia ser sincero. Sentiu confiança e perguntou:

— Qual seu nome?

— Eu me chamo Tuca.

— Olha aqui, Tuca, eu....

Ele a cortou:

— Poupe seu tempo, já fizeram isso — o espírito, descontraído, em trajes leves, cores suaves, observou o silêncio da moça e complementou: — Fui atropelado na porta da faculdade. Era meu último dia no curso de engenharia. Tudo estava perfeito na minha vida, começaria no novo emprego dois dias depois. Uma multinacional, cargo importante, bem remunerado. O que mais? Ah! Minha noiva estava grávida. Casamento marcado. Acho que falei tudo.

— E fala assim? Nessa tranquilidade?

— Você não sabe como fiquei ao ver o desespero dos meus pais, da minha irmã... e da minha noiva então, perambulando pelo apartamento que alugamos para viver o início do nosso casamento. Segurei a mão dela quando percebi a besteira que faria naquela tarde de inverno ao tentar se jogar pela janela. Ela ouvia a nossa música. Meses depois nasceu o nosso filho. Foi incrível. Chorei muito, mas as orações que recebi me fortaleceram. Optei em vestir a verdade e seguir. Temos que vestir a verdade, ou seja, que assumi-la de fato como nossos valores. O que a revolta me daria? Poderia ficar o tempo todo reclamando, como um espírito obsessor sobre o bêbado que me atropelou. Mas isso seria um atraso na minha evolução.

— Aonde quer chegar? — havia emoção na voz de Simone.

— É inteligente. Além de bonita. Não tome isso como uma cantada. Não é o meu forte. Minha cara, depois de alguns anos aqui no mundo dos "mortos", digamos assim, estudando, me divertindo nas palestras, me coube a função de vir buscá-la.

— Buscar? Está louco? Não saio daqui.

— Tudo bem. Então fica aí, sugando a energia das pessoas. Se sente bem mesmo fazendo isso? Tive oportunidade, mas não me agradou a ideia. Achei muito pouco me alimentar de migalhas e ainda causar sofrimentos — Simone se alterou, e Tuca, rosto jovial e sorriso maroto, fez mais uma tentativa: — Percebe que sua prima agora está em outra fase da vida dela? Deixe ela viver, fazer as descobertas dela.

— Me usou, agora descarta? Toda hora me chamava...

— Porque falava que se chamava Simone? Deixa de ser tonta, menina. Bobona. Você conseguiu, sim, influenciar o comportamento dela, mas era da essência dela a atração pelo sexo desenfreado. Você foi atraída por afinidade, foi uma oportunista também. Desculpe-me, mas tenho que dizer isso. Ela errou por dar abertura, e você é uma iludida. Ela tem o domínio sobre a mente dela, e descobriu isso. Todos temos, só não sabemos usar a nosso favor. A única importância que você tem pra ela é que foi uma prima que morreu jovem, mais nada. Andréa nem tem ideia de que você a obsediava. E talvez nem venha saber. Agora está mais forte, mais lúcida, mais dona de si. Se continuar desse jeito, ela vai ser muito feliz. E é isso o que importa mesmo no planeta, não?

— O quê?

— Ser feliz.

Simone hesitou por instantes.

— O que vai ser de mim agora?

— O livre-arbítrio continua sendo seu, como sempre será. Prefere ficar mendigando, sendo sombra de viciados em sexo? — percebeu a moça sentida, pensativa, foi quando estendeu a mão: — Vamos?

— Para onde?

— Tem um lugar lhe esperando. Terá um bom tratamento. Pode confiar que será para o seu melhor — com a mão estendida ainda brincou: — Se você for um pouco mais rápida, o meu braço agradece. Anda, menina, ainda temos um tempinho e podemos, antes, pegar uma praia, caminhar pela areia, sentir a brisa suave dos ventos, assistir ao pôr do sol.

Simone deu um sorriso, esticou a mão e pôde sentir a mão suave e quente do jovem. Instantes depois desapareceram entre as pessoas que caminhavam pela galeria.

Naquele exato momento, sem entender o porquê, Andréa sentiu um alívio, uma forte emoção, e levou sua mão ao peito. Fez uma prece rápida que havia aprendido por aqueles dias em agradecimento à vida. Estava tranquila e em paz.

***

    Mesmo contrariando a opinião da maioria, Cleide fez suas malas e partiu para a casa que alugara no bairro vizinho. Lá, aguardaria a saída de Anselmo, com quem decidiu viver. Na despedida, entre lágrimas, abraços e risos, Cleide sentiu como se estivesse indo para outro planeta. Até Arlete lhe deu um abraço e a cumprimentou, desejando sinceramente que a cunhada tivesse boa sorte em sua nova vida. Rose estava no trabalho, e Heleno, do seu jeito, abraçou a irmã e disse:

— Você sempre será muito bem-vinda em minha casa.

    Cleide beijou o rosto do irmão em agradecimento e entendeu muito bem aquela frase, que significava que Anselmo não era aceito ali. Ela compreendeu e entregou aquela situação às mãos de Deus e do tempo.

    Heleno acompanhou a irmã até o portão e de lá um táxi a levou para o seu destino. Ele voltou para o interior da casa sentido, mas orgulhoso da irmã por ela ter tido a coragem de enfrentar tudo para buscar sua felicidade, ainda que fosse com alguém que ele não aprovava. Heleno, no entanto, sentia que a irmã estava bem, e era isso que realmente importava.

— Quer dizer que vai trabalhar de gari?

— Complemento de renda. Nas folgas, continuo a vender ovos na perua. Será apenas por alguns meses, para ganhar o suficiente para pagar as contas e, se sobrar algum dinheiro, reformar a casa que está caindo em nossas cabeças.

— Meu Deus! Eu, casada com um lixeiro! — esbravejou, enquanto acendia um cigarro.

— Só vou recolher o lixo, não sou lixeiro. É um trabalho digno! Disso eu tenho muito orgulho! Sempre ganhei a vida e o pão de forma honesta. Depois, posso até dizer que tenho experiência no ofício. Se for pensar, você tem produzido lixo pela sua vida, e eu tenho ido atrás para consertar e limpar a sua sujeira.

— Não sei do que você está falando — murmurou Arlete, ao recordar-se do dinheiro que tirou do marido para entregar ao amante, mesmo sabendo das dívidas que vinha acumulando, e de quando saiu de casa para viver com Antônio.

    Os pensamentos de Arlete foram interrompidos por Heleno:

— Acha que acreditei na história que criou sobre a Rose? — ele observou o rosto de Arlete transformar-se. — Fui à escola procurar informações sobre o pai de Silas, o tal namorado da minha filha, que supostamente havia morrido em um acidente de moto, como você contou com tanta certeza — finalizou rindo.

— E foi isso mesmo que aconteceu, o rapaz morreu... — falou com a voz trêmula.

— Ele nunca existiu — falou lentamente, com os olhos fixos no rosto de Arlete, que, confusa, tentava se esquivar de Heleno e de suas mãos ásperas, que apertavam os braços dela.

— Me largue, homem!

— Ele nunca existiu! Você mentiu pra mim! — soltou os braços de Arlete e virou-se de costas, tentando esconder as lágrimas que minavam de seus olhos. — Não foi fácil ver Silas crescendo e as feições de Antônio no menino. A feição do rosto, os olhos, a boca, o jeito de andar. Não sou burro, Arlete!

— Me desculpe, Heleno... — falou em um tom baixo, com o cigarro esquecido em uma das mãos, com as cinzas longas, prestes a caírem no chão. — Tinha medo de que você não me aceitasse de volta.

— Usou a nossa filha para sustentar sua mentira! — fez uma pausa, pois agora tinha elucidado a dúvida que há anos lhe fazia companhia. Heleno era afeiçoado a Silas, gostava do menino e, mesmo vendo nele a imagem e semelhança de Antônio, não deixou de gostar da criança. Derretia-se quando o garotinho o chamava de vovô e não conseguia associar o menino à traição de Arlete.

— O que vai fazer? — perguntou Arlete com receio.

Ele fez uma pausa e, com seu jeito paciente, falou:

— Vou tomar um banho. Passe a minha roupa. Tenho que ir acertar os papéis para o trabalho — respondeu à pergunta da mulher e desapareceu no corredor, caminhando em direção ao banheiro.

Arlete permaneceu ali, paralisada, esperando uma explosão que não aconteceu. Ouviu o chuveiro ser ligado, quando se deu conta de que o cigarro quase havia queimado sua mão. Levantou-se, apanhou a tábua de passar roupas, ligou o ferro e atendeu ao pedido do marido.

Semanas depois, recebeu uma carta de Antônio. Por meio da cunhada, Arlete soube que ele havia se separado da mulher e voltado para Pernambuco, mas aquela notícia não lhe trouxe a euforia de anos antes. Agora, com a carta nas mãos, sentiu indiferença, como se estivesse diante da correspondência de um desconhecido, entregue a ela por engano. Então, Arlete, a passos lentos, entrou em casa, colocou a carta sobre a mesa, preparou um café, acendeu um cigarro e sentiu um gosto amargo na boca. Por fim, depois de um gole de café, a mulher apanhou a carta, leu o envelope, identificou a letra de Antônio e resolveu não abrir aquela correspondência. Lentamente, certa do que estava fazendo, rasgou a carta sem ler, jogando seus fragmentos na lixeira, e o mesmo fez com o cigarro depois de apagá-lo na pia. O cigarro era uma forma de senti-lo por perto, já que se lembrava de Antônio ensinando-a a fumar. Ao fazer isso, jogou também o maço de cigarros fora. Depois, amarrou o saco e levou-o para a frente da casa, acomodando-o sobre o suporte de lixo. Voltou para casa e, da janela da sua cozinha, viu o rapaz apanhar o saco e enxergou nele a imagem de Heleno sorrindo. Ela apertou os olhos e percebeu que se tratava de um rapaz desconhecido. Retribuiu o sorriso e acenou, como se assim se despedisse de vez do passado.

— O carro dos ovos chegou! Ovos fresquinhos, direto da granja... — dizia Heleno através do megafone, com uma voz metálica, distante.

Arlete, ao escutá-lo, sentou-se na cadeira e fechou os olhos. Com o gesto, sentiu uma lágrima escorrer e se encontrar com o sorriso que iluminava seu rosto. Ela sentia-se finalmente livre do passado. Sacudiu os ombros, como se com o gesto mostrasse sua indiferença ao passado, e naquele momento teve a certeza de que, enquanto buscava a felicidade, ela sempre esteve ao seu lado, no convívio com Heleno, com sua família, já que encontrou sempre neles apoio, carinho e compreensão. Sorriu satisfeita e agradecida. Naquele momento, deu adeus definitivamente ao passado.

***

Márcia precisou amparar a irmã quando o médico anunciou a fragilidade da saúde de Abel. O coração e o pulmão do rapaz estavam debilitados. Não precisaram perguntar o que tinha afetado os órgãos do jovem. Já sabiam que as drogas vinham fazendo estragos no organismo de Abel.

Concordando com a mãe e a tia, e diante de Mafalda, que assistia ao sofrimento do neto em silêncio e fazendo orações, Abel, assim que saiu do hospital, aceitou ser internado em uma clínica de reabilitação.

Inês sentiu um aperto no peito ao vê-lo sair de sua casa daquela forma. Sempre sonhou em tê-lo de braços dados, de terno e gravata, saindo de casa para uma igreja, oficializando sua união com uma moça digna do seu amor. Mas Abel tinha feito suas escolhas e enveredado por caminhos que o conduziam por uma estrada curta.

Mafalda beijou o neto e foi firme ao dizer palavras bonitas para fortalecê-lo. Ao abraçá-lo e senti-lo magro e frágil, teve vontade de chorar, mas só deixou que as lágrimas viessem à tona quando se viu sozinha, em meio às suas orações. Não conseguia esquecer a cena das filhas e do neto no carro, dirigindo-se à clínica.

Semanas passaram-se, e Inês, mais magra e abalada pela distância, sentindo o sofrimento do filho, visitava Abel constantemente. Mafalda não ia todas as vezes, mas Márcia e Inês, sempre que era permitida a visita, estavam ao lado de Abel.

Certo dia, durante a visita da mãe e da tia, Abel perguntou por Rose e pediu para falar com a moça. Inês não retrucou dessa vez. Pegou o celular, discou o número de Rose, mas a ligação caiu na caixa postal. Na verdade, a mulher já vinha há algum tempo tentando contato, mas sem êxito. Compreendeu que a moça pudesse ter se desfeito do aparelho na intenção de esquecer Abel, ou mesmo que não quisesse mais atendê-lo.

— Quando tiver oportunidade, mãe, agradeça a ela pelos bons momentos que me proporcionou com o seu amor.

Inês, diferente de outras vezes, em que sempre implicava com a moça, apenas sorriu e disse:

— Terá essa oportunidade.

Ele apenas riu e lançou os olhos para algum ponto no quarto.

— Quando sair daqui poderá dizer isso a ela pessoalmente, meu querido — falou Márcia enquanto beijava o sobrinho. Depois, levantou-se e despediu-se de Abel. — Até a próxima visita.

Abel, ao ver a tia já a passos adiantados, pegou na mão de Inês, segurando-a.

— Obrigado, mãe. Me perdoe por não ter sido o filho que esperava que eu fosse.

Emocionada e surpresa, pois não imaginava ouvir isso do filho, Inês disse:

— É tão jovem, tem uma vida inteira pela frente...

— Não me tire de suas orações — interrompeu-a com o pedido.

— Você sempre estará em minhas orações, meu filho — Inês abraçou Abel, e os dois choraram por alguns minutos, conectados pelo amor.

No carro com a irmã, Inês comentou sobre Abel:

— Pareceu despedida.

— Calma, minha irmã. Tenha fé em Deus — confortava-a Márcia, enquanto dirigia de volta para casa.

— Viu o estado em que ele está? Agora só a morte e eu queremos o menino... — nervosa, acessou a agenda do celular e apagou o número do celular de Rose. — Nem a moça, que se dizia tão apaixonada, atende as ligações dele. Você sabe que o aparelho dele ficou comigo depois... — ela viu a irmã confirmando com a cabeça. Então calou-se e virou o rosto para fora do carro, e viu um arco-íris. Sentiu, então, uma forte emoção.

Márcia, diante da tristeza da irmã, mudou de assunto, fazendo-a rir com um episódio que lhe ocorrera na empresa onde trabalhava.

Aquela noite foi longa para Inês. Teve a sensação de ter visto o tempo passar, minuto a minuto, por conta da insônia que lhe fizera companhia. Quando conseguiu finalmente dormir, despertou assustada, com a boca seca, e Abel então veio a ela em pensamento. Eram duas horas da manhã. Levantou-se, foi à cozinha, encheu um copo com água, sentou-se no sofá e ali permaneceu por alguns minutos. Quando decidiu se levantar e voltar para o quarto, o telefone tocou. O susto fez com que o seu coração acelerasse.

Depois do alô, ouviu:

— Bom dia, é da Clínica de Reabilitação Santa Rita. Pedimos que compareça à nossa unidade...

Inês desligou a ligação em silêncio, como se já soubesse o que havia acontecido, e depois, serena, ligou para a irmã. Tomou um banho, foi ao quarto de Abel, pegou algumas roupas e acomodou-as em uma bolsa. Acordou Mafalda e, assim que Márcia chegou, foram para a clínica.

Abel partiu às duas horas da manhã em virtude de uma overdose. Havia conseguido com um dos pacientes uma grande quantidade de drogas, que consumiu em poucos minutos.

O velório, simples e assistido por poucas pessoas, foi realizado em uma tarde chuvosa.

Evinha estava lá. Sentou-se ao lado de uma das mulheres que tinham ido à cerimônia e começou a falar:

— Conhecia o rapaz desde que nasceu. Tão mimado por aquelas mulheres. Mãe, avó e tia. Acho que o excesso estragou o moço. Ele era amigo do meu filho. Graças a Deus o meu não se envolveu com isso.

— É muito triste para uma mãe perder um filho para as drogas.

— É covardia! Medo de enfrentar a vida. O meu só me dá alegria e orgulho. Está casado e alugou uma casa grande. Moro em dois cômodos que ficam no fundo. São apertados, sem muita ventilação, mas estou perto dele, e é isso que importa — ao ver que a mulher estava atenta à sua história, Evinha prosseguiu: — Minha nora não gosta de mim, não fiz nada pra ela. Só entro na casa dela quando o meu filho está. Sou viúva. Meu marido foi assassinado em um bar quando estava com a amante. E foi do namorado dessa moça que ele levou um tiro. Tinha quarenta e poucos anos.

— Que jovem!

— Ele quem pediu! Poderia ter ficado ao meu lado, que era sua mulher, que lhe dava amor, carinho e atenção. Deixou a paz do lar e o amor da esposa para se aventurar e deu no que deu. Não me deixou nada! No dia seguinte ao enterro, a irmã dele, uma mulher sovina, me fez deixar a casa...

E assim Evinha seguiria sua vida, certa de que havia sido uma esposa perfeita e que tinha oferecido à família tudo o que precisavam: casa e roupas limpas, além de comida feita. Continuaria subindo em escadas para ter acesso à vida dos vizinhos, até os seus joelhos começarem a se desgastar por conta do reumatismo. Mas não deixaria, por isso, de subir em banquinhos para conseguir ouvir através das paredes com o auxílio de copos e de um andador, seus companheiros na velhice.

— Olha lá! Vai fechar! — anunciou Evinha, apontando para a sala onde estava sendo realizado o velório. Falava como se aquela cena fosse o início de um show, enquanto ajeitava a alça da camiseta regata, inapropriada ao vento úmido que corria pelo local. Arregalou os olhos e saiu puxando a mulher que acabara de conhecer, como se fossem íntimas, para um lugar mais próximo à família do rapaz, para assistir ao desespero dos entes.

Eram quatro horas de uma tarde chuvosa quando Inês se despediu, por fim, de Abel. Nesse mesmo horário, em outro canto da cidade, Rose e Alex acomodaram-se em um avião com destino a Lisboa, Portugal. Sentados em poltronas confortáveis, Rose deixou sua mão pousar suavemente sobre a de Alex. As alianças de ouro branco eram vistas em evidência. Estavam finalmente casados e felizes.

Capítulo 40

Anos depois...
De volta às primeiras páginas, Inês, pensativa, depois de recordar alguns momentos de sua vida, pegou a carta que tinha nas mãos e guardou-a no bolso. Sentiu uma lágrima rolar por seu rosto, mas tratou de secá-la e sorrir. Lembrou-se das palavras amigas da irmã:

— Agradeça a Deus pelo feliz encontro e guarde-o com você para recordar os bons momentos.

Levantou-se animada, disposta. Ajeitou os cabelos com os dedos e, na sequência, puxou a barra do vestido na altura dos joelhos. E assim saiu do quarto, que um dia fora de Abel, sorrindo.

— Mamãe, peça para entrar, por favor.

Minutos depois, homens vestidos com uniformes de cor cinza, com o nome de uma empresa de mudanças estampado no tecido, entraram no quarto e começaram a levar os objetos ali existentes. Alguns tiveram que ser desmontados e, aos poucos, o cômodo foi ficando vazio, livre de lembranças.

Os móveis foram doados, e, naquela mesma tarde, depois de Inês limpar o cômodo com a ajuda de Mafalda, o quarto foi ocupado por máquinas de costura e armários claros e modernos. Ao ver a filha dando coordenadas sobre onde os móveis deveriam ser colocados, Mafalda ficou radiante com a felicidade de Inês. Foi nessa ocasião que receberam a visita de Edinho, um sujeito bem-vestido e divertido, que usava uma echarpe leve, de seda, que esvoaçava com seus movimentos, ao girar o corpo, apontando para a melhor posição a ser ocupada por determinado móvel.

— A todo-poderosa vai gostar. Olha que é exigente, viu?

— Nem acredito que ela, uma estilista de tanto sucesso, reconhecida...

— Mundialmente! — completou Edinho, que se intitulava representante da estilista.

— ...Pudesse se interessar pelo meu trabalho, me encontrar aqui no bairro, com tantos profissionais aos seus pés.

— Ela elogiou demais seu trabalho, a perfeição de suas costuras! Por isso ela quer tê-la em sua equipe, para a confecção e distribuição de sua marca — fez uma pausa, apanhou da sacola uma caixa, que entregou a Inês dizendo: — É para você, um presente dela.

— Para mim?! — perguntou surpresa, demonstrando felicidade ao abrir a caixa. — Que lindos! Nossa! Ela acertou o meu número!

— Só não peguei para mim porque não é o meu número — brincou o rapaz gesticulando. E completou: — Diante do sucesso das roupas, abriu uma parceria com uma distribuidora de calçados e, nessa associação, a marca R. Senhorine também estampa sapatos femininos. Tem sido a sensação da estação.

— E é brasileira essa senhora, né?

— Sim, é jovem, viu? Mas não gosta de holofotes! Aqui no Brasil, faço isso por ela — disse jogando o echarpe para o alto, o que fez Inês sorrir. Ele prosseguiu: — É casada com um jovem empresário, herdeiro de uma boa grana, que só vem se multiplicando. Vivem na Europa. Lá, ela fez o curso e, com os primeiros desenhos, aliados ao talento admirável que tem, caiu no gosto dos críticos e da alta sociedade.

Mafalda apareceu com uma bandeja com xícaras, açúcar e um bule de café. Edinho tomou uma xícara e repetiu, elogiando o café, enquanto contava histórias sobre suas experiências pela Europa. Depois, o rapaz acompanhou Mafalda até a cozinha, ajudando-a a levar a bandeja.

Inês viu-se sozinha, em meio às máquinas de costura. Estava feliz, sua vida estava recomeçando. Na segunda-feira, selecionaria algumas meninas para iniciar os trabalhos. Bons tempos estavam chegando. Ela colocou a mão no bolso e sentiu a carta psicografada, que Márcia um dia lhe trouxera. Aguardou por aquela carta por anos e sorriu ao lembrar-se de Abel.

Mãe, é muito bom encontrá-la bem e aliada às vontades de Deus. Estou bem, o que não diria de início, porque, depois de deixar o corpo físico, bem maltratado, ferido pelas minhas escolhas, fiquei meio perturbado. Quando despertei, abri os olhos e não vi nada, não consegui movimentar meu corpo, que parecia engessado em uma areia gelatinosa e fétida. Os ouvidos estavam apurados e captavam os gemidos e gritos dos que estavam à minha volta. Alguns estavam muito próximos, praticamente grudados em mim.

Agradeço pelas orações, por estar sempre presente nelas. Foram as orações recebidas que criaram uma ponte para que eu pudesse entrar em sintonia com meu avô. Consegui ver um vulto, o que me encheu de alegria, e foi então que senti a mão macia dele puxar a minha. Depois de ser guiado por meu avô por uma estradinha sinuosa e escura, adormeci e acordei em um lugar bonito, claro e amplo, onde tudo se encontrava cuidadosamente preservado, em conformidade com a criação de Deus.

Tudo aqui é bonito, isento dos sentimentos ruins que movimentam a Terra, sentimentos que têm feito, ainda, algumas pessoas reféns da perversidade. Nesta cidadezinha extrafísica são recebidos viciados de toda espécie: em drogas, em jogos, em sexo, em comida... É um lugar onde tratam pessoas que sofrem vários tipos de compulsão, sem preconceitos. Tenho aprendido muito, minha mãe. Não fique triste com Deus por eu ter partido. Ele, sabiamente, colocou-nos juntos para que pudéssemos aprender e suportar as adversidades da vida. Quando me conduziu para outro plano, deixou com a senhora as verdades do coração, o amor verdadeiro, as boas lembranças, e a trouxe para perto Dele, o que fez com que a senhora se tornasse uma mulher ainda mais forte e especial.

Nessa existência, não desenvolvi muito as habilidades do meu espírito; estacionei por conta do vício. Eu poderia ter feito muitas coisas, ter me dedicado aos estudos, ter me tornado um ótimo músico, mas, como a vida é eterna e temos muitas chances, não carrego culpas ou remorsos.

A culpa aniquila os potenciais do espírito, e eu quero ficar bem comigo, ser meu amigo.

Aprendi que o que passou não volta mais. Preciso olhar para a frente e hoje sinto que sou mais forte. Sinto-me mais valorizado e sei que só entrei no vício porque estava distante de mim, da minha essência. Se eu tivesse tido contato com a minha alma, deixado meu espírito fluir e se realizar por meio da música, eu não teria feito o que fiz. Mas passou. Melhor esquecer o passado. Afinal, tudo é temporário. Errar é natural na aprendizagem. Fiz alguns cursos aqui e aprendi a não me anular por causa de um erro. Hoje entendo e aceito que determinado erro me ensina que é melhor aproveitar a lição e seguir adiante.

Em todo caso, como a vida é transformação e nada fica parado, tenho uma boa notícia! Estão me preparando para voltar, para uma nova experiência no mundo, desta vez mais longa, que trará benefício a mim e ao próximo. Voltarei com pequenas sequelas, em consequência do meu comportamento e do que usei para anestesiar meu corpo por medo da vida. Se eu perseverar e mudar minhas crenças e posturas ao longo dessa nova existência, as sequelas vão sumir e chegarei à idade madura em plena saúde, física, mental e emocional.

Não fique triste, não chore, agradeça e sorria. Desfaça-se dos bens materiais que a fazem se lembrar de mim. Doe tudo aos necessitados. Guarde apenas as boas lembranças e a certeza do amor que nos une, pois isso é o que verdadeiramente levamos pela eternidade. Só isso.

Seja mais paciente e acredite: em breve nos encontraremos e me reconhecerá em um terno e caloroso abraço. E a vida prossegue; faça dela o caminho do bem, sem julgamentos e revoltas; entregue-a nas mãos de Deus. Ele bem saberá como fazer para confortá-la quando a saudade bater forte em seu coração.

Despeço-me com a certeza de que o amor nos une para todo o sempre.
Beijos do seu filho,
Abel.

Epílogo

Foi com muita alegria que Inês acomodou o telefone sem fio na base. A felicidade era por conta da visita que receberia na manhã seguinte. Márcia viria com a filha, o genro e a neta para passarem o dia em sua casa. Animada, a mulher então combinou com Mafalda os preparativos do almoço. As duas estavam radiantes. Mafalda por saber que a neta viria, com a família, do Sul para viver em São Paulo, o que tornaria a família mais próxima. Inês, por essa notícia e pelo sucesso que estava obtendo com a sua oficina de costura, já que a produção da linha R. Senhorine vinha agradando o mercado brasileiro e ampliando a confecção.

Em meio aos preparativos para o almoço, Inês percebeu que faltavam alguns itens, o que a fez ir ao supermercado. Vestiu-se bem, arrumou os cabelos, e saiu apressada, como se o almoço fosse acontecer naquele dia.

Inês entrou no supermercado empurrando um carrinho, prestando atenção às novidades, e acabou incluindo alguns itens que não constavam na lista. Ao entrar em um dos corredores em busca de chocolate em barra para fazer uma sobremesa, viu uma criança na ponta dos pés tentando alcançar um pacote de salgadinhos. Ela riu e ficou olhando um pouco para o garotinho para depois ajudá-lo. Achou o menino tão encantador que agachou à altura dele. Foi quando notou os saltos altos vindo em direção ao menino, acompanhados por uma voz conhecida.

— Então está aqui?! Já ia pedir para anunciar o pequeno desaparecido — comentou Rose rindo. Estava linda, vestida com uma camisa creme solta sobre a saia. Usava salto alto e um perfume capaz de torná-la ainda mais bela.

Inês colocou-se de pé e de imediato as mulheres se reconheceram. Após o cumprimento inicial, trataram-se como conhecidas, sem os atritos que um dia fizeram parte de suas vidas. Rose perguntou sobre Mafalda, e Inês comentou rindo as travessuras da mãe.

— Não sabia que morava por aqui — disse Inês.

— Na verdade, estava passando por aqui. Estou indo buscar minha tia, que mora aqui perto. Tia Cleide ficou viúva. Está bem. Diz ter vivido nos últimos anos os melhores da vida dela.

— Onde você mora?

— Em Portugal. Meu marido tem negócios por lá. Estamos sempre no Brasil para visitar a avó dele, que ainda mora aqui. Ela passa temporadas lá, mas não consegue deixar a casa dela aqui. O motivo da minha vinda também é que serei madrinha da filha do Kleber, um grande amigo, vizinho da minha mãe.

— E o Silas? Como ele está?

— Estudioso e ansioso para começar a trabalhar. Quero que ele se dedique aos estudos. Ele adora futebol. Meu marido já está de olho nele, pois identifica seus talentos. É muito esforçado. Ele não é meu filho, acho que sabe disso — Rose pôde observar o ar desconcertado no rosto da mulher à sua frente. E Inês realmente estava, pois soube da verdade pelo próprio Abel, em uma das visitas que fez a ele na clínica. Rose prosseguiu: — Silas é muito bem resolvido, tem feito acompanhamento com um psicólogo e aceitado os fatos como são. Chega a brincar que tem duas mães — por alguns segundos estudou o rosto de Inês e percebeu que estava diante de outra mulher, agora mais madura, crente na vida, que, apesar de tudo, aparentava estar feliz. Por fim, mudou de assunto: — Entrei no mercado para comprar velas, mas faz tanto tempo que não entro em um, que me distraí apreciando as novidades.

— Velas?

— Meus pais farão aniversário de casamento. Entre trancos e barrancos, continuam juntos e bem. Vou apanhar as velas para o bolo, buscar minha tia Cleide, e depois iremos todos para a comemoração.

Em meio à conversa, Inês falou de Abel. Agora que era mãe, Rose sentiu a força daquela falta quando Inês começou a falar.

— Abel fez a grande viagem... — depois de uma pausa, com a voz trêmula, continuou: — Obrigada pelo amor que deu ao meu Abel. Ele gostava muito de você.

— E eu dele — afirmou Rose com lágrimas nos olhos e surpresa pela aceitação tardia de Inês.

— Eu sei disso — fez uma pausa, deixando nítida a emoção das duas. Inês foi quem mudou de assunto, agachando-se novamente à altura do menino, quando percebeu que o cadarço do tênis do garotinho estava desamarrado. Foi quando falou: — Deixe eu amarrar pra você. Me diga: quantos anos tem? — perguntou ao fazer o laço do tênis.

O menino, simpático, espalmou a mão, mostrando cinco dedos. Inês, ainda agachada à altura do menino, ficou admirada:

— Cinco anos!

— Nasceu com a saúde delicada — esclareceu Rose. — Problemas na cartilagem do nariz, pulmão frágil. Mas fez uma cirurgia, tem feito natação, e não tem mais rastros do que já passou.

Ao ouvir isso, Inês olhou fundo nos olhos do garotinho, enquanto ouvia Rose contar as travessuras do pequeno. Sentiu, então, um leve estremecimento.

— Ele adora música. Não pode ouvir música que sai dançando. Já pediu um violão para o pai dele...

Em meio aos comentários de Rose, Inês sorriu para o menino, admirada com a esperteza do pequeno. Nesse momento, foi surpreendida pelo garotinho, que, sorridente e com um brilho intenso nos olhos, a afagou com um abraço carinhoso e apertado, ao envolver seus braços pequenos em torno do pescoço da mulher. O gesto deixou Inês emocionada.

Ficaram por alguns segundos assim, ligados pelo abraço. Inês fechou os olhos e teve a recordação de Abel pequeno em seus braços. O menino deu-lhe um beijo molhado no rosto.

— Estou surpresa! Ele é sempre simpático, mas parece que gostou mesmo de você, Inês! — comentou Rose, sorrindo com o ato espontâneo do filho.

Inês segurou nas mãos do menino e disse:

— Seja músico, siga o que te faz ser feliz, meu querido. Que Deus te abençoe hoje e sempre — parou e viu nele algo especial. E, por fim, perguntou: — Qual é o seu nome?

— Marcelo Senhorine.

Disse isso sorrindo e, depois de estudar por alguns segundos o rosto de Inês, como se já o conhecesse há muito tempo, saiu correndo pelo corredor.

Ali Inês percebeu que estava diante de Rose Senhorine, a R. Senhorine, a marca que vinha trazendo entusiasmo à sua vida, responsável pelo seu rejuvenescimento.

Inês, sem cerimônia, abraçou Rose e falou sinceramente:

— Muito obrigada por tudo.

— Eu que tenho que lhe agradecer — Rose desvencilhou-se do abraço lentamente, sorridente, tomada por um sentimento de alívio. E finalizou: — Foi um prazer revê-la, Inês. Desculpe-me a pressa, mas o Alex, meu marido, está no carro com o Silas. Estão nos esperando. Disse que levaria cinco minutos para comprar a vela. Eles vão achar que mandei fazer. Marcelo, me espere!

As duas riram e separaram-se. Inês ainda a seguiu com os olhos. Viu quando Rose e Marcelo passaram pelo caixa, felizes, rindo. Depois, deu alguns passos e aproximou-se da vidraça do supermercado que dava para o estacionamento, onde, acomodada na prateleira dos baldes, Inês encaixou o rosto e pôde ver um moço bonito sentado ao volante dar um beijo em Rose e passar a mão na cabeça da criança. A felicidade estava presente ali. Pôde perceber também que Silas havia falado algo que fez com que todos no carro rissem. Alex deu marcha à ré, o que fez com que o carro ficasse mais próximo da vidraça, de onde Inês observava toda a cena, tanto que pôde ver quando Marcelo, no banco traseiro, ao lado da janela, virou o rosto em sua direção e sorriu. Naquele momento, ao retribuir o sorriso, Inês viu, nitidamente, o rosto de Abel, e de imediato levou a mão ao peito, na altura do coração, que batia descompassado. Sentiu uma emoção muito forte e, na sequência, viu o carro desaparecer na curva.

Inês ficou ali, paralisada, sentindo as pernas trêmulas, como se estivesse se recuperando de uma boa surpresa. E murmurou, esfregando a mão na altura do coração:

— Meu Deus! Abel... Ele voltou! Claro! Como eu não havia percebido antes? Agora, vendo aquele menino no carro, tive a confirmação. Saúde frágil, o abraço... Foi a mesma sensação de ter meu filho em meus braços quando criança — estava muito emocionada e agradecida pelos propósitos de Deus. — É como se eu estivesse com aquela carta psicografada nas mãos! Acabou de acontecer o que está escrito lá — Inês fez uma pausa e murmurou: — Que Deus abençoe essa família. Que o amor esteja entre eles.

Um funcionário do estabelecimento apareceu e perguntou se Inês estava bem. A mulher, sorridente e em lágrimas, falou:

— Estou ótima, como há muito tempo não me sentia. Sou uma mulher feliz. Tremendamente feliz!

O funcionário sorriu e contagiou-se com a alegria genuína daquela mulher.

Inês seguiu para o caixa feliz e com a certeza de que o amor, como havia sido dito por Abel, estaria presente em suas vidas para sempre.

Fim

Grandes sucessos de Zibia Gasparetto

Com mais de quarenta livros publicados e mais de 17 milhões de leitores, a autora tem contribuído para o fortalecimento da literatura espiritualista no mercado editorial e para a popularização da espiritualidade. Conheça os sucessos da escritora.

Romances

- A verdade de cada um – nova edição
- A vida sabe o que faz
- Entre o amor e a guerra
- Esmeralda – nova edição
- Espinhos do tempo
- Laços eternos
- Nada é por acaso
- Ninguém é de ninguém
- O advogado de Deus
- O amanhã a Deus pertence
- O amor venceu
- O encontro inesperado
- O fio do destino
- O matuto
- O morro das ilusões
- Onde está Teresa?
- O poder da escolha
- Pelas portas do coração – nova edição
- Quando a vida escolhe
- Quando chega a hora
- Quando é preciso voltar
- Se abrindo pra vida
- Sem medo de viver
- Só o amor consegue
- Somos todos inocentes
- Tudo tem seu preço
- Tudo valeu a pena
- Um amor de verdade
- Vencendo o passado

Fique por dentro!

vidaeconsciencia.com.br /vidaeconsciencia @vidaconsciencia

**VIDA &
CONSCIÊNCIA**
G R Á F I C A

Rua Agostinho Gomes, 2.312 – SP
55 11 3577-3200

grafica@vidaeconsciencia.com.br
www.vidaeconsciencia.com.br